福祉社会学会

福祉社会学会

Journal of Welfare Sociology 2023

20

福祉社会学研究

学文社

目　次

4

| 書　評 |

｜特集論文Ⅰ｜

「ストック」の福祉社会学

| 特集論文 I |

「ストック」の福祉社会学

三谷はるよ・佐藤和宏

1　本特集の趣旨

第 20 号の特集は「『ストック』の福祉社会学」をお届けする．本特集では，分析概念としての「ストック」に注目する意義とその方法論について考える機会を提供する．ここで「ストック」と呼ぶものは，住居や土地，預貯金，金融商品など，個人や世帯に蓄積された「資産」を主に意味する．

一般的に，「フロー／ストック」という表現が用いられる際，前者が富の流れを，後者が富の蓄積を指す．経済学者トマ・ピケティの『21 世紀の資本』は，資産運用により得られる富は，労働によって得られる富よりも増加が速いことで，富の格差が拡大しやすい実態を広く知らしめた．「ストック」が，現代社会の格差の実態を理解するうえで，見過ごせない重要な視点となっているといえよう．

対して社会学では，「ストック」の視点から格差の現状を十分に捉えてきたとは言いがたい．たとえば貧困研究では，貧困率が収入（フロー）から算出され，貯蓄や住居など（ストック）の実態を反映しない方法論がとられてきた．社会階層研究においても，主要な階層指標は学歴・職業・収入とされており，資産は説明変数として補完的な位置づけにあった．

しかし社会学においても，「ストック」は重要な分析概念になりうるのではないか．

みたに はるよ｜龍谷大学社会学部・准教授｜mitani@soc.ryukoku.ac.jp
さとう かずひろ｜高崎経済大学地域政策学部・准教授｜kazuhirosato@tcue.ac.jp

　第1に，資産の保有は，生活の安定を通じて，人びとの福祉に影響しうると考えられる．たとえば，持ち家は居住を安定させることで，社会的紐帯や信頼といった「社会関係資本」の形成を導きうる．また，ストックに余裕のある安定した家計状況は，教育や余暇活動への支出を容易にし，「人的資本」や「文化資本」の蓄積を促しうる．このように，生まれた時点における出身階層によるストックの違いが，各種資本の保有格差を通じて階層の再生産を生じさせる可能性が示唆される．

　第2に，資産は，貧困・格差の是正を目指す福祉政策のあり方に深く関わる論点でもある．たとえば，生活保護には資産要件があり，また生活福祉資金貸付制度には不動産保有者を対象としたものがある．つまり，資産の有無と福祉サービスの利用は密接な関係にあり，ストックの視点から福祉政策のより望ましいあり方を構想する余地がある．

　そこで本特集では，「ストック」に注目する意義とその方法論について考える．そのために，「ストック」に関わる社会学的研究を行ってきた論客に寄稿をお願いした．資産格差，居住保障，生活福祉資金とテーマは異なるが，いずれの論考もストックと人びとの福祉享受の関係を捉えており，きわめて読みごたえがある内容となっている．本特集が，福祉社会学における「ストック」をめぐる理論・アプローチに対して，新たな示唆を与える一助となれば幸いである．

2　各論文の概要

　ここでは簡単に各論文の概要を紹介しておこう．竹ノ下論文「社会階層と資産——近年の研究動向と今後の課題」は，ストックを金融資産および実物の資産としたうえで，欧米を中心に，近年の社会階層論における資産の不平等とその影響に関する研究動向を紹介している．ウェーバーは，資産も含めて不平等を検討していたが，戦後の階層研究が，職業を中心に階層概念を発展させたことから，資産への関心は後退していた．しかし近年，資産格差がライフ・チャンスに与える影響を検討する研究が登場している．教育達成，職業達成，結婚・家族形成，高齢期のいずれにあっても，資産はライフ・チャンスの獲得を有利にする．また，資産は世代間で直接的に移転されるだけでなく，次世代の教育

達成や住宅保有等を通じてより一層蓄積され，再生産されていく．こうした資産の維持・再生産メカニズムを踏まえ，従来の階層の世代間移動研究において主流であった二世代モデルのみならず，三世代以上のモデルが有効であると主張される．

　祐成論文「居住保障と福祉国家」は，ストックを住宅としたうえで，英語の housing および居住研究を踏まえ，居住保障と福祉国家についての理論的な検討が行われている．居住保障政策にとっては，民間賃貸セクターがもっとも重要な介入対象とされるが，それは，商品としての性質と居住の必要充足の手段との矛盾が象徴的に現れるからである．先進国の多くでは対人補助（住宅手当）が実施されているが，必ずしもアフォーダビリティが充足されるとは限らないので，複数の政策アプローチを組み合わせる必要がある．そこで，どのような選択肢に重点が置かれているかに着目した居住保障レジームが紹介される．さらに，金融という次元を考慮に入れた歴史社会学的分析から，居住保障と福祉国家の関係についての理論刷新の可能性が指摘される．あわせて現在，資産活用型福祉が世界的な潮流となっているが，資産を世帯ではなく，集合的な単位にとっての資産とみる立場についても示唆深く提示される．

　角崎論文「生活の安定と貸付——生活困窮者への貸付はどう位置づけられてきたか／位置づけることができるか」は，ストックを有形無形を問わず日々の生活の安定に資するものとしたうえで，世帯更生資金（現・生活福祉資金）の目的と機能について分析されている．世帯更生資金は，当初，生活困窮者の生活基盤強化を目的として，生業のための事業用資産を対象に貸付する制度として創設された．その後，生業のためのストック保障を目的としたものから，住居・教育などより広義のストック保障への貸付へと多様化していく．1990 年に「生活福祉資金貸付」に改称され，とくに 2000 年代以降，離職者対応，高齢者対応等のために拡大するが，フローの赤字を補填するのみならず，ストックを剥奪する側面もあった．新型コロナ感染症における特例貸付は，貸付額および利用者数において顕著な増加を見せたが，フローの所得保障の不備を一時的に埋めるものとなっている．以上から，生活福祉資金貸付の「福祉貸付」の意義をストック保障の面で再検討する必要性が提起され，貸付が個人のみならず地域のストックを強化するものになりうると指摘されている．

3 論点整理―ストック概念を用いる意義と方法論への示唆

　以上の論考を踏まえて，ストック概念を用いる意義と方法論への示唆を以下のようにまとめたい．

　第1に，ストック概念を用いることで，人びとの福祉享受の格差をより精緻に捉えられるのではないか．本特集において，ストックは竹ノ下論文では「金融資産および実物資産」，祐成論文では「住宅」，角崎論文では「日々の生活の安定に資す有形無形の資産」と定義されていた．このように概念定義に違いがあるとはいえ，いずれの論文においても，豊かなストックは生活を安定化させ，個人の健康やライフ・チャンスの獲得を促すこと，反対に，乏しいストックはリスクへの対応を困難にし，生活基盤を不安定にさせることが含意されていた．いわば，ストック保有の格差が，福祉享受の格差に深く関わっているということである．近年の階層研究の知見を丹念にレビューした竹ノ下論文では，資産格差が世代間で再生産されることが明瞭に論じられた．このことから，福祉享受の格差もまた何世代にもわたって再生産されていくと考えられる．これまで日本の階層研究では，資産への着目が乏しかったが，階層構造をより精緻に理解する分析視角としての資産の有用性が示唆されよう．竹ノ下が指摘するように，資産に着目した格差研究は，階層研究にとどまらず，福祉社会学研究にとっても重要な課題となりうるだろう．

　第2に，ストック概念を用いることで，人びとの福祉への政府の関与のありようを明らかにできるのではないか．祐成論文と角崎論文は，人びとのストック保有を保障する政府の役割に着目したものである．祐成論文では，居住保障のあり方には政府の選択的関与があり，国際比較の視点から居住保障レジームというべき型があることを紹介している．政府による居住保障は，人びとのニーズを満たす一方で，彼らがもつ自律性を弱めたり，資産運用の奨励が政府の福祉支出の抑制につながる側面も併せ持っている．まさに「居住と福祉の間には根本的な緊張関係が存在」し，政府が市民のストックをどのように活用しようとしているか，またそれがどのような帰結を生むかに目を向ける必要性を喚起するものといえよう．また角崎論文では，日本における生活福祉資金貸付

という一制度の変遷を辿り，当初は「ストック保障」という目的があったのが，今や「フロー保障」の不備を補完し，ストックを奪いかねないものになっていることに警鐘を鳴らしている．時代によって一制度の目的・機能が変化していったことを鋭く捉え，その再検討が必要であるという重要な政策的示唆が導かれている．このようにストックの視座は，レジームの横断的な分析や，制度の縦断的な分析にも活用されうるものである．

　第3に，ストック概念はこれからの社会の共同性を考えるうえでの鍵になりうるのではないか．ストック（資産）は世帯が主体となって所有し管理するものであるが，本特集の各論文ではその他の主体についても言及されている．居住保障のための協同組合を具体例とする「ユニバーサル・ベーシックアセット（UBA）」（祐成論文）や，社会福祉協議会による「地域のストック」としての福祉貸付（角崎論文）といった構想は，今後考慮されるべき選択肢となるかもしれない．各世帯による資産保有の格差が再生産されている（竹ノ下論文）のならば，資産を十分に持たない人びとがリスクに対応できる共同的なストック保有という方向性を議論する余地があるといえよう．

　以上のように，ストック概念は階層研究においても，国際比較研究や制度研究においても，有用な分析単位になりえるのではないか．本特集が，ストック概念を切り口に，福祉社会学研究の再検討あるいはさらなる発展の助けとなることを願っている．最後に，刺激的なご論考をお寄せいただいた執筆者の皆さんに心より感謝申し上げたい．

| 特集論文 I |

社会階層と資産
——近年の研究動向と今後の課題

竹ノ下弘久

　本稿は，近年の社会階層論における資産の不平等に関する研究動向について，欧米の先行研究を中心に論点を整理し，社会学における資産研究の理論と知見の見取り図と近年の研究の到達点について考察する．ウェーバーは資産を，不平等を構成する重要な基盤ととらえたが，戦後の階層研究は，労働市場における職業的地位を中心に，階級・階層を概念化したことで，資産への関心は大きく後退した．欧米諸国では近年，資産格差と人々のライフ・チャンスへの影響について，いくつかの研究が行われている．本稿では，資産のとらえ方とその特徴を概観した後，資産が人々のライフ・チャンスにどう波及するかについて，教育達成と職業達成，結婚と家族形成，高齢期の階層という観点から検討を行う．その上で，近年の世代間における資産の連関や維持・再生産が生じるメカニズムを，ライフサイクル・モデルと世代間移動モデルの2つに区分して論じる．資産の世代間における維持・再生産については，従来の世代間移動研究で支配的な2世代モデルだけではなく，3世代以上の多世代モデルが有効である．

　キーワード：資産格差，世代間移動，生前贈与と遺産相続，ライフコース，家族

1　問題意識

　近年の階層研究では，資産の果たす役割や資産をめぐる格差・不平等への関心が高まっている[1]．格差・不平等をめぐる論争に一石を投じたトマ・ピケティによる *Capital in the 21st century*『21世紀の資本論』では，従来の経済学が十分に取り組んでこなかった長期にわたる所得・資産格差の歴史的な趨勢に注目する．分析の結果，第二次世界大戦後とその後の高度成長の時期を例外に，多くの時代において，資本の私的収益率が個人の所得増加率よりも高く，

たけのした ひろひさ｜慶應義塾大学法学部・教授｜thiro0406@keio.jp

世代間で資産を蓄積した有利な層が投資を通じて資産を拡大し，資産格差が増大していることを明らかにした（Pikkety 2014）．さらに，近年の階層研究は，こうした資産の分布における格差の拡大だけでなく，資産が他の生活領域やウェーバーが論じるライフ・チャンスの不平等にどのような影響を及ぼすかにも関心をもっている（Keister and Moller 2000; Killewald et al. 2017; Spilerman 2000）．

　他方で，階層研究は戦後の長い間，資産がライフ・チャンスの不平等に及ぼす影響や資産それ自体の分布の不平等について十分な関心を向けてこなかった．階層研究は伝統的に，労働市場における諸個人の位置が，経済的資源として重要な賃金や所得を大きく左右すると考えてきた．そのため，広い意味での職業を階層・階級の重要な構成要素と考え，職業の把握やその測定を重視し，職業の達成や獲得をめぐる不平等を明らかにしてきた（Blau and Duncan 1967; Erikson and Goldthorpe 1992）．

　たとえば，階層研究の重要な理論枠組みに Blau と Duncan の地位達成モデルがある．地位達成モデルは，形を変えながらも多くの階層研究で継承されてきた．地位達成モデルは，個人が生まれ育った家族的背景がその人の教育達成を左右し，その後，人々の労働市場での地位や職業を左右すると考える．このようにかれらは，人々が人生という時間軸の中で地位を移動する存在と考え，ライフコースという観点を地位達成モデルに組み込んだ．さらに Duncan は，人々の地位を職業を中心に把握しようとし，社会経済的地位指標（Socioeconomic index）を考案した．社会経済的地位指標は，小分類レベルで把握する個々の職業について，平均的な学歴と所得の水準，その職業の社会的評価という3つの尺度を合成して作成された（Blau and Duncan 1967; Duncan 1961）．

　このように，伝統的な階層研究は，経済的な格差・不平等について職業を軸に捉えようとしてきたことが理解できる．しかし，所得をはじめとする経済的資源へのアクセスは，労働だけに限らない．たとえば，金融資産や不動産を所持し，それらを市場で運用・売却することで，労働しなくとも一定の収入を得ることができる（Spilerman 2000）．また，住宅は個人や家族が安定した社会生活を送るのに役立つ重要な資産である．住宅に関する負債がなければ，住宅の所有者は，賃貸住宅の居住者と比べて，住宅関連の支出を抑制することがで

き，可処分所得を増やすことができる（竹ノ下 2021）．さらに資産は，所得を
はじめとする経済的な資源を高めるだけでなく，他の社会的領域におけるライ
フ・チャンスにも大きく影響する．たとえば住宅の所有者は，転居回数が少な
く，特定の地域社会に長く住む傾向がみられる．その結果，地域社会でより多
くの社会関係資本を蓄積することができ，個人のライフ・チャンスにも大きく
資すると考えられる．子どもに対して勉強部屋や勉強机などを提供することは，
子どもの教育達成にも役立つかもしれない．このように，資産は個人のライフ・
チャンスや生活全般を安定化させる機能をもつと考えられる（Killewald et al.
2017; Pfeffer and Killewald 2018）．

　本稿は以上の問題意識から，近年の社会階層論における資産をめぐる議論を
整理し検討することで，社会学における資産格差についての今後の研究に向け
た課題や展望を考察する．そのために，本稿は以下の構成をとる．第 1 に，
伝統的な階層理論における資産のとらえ方について概観する．第 2 に，最近
の階層研究に目を転じ，その中でも，資産の定義について検討する．第 3 に，
資産が経済的な資源配分に加えて，他の社会的領域にもどのような影響をもた
らすのかについて考察する．第 4 に，資産の世代間での移転のメカニズムと
世代間での不平等の蓄積について論点を整理し，資産をめぐる社会学的研究の
今後の課題を考察する．

2　伝統的な階層研究における資産のとらえ方

　社会階層論の研究者は，マルクスとウェーバーの階級や不平等に関する理論
を，重要な階層・階級理論の古典として，長年位置づけてきた．本節では，資
産を軸にかれらの理論枠組みについて考察する．

　マルクス主義的階級理論は，生産手段を保持するかどうかと他人の労働力を
購入可能かどうかという 2 つの基準を軸に，階級間の不平等を説明する（竹ノ
下 2013）．生産手段とは，特定の財やサービスを生産するために必要なさまざ
まな設備などを指す．農業における土地，製造業における工場や生産設備は，
生産手段に該当する．これら 2 つの基準を軸に，生産手段を持ち他者を雇用す
る資本家階級と生産手段がなく，資本家に自己の労働力を提供し，その見返り

に賃金を受け取る労働者階級の2つに階級が分かれる．生産手段を独占する資本家階級は，労働者が生み出した生産活動の成果を搾取によって奪い取ることで，より多くの利潤を獲得する．このようにマルクス主義的階級理論は，生産手段の所有の有無を階級間の不平等の重要な源泉としている（Marx 2011；Wright 2005）．

　マルクスの階級理論を本稿の主題である資産格差に引きつけて考えると，生産手段とは，本稿が論じる資産の1つとみなすこともできる．資産は，金融資産と住宅などの実物資産から構成されるが，生産手段を形成するには，これらの資産を活用することが重要である．金融資産を用いて，生産手段を準備し，所持する土地を使って，そこに工場や生産設備を形成することができる．しかし，マルクスの階級理論は，経済的な不平等を，労働や生産に関わる局面で生じるものと考えており，資産それ自体が，労働や生産という文脈から離れて，不平等の生成にどのような役割を果たすのかについて十分な考察を行っていない（Spilerman 2000）．

　他方で，ウェーバーの階級理論は，マルクスの理論と比較して，不平等の源泉を生産手段の所有の有無だけでなく，さまざまな観点から考察する．ウェーバー階級理論の主要な関心は，市場メカニズムのもとで生じるライフ・チャンスの不平等構造にある[2]．財産の保持や労働市場の中で提供するサービスの種類（専門的な知識や技能など）が，その人の階級状況を左右する．さらにウェーバーは，地位集団という概念も提示し，階級とは異なる不平等形成のメカニズムを論じる．そこでは，地位に付随する社会的名誉や威信が地位間の階層化を作り出す．そして，特定のライフスタイルや生活様式が，消費のあり方を左右し，そこから地位による格差が生まれると論じる（Breen 2005；Weber 1978）．

　ウェーバーは階級を同じ階級地位を占める人々の集団と定義し，階級を次の2種類に区分する．1つは資産階級（property class）であり，その階級地位は，保持する資産の違いによって決まる．いま1つは，獲得階級（acquisition class）であり，その成員の階級状況は，市場の中でサービスを利用する機会や労働者が労働市場の中で提供する技能の水準によって決まる．多くの資産をもつ人は，資産それ自体から所得を得て生活する．土地，鉱山，生産設備，船など，それらの資産を活用することで，収益を得ることができる．さらに，株式

や有価証券などの金融資産から収入を得て，生活することもできる（Weber 1964）．

　このようにウェーバーは，階級的地位の形成において資産の重要性を強調していた．しかし，戦後の階層研究の支配的なパラダイムとなった地位達成モデルは，ウェーバーの資産階級よりも獲得階級を軸に，多くの不平等の源泉を職業に還元して理論化を行った．さらに，地位達成モデルが，資産の所有とその世代間での継承を理論に組み込まなかった背景には，機能主義的階層理論の視点も大いに関係する．機能主義的階層理論は，能力や技能などの人的資本が社会秩序の形成に果たす役割を強調する．そのため地位達成モデルは，世代間での地位の再生産が教育達成を媒介にして生じると考え，学歴を経由しない世代間での地位継承のメカニズムについて十分な理論化を行わなかった（Davis and Moore 1945; Spilerman 2000）．さらに地位達成モデルは，社会経済的地位指標を用いて不平等構造を概念化する．この指標は，ウェーバーの地位概念を参照して，社会的評価や威信に注目するが，その関心は職業の評価や威信に限定されている．このように戦後の階層研究は，学歴と職業を軸に理論枠組みを構築した結果，資産についての関心が大きく後退した．

3　近年の研究における資産のとらえ方

　本節からは，近年の資産をめぐる研究動向に目を転じる．はじめに，近年の研究における資産の定義とそのとらえ方について概観する．本稿では，Spilerman（2000）に従い，資産を金融資産と実物の資産からなるものと定義する．資産を所得と比較すると，所得はしばしばフローとして位置づけられるのに対し，資産は，ストックとみなされる．フローとは，ある一定期間の収入，支出など経済活動の流れを示すものであり，ストックとは，ある時点におけるこれまでに蓄えた資産の合計を指す．資産については，金融資産や不動産など保有しているものだけでなく，金融機関からの借り入れなど負債を考慮して，資産から負債を引いたものを純資産（net worth）と位置づける（Keister and Moller 2000）．2005 年と 2015 年に行われた社会階層と社会移動全国調査（SSM 調査）も，資産と負債の双方を測定し，両者の指標から純資産を計算することができる[3]．

　社会学の不平等研究には所得についての先行研究が多く，資産についての研究は近年まで非常に限られていた．実際，資産と所得が非常に強く相関しているのであれば，資産を測定せずとも，所得によって世帯の経済状況を把握することができる．しかし，1980 年代のアメリカの研究では資産と所得との相関係数は 0.5 程度であり，資産による所得を差し引いた所得と資産との相関係数の場合，推定された係数は 0.25 程度にまで減少する．このように，家族や世帯の経済状況を把握するには所得だけでは不十分であり，資産を把握することが重要である（Lerman and Mikesell 1988）．

　資産は，所得に還元できない独自の特徴を持っている．第 1 に，資産による所得は，余暇と労働とのトレードオフの関係がない．第 2 に，勤労所得とは異なり，資産による所得は，病気や失業によって減少しない．第 3 に，資産によって得られた利益は，勤労所得よりも課税水準が低く，人々はより多くの資産を保持することで，さらなる経済的資源を獲得することができる．第 4 に，経済的危機の時期には，人々は資産を売却し，預貯金から現金を引き出すなどして，一定の所得を得ることができる（Spilerman 2000）．

4　資産のもつ社会的機能

　家族が有する資産は，どのような社会的機能をもち，他の社会的領域へとどのように波及していくのだろうか．Killewald ら（2017）によれば，家族が持つ資産は，他の社会的帰結と関連がある．具体的には，子どもの学力や認知スキル，高等教育機関への進学などさまざまな教育達成と関わりがある．教育達成に加えて，職業達成とも関連が見られる．さらに家族の資産は，配偶者選択，同棲（cohabitation），結婚，子どもの出生など家族形成とも関わりがある．高齢期においては，退職や健康状態も左右する．本節では，こうした論点について先行研究にもとづき検討する．

4.1　教育達成と職業達成

　資産と教育達成との関係について分析する先行研究は，家族の社会経済的地位を統制してもなお，家族の資産が子どもの教育達成を高めるのに重要な役割

を果たすことを明らかにしてきた．家族の資産は，子どもの学力や成績だけで
なく，最終学歴をはじめとする教育達成全般も高めてきた（Conley 2001；Orr
2003；Yeung and Conley 2008）．

　Hallsten and Pfeffer（2017）によれば，家族の資産が子どもの教育達成を
高めるメカニズムとして，次の3つが考えられる．第1に，預貯金などの資
産を用いて，子どもの教育達成に貢献する様々な財やサービスを購入すること
ができ，Hallsten らはこれを購入メカニズムと呼ぶ（Hallsten and Pfeffer
2017）．たとえばアメリカのような国では，より質の高い公立学校がある近隣
での家の購入や，預貯金などを用いて私立学校に子どもを通わせることなどが
挙げられる．住宅の購入は，子どもにより安定した学習環境を提供する上で重
要であり，様々な子どもの学校への適応を助ける．アメリカでは，地域によっ
て教育の質や生活状況が異なるため，住宅をどの地域で購入するかは，家族や
子どもの生活状況に大きく波及する（Pfeffer 2011）．Solari and Mare（2012）
によれば，快適で静かな空間のない住宅は，子どもたちに学習上の困難をもた
らし，学業成績に否定的な影響をもたらす．他の家族が深夜まで働くため，帰
宅時間が非常に遅い場合，子どもに独立した部屋がないことは，子どもの睡眠
を妨げる．夜に十分な睡眠がとれないことで，日中の活動に集中することがで
きず，風邪などの病気にかかるリスクも高くなり，学校での学業に支障が生じ
る．十分な空間のない住居は，親にも生活上のストレスをもたらし，子どもの
教育達成にかかわる様々な方面に否定的な影響を与える[4]．

　第2に，Hallsten らは，資産が人生の様々な局面で生じるリスクへの保険
として機能する点に注目し，これを保険メカニズムと呼ぶ．資産は，これ自体
を現金にして実際に使わなくても，資産を保有することそれ自体に，様々な失
敗に対して保険を提供する潜在的な機能がある（Spilerman 2000）．たとえば，
資産は失業などの所得の損失を補うことができ，キャリアの中断を助け，将来
の不確実性を低減することができる．リスクに対する資産の保険機能は，家族
の子どもに対する教育投資を促進し，親の子どもへの教育選択を，さまざまな
経済的制約によってではなく，子どもの興味関心や長所にもとづいて行うこと
を助ける（Hallsten and Pfeffer 2017）．

　第3に，Hallsten らは，資産それ自体が有する規範的メカニズムに注目する．

資産それ自体は，社会の中での権力や権威を有し，家族はこの強みを次世代に
も継承しようと試みる．資産をもつ家族は，家族の資産を次世代にも継承する
ために，子どもの高等教育への進学が，そのための有効な戦略であると認識す
る．たとえ親からの資産を受け継いだとしても，子どもが不安定な仕事に従事
し，頻繁に失業すると，すぐに親から継承した資産は消失するだろう．高等教
育に進学することで，次世代はより安定した仕事に従事し，所得を安定的なも
のとすることができる．より高い学歴を達成することは，より安定した雇用や
収入へのアクセスを確実なものとし，さらにより安定した仕事をもつパートナ
ーとの出会いや結婚も可能にする（Conley 2001; Hallsten and Pfeffer 2017; Spiler-
man 2000）．

　家族の資産が子どものより高い教育達成を促進するだけでなく，彼，彼女ら
の職業達成にも貢献することを，Pfeffer（2011）は論じている．資産は，より
高い教育達成に貢献するため，その効力は職業達成にも波及する．さらに資産
は，職業キャリアの形成においても，保険機能をもつ．親に資産があることで，
若年期の子どもは学卒後の求職活動において自分の家族にはセーフティ・ネッ
トがあると感じ，自分にとって満足のできる仕事がみつかるまで求職活動を継
続することができる．

4.2　家族形成

　次に，資産が家族形成にどのような役割を果たすかを検討しよう．Schnei-
der(2011)によれば，大人が所持する資産は結婚の可能性を高める．とりわけ，
住宅を所持することは安定した家族生活を送るうえできわめて重要なものであ
る．配偶者選択において，パートナーが結婚にふさわしい人物かどうかを見極
めるために，資産の有無が問題となる．さらに資産は，教育達成や職業達成の
局面でも論じたように，将来の人生の局面で生じる様々なリスクに対処するこ
とを可能にする．夫婦が失業したとき，資産があると，それらを用いて当面の
所得を確保することができる．経済的なストレスは，家族生活の質を低めるこ
とが予想できるが，資産はそうしたネガティブな影響を緩和することができる
(Schneider 2011)．

　他方で，子どもの出生と資産との関係に注目する研究では，資産の所持では

なく，借金や負債が子どもの出生にどう影響するかを明らかにしており，興味深い（Nau et al. 2015）．負債は，現在の消費を可能にする半面，潜在的には将来の消費を犠牲にするため，将来の経済的資源が必要な消費や投資の足かせとなるかもしれない．Nau ら（2015）は，学生ローンが子どもの出生に与えるネガティブな影響に注目する．近年のアメリカでは高等教育の学費が高騰し，若者は教育ローンへの依存を強めている．教育ローンは，働き始めたら返済しなければならないが，学卒後に教育ローンの返済に見合った賃金の高い職業につける保証はない．こうした借金返済の不確実性は，家族形成に関する個人の決定に影響し，実証研究でも，教育ローンが出生タイミングを遅らせていたことが明らかにされた（Nau et al. 2015）．

4.3　高齢期における社会階層とライフ・チャンス

　資産が重要な経済的資源として人々のライフ・チャンスに影響することは，若年期，中年期にとどまるものではない．高齢期においても，個人や家族が有する資産は，その人の生活状況に大きく影響すると考えられる．白波瀬は，60 代や 70 代の高齢者の多くは，労働市場から退出するため，これまでに蓄積してきた預貯金，金融資産，不動産といった資産が，高齢者の生活水準を大きく左右すると論じる．少子高齢化の進む日本社会では，高齢者の人口構成に占める割合はますます高まっている．これまでの社会階層論は，労働市場における地位を中心に，不平等構造を概念化してきた．しかし，少子高齢化が進展し，高齢者の人口割合が高まる日本社会では，労働市場における職業的地位を基盤に階層，不平等を把握するのは，ますます不十分なものとなっていく（白波瀬 2021）．

　社会的資源をめぐる有利・不利が，人生の経過とともにどのように累積していくのかという視点は，高齢者の階層・不平等構造を把握するうえで重要である（DiPrete and Eirich 2006）．そのため，現役時代から積み上げてきた資産とその格差は，高齢者の不平等を把握するための重要な参照点となるだろう．竹ノ下（2021）は，2015 年 SSM 調査を用いて，高齢者の住宅所有が，かれらの階層的地位や主観的ウェルビーイングにどう影響するのかを検討した．金融資産と不動産を比較すると，日本では不動産が資産総額の大きな割合を占める

（鹿又 2001）．就労機会が限られる高齢者は，持ち家住宅に住むことで，住居の不安定性から解放され，生活基盤を安定的なものとすることができる（Kille-wald et al. 2017）．

　竹ノ下は，こうした議論を前提に，高齢者の住宅所有が，かれらの階層帰属意識，生活満足度，幸福感にどのような影響を及ぼしているのかを，傾向スコア・マッチングを用いてその因果効果の推定を行った．分析の結果，高齢者の住宅所有は，これら3つの指標いずれも統計的に有意に高めていることが分かった．そして男女別に分析すると，対象者全体で見られた住宅所有の因果効果は，男性では観察されず，女性に顕著に見られることも分かった．さらに，住宅の所有のしやすさという点から対象者を区分し，住宅所有の因果効果の異質性を検討した結果，住宅をもちにくい層で，住宅所有が人々の主観的な生活の質を高めていることも明らかになった．階層的にも不利な人たちに，住宅購入の支援を行うことが，人々の生活基盤を安定化させるうえで重要であることが，分析結果から示唆される（竹ノ下 2021）．

5 世代間での資産の継承と不平等

　これまでに議論してきたように，資産は，諸個人のライフコースの中で生じる様々なリスクを緩和し，生活を安定化させる機能をもつ．しかし，資産は所得以上に不平等に分配されていることも，先行研究により示されている．アメリカでは，1989年に資産分布の上位1％が資産全体の39％を保持しているのに対し，所得分布の上位1％は，世帯収入全体の16％を保持していた．さらに，資産分布の上位10％が，資産全体の85％を保持するのに対し，所得分布の上位10％は，世帯収入全体のおよそ半分を保持している．ジニ係数で見ても，1989年のアメリカの資産のジニ係数が0.84であるのに対し，世帯収入のそれは0.52であった（Keister and Moller 2000）．

　資産の不平等な配分を説明するモデルや考え方はいくつかあるが，以下では次の2点に注目する．一つはライフサイクルのなかで，資産の蓄積が変化していくという考え方であり，ライフサイクル・モデルとも呼ばれる．いま一つは，資産はライフサイクル・モデルのように一世代では完結せず，世代間での

移転を通じて蓄積されるという考え方である．

　ライフサイクル・モデルによれば，家族は，労働市場で就労する時期に，労働により得られた賃金の一部を貯蓄することで資産を形成する．これらの資産は，退職後の高齢期の消費を支えるために使われる．若年期の労働市場参入から高齢期における労働市場の退出にいたるまでに，人々は資産の蓄積をし，純資産（net worth）を増加させる．高齢期の労働市場からの退出後は，労働による収入がなくなるため，貯蓄や資産を取り崩しながら生活し，資産は減少する（Modigliani 1986; Semyonov and Lewin-Epstein 2013）．ライフサイクル・モデルは直感的に理解しやすく，単純なモデルで説得的である反面，実証研究は必ずしも，モデルが想定するような結果を得ていない．特に退職後の資産の減少（貯蓄を使って消費するなど）が，モデルが想定するほど起こっておらず，高齢者は資産を維持しようとする傾向が強いことも明らかにされている．その理由として第 1 に，自身の死亡がいつ起こるかが不確定であり，リスク回避的な家族は，長期間の生存リスクをふまえて貯蓄を維持しようとする．第 2 に高齢者は，様々な理由や動機から，かれらの子どもたちに資産を遺したいと考えている（Keister and Moller 2000; Spilerman 2000）．資産は，ライフサイクル・モデルが想定するほど 1 つの世代内で完結せず，その一部は次世代へと継承されるため，世代間での資産の移転と不平等の関係を考察することが重要である．

　こうした世代間での資産の再生産が生じるメカニズムや経路について，Pfeffer and Killewald（2018）は，直接的な移転によるものと間接的なものの 2 種類を区分した．Semyonov ら（2013）は，欧米 16 ヵ国を対象に，本人の労働所得と親からの資産の直接的な移転が，本人の純資産の対数にどう影響するかを分析したところ，いずれも純資産を高める傾向が見られた．他方で，Charles ら（2003）はアメリカのデータを用いて，資産の世代間弾力性について，所得，学歴，世代間の資産の直接移転，資産の構成を考慮した要因分解を行った．分析の結果，世代間での資産の直接移転は，資産の世代間弾力性の 2 割以下しか説明しないこともわかり，所得や学歴の影響力よりも低いことがわかった．このように資産の直接的な移転が，世代間の資産格差の継承や再生産にどの程度貢献するかについて，その見解は研究によって異なる．

　世代間での資産の再生産は，親から子への直接移転ばかりでなく，さまざまな経路を通じて間接的に行われるとも考えられる（Pfeffer and Killewald 2018）．第 1 に，家族の資産が子どもの教育達成を高めるために活用され，高い教育達成が高い所得の達成を通じてさらなる資産の蓄積を可能にする．加えて，学歴は金融市場や金融商品に関する知識の獲得を助けるため，株式の購入やより高い投資効果をもたらす金融資産の所持を促す．第 2 に，親の資産は，親からの生前贈与や遺産相続といった世代間での資産移転を通じて，子どもの住宅所有を促進する（Spilerman and Wolff 2012）．さらに，住宅を所有することでさらなる資産の蓄積が可能となる．全般的な物価上昇よりも不動産価格の上昇率が高いことで，さらなる資産価値の上昇に貢献する．賃貸住宅の価格が高い場合は，住宅を所有することで，住宅にかかる費用を抑制することができ，その分を貯蓄に回すことができる（Killewald and Bryan 2016）．第 3 に，親の資産は，結婚式の費用を親から援助してもらうなど，子どもの結婚への移行を促す（Schneider 2011）．さらに結婚と家族形成により，同じ個人が別世帯で暮らすよりも，同じ世帯で暮らす方が，住宅の費用をはじめ様々な生活費を節約することができ，その分を貯蓄に振り向けることで，さらに資産を増やすことが可能である（Zagorsky 2005）．第 4 に，親の資産は，子どもの自営業への参入を促進する．自分で会社を立ち上げ，事業を開始するためには，資金が必要である．親の資産は，そうした事業創始のための経済的資源を提供し，自営業への参入コストを低減する．自営業に参入することで，事業が軌道に乗ればさらなる資産の蓄積が可能となる（Pfeffer and Killewald 2018）．

　これまでの職業階層を中心とした世代間移動研究は，主に親子間の職業や階級の類似性と相違（移動）に注目してきた．他方で，近年の世代間での資産の維持や再生産についての研究は，資産格差の維持・継承が，親子の 2 世代にとどまらず，祖父母，親，孫といった 3 世代以上の多世代にまたがって行われることを明らかにしている（Mare 2011）．Hallsten and Pfeffer（2017）は，スウェーデンの登録レコードを用いて，祖父母の資産が孫の教育達成にどう関連しているのかを明らかにしようとした．平均寿命の伸長により，子どもが生前贈与や遺産相続といった親からの資産の直接的な移転を経験するのは，子ども自身が高等教育に進学する時よりも，子ども世代が結婚して子育てに従事し，

孫世代が教育を受けている時期であることが多い．そのため，こうした資産を通じた世代間での不平等の再生産を把握するには，2世代よりも3世代にわたる資産の影響を分析し考察することが必要である．

6　おわりに

　本稿は，欧米の研究動向を参照して，戦後の階層研究が見過ごしてきた資産の不平等とその影響について考察した．戦後の階層研究は，職業的地位を中心に階級・階層を概念化し，労働市場の中で生起する不平等を，地位の移動を軸に観察し分析を行ってきた．他方で近年の研究は，経済格差が，労働市場の職業的地位だけでなく，以前から受け継いできた資産とその活用によりさらに増幅することを明らかにする．社会学の立場からの階層・不平等研究は，職業への関心が強いあまり，資産格差についての日本のデータを用いた研究は，白波瀬らの研究を例外に，非常に限られている．本論考では，紙幅の都合で考察できなかったが，日本の経済学者も資産の不平等について研究を行っており，これらを社会学の立場から再検討することで，分析枠組みや仮説の構築に大いに活用することができる[5]．資産の不平等が人々のライフ・チャンスにどう影響するかを明らかにすることは，階層・不平等研究を超えて，福祉社会学や家族社会学にも新たな研究の着眼点や示唆をもたらすだろう．

[付記]
　本論文は，日本学術振興会科学研究費補助金（22H00912, 22H00917）による研究成果の一部である．

注
1）本研究は資産を，家族の流動的な金融資産（株式や債券と預貯金などからなる）と住宅などの実物の資産からなるものとする（Spilerman 2000）．
2）ライフ・チャンスとは，個人がある社会において希少で価値あるとされる経済的，文化的資源にアクセスする機会を意味する（竹ノ下 2013）．
3）2005年SSM調査では，金融資産と不動産を区別せずに資産の総額を把握する一方，2015年の同調査では，両者を区別して質問している．
4）たとえば，狭い住居で親のストレスが高まった結果，親の学校活動への参加や関わ

りが少なくなる，親が，子どもの勉強を見たり，宿題を手伝えなくなる，子どもの
行動を十分に監視できなくなる，などがあげられる（Solari and Mare 2012）.
5）本論考では，税制や社会保障制度のマクロな制度的文脈が，資産の不平等とそのラ
イフ・チャンスに対して及ぼす影響について十分な検討ができなかった．今後の課
題としたい.

文　献

Blau, Peter M. and Otis D. Duncan, 1967, *American Occupational Structure*, New
York: Free Press.

Breen, Richard, 2005, "Foundations of a Neo-Weberian Class Analysis," Erik. O.
Wright ed., *Approaches to Class Analysis*, Cambridge: Cambridge University
Press, 31–50.

Charles, Kerwin K. and Erik Hurst, 2003, "The correlation of wealth across gener-
ations," *Journal of Political Economy*, 111: 1155–81.

Conley, Dalton, 2001, "Capital for college: Parental assets and postsecondary
schooling," *Sociology of Education*, 74: 59–72.

Davis, Kingsley and Wilbert E. Moore, 1945, "Some principles of stratification,"
American Sociological Review, 10: 242–9.

DiPrete, T. A. and G. M. Eirich, 2006, "Cumulative advantage as a mechanism for
inequality: A review of theoretical and empirical developments," *Annual Re-
view of Sociology*, 32: 271–97.

Duncan, Otis D., 1961, "A Socioeconomic Index for All Occupations," Albert J.
Reiss, Otis D. Duncan, Paul K. Hatt and Cecil C. North eds., *Occupations
and Social Status*, New York: Free Press, 109–38.

Erikson, Robert and John H. Goldthorpe, 1992, *The Constant Flux: A Study of
Class Mobility in Industrial Societies*, Oxford: Clarendon Press.

Hallsten, Martin and Febian T. Pfeffer, 2017, "Grand Advantage: Family Wealth
and Grandchildren's Educational Achievement in Sweden," *American Socio-
logical Review*, 82: 328–60.

鹿又伸夫，2001，『機会と結果の不平等』ミネルヴァ書房.

Keister, L. A. and S. Moller, 2000, "Wealth inequality in the United States," *Annu-
al Review of Sociology*, 26: 63–81.

Killewald, A., F. T. Pfeffer and J. N. Schachner, 2017, "Wealth Inequality and Ac-
cumulation," *Annual Review of Sociology*, Vol 43: 379–404.

Killewald, Alexandra and Brielle Bryan, 2016, "Does your home make you
wealthy?" *The Russell Sage Foundation Journal of the Social Sciences*,
2: 110–28.

Lerman, Donald L. and James J. Mikesell, 1988, "Rural and urban poverty: An in-
come/net worth approach," *Policy Study Review*, 7: 765–81.

Mare, Robert D., 2011, "A Multigenerational View of Inequality," *Demography*,
48: 1–23.

Marx, Karl, 2011, "Classes in Capitalism and Pre-Capitalism," David B. Grusky and Szonja Szelenyi. Boulder eds., *The Inequality Reader: Contemporary and Foundational Readings in Race, Class, and Gender*, Colorado: Westview Press, 36–47.

Modigliani, Franco, 1986, "Life cycle, individual thrift, and the wealth of nations," *Science*, 234: 704–12.

Nau, M., R. E. Dwyer and R. Hodson, 2015, "Can't afford a baby? Debt and young Americans," *Research in Social Stratification and Mobility*, 42: 114–22.

Orr, A. J., 2003, "Black-white differences in achievement: The importance of wealth," *Sociology of Education*, 76: 281–304.

Pfeffer, Fabian T., 2011, "Status attainment and wealth in the United States and Germany," T. Smeeding, R. Erikson and M. Jaentti eds., *Persistence, Privilege, and Parenting: The Comparative Study of Intergenerational Mobility*, New York, NY: Russell Sage Foundation, 109–37.

Pfeffer, Febian T. and Alexandra Killewald, 2018, "Generations of Advantage. Multigenerational Correlations in Family Wealth," *Social Forces*, 96: 1411–42.

Pikkety, Tomas, 2014, *Capital in the Twenty-Firtst Century*, Cambridge: Harvard University Press.

Schneider, D., 2011, "Wealth and the Marital Divide," *American Journal of Sociology*, 117: 627–67.

Semyonov, Moshe and Noah Lewin-Epstein, 2013, "Ways to richness: Determination of household wealth in 16 countries," *European Sociological Review*, 29: 1134–48.

白波瀬佐和子, 2021, 「超高齢社会の不平等——富から見る階層格差」有田伸・数土直紀・白波瀬佐和子編『シリーズ少子高齢社会の階層構造 3——人生後期の階層構造』東京大学出版会, 217–34.

Solari, C. D. and R. D. Mare, 2012, "Housing crowding effects on children's well-being," *Social Science Research*, 41: 464–76.

Spilerman, S., 2000, "Wealth and stratification processes," *Annual Review of Sociology*, 26: 497–524.

Spilerman, S. and F. C. Wolff, 2012, "Parental wealth and resource transfers: How they matter in France for home ownership and living standards," *Social Science Research*, 41: 207–23.

竹ノ下弘久, 2013, 『仕事と不平等の社会学』弘文堂.

――――, 2021, 「高齢期における住宅のアクセスの不平等」有田伸・数土直紀・白波瀬佐和子編『シリーズ少子高齢社会の階層構造 3——人生後期の階層構造』東京大学出版会, 53–68.

Weber, Max, 1964, *The Theory of Social and Economic Organization*, New York: Free Press.

――――, 1978, *Economy and Society: An Outline of Interpretive Sociology*, Berkeley: University of California Press.

28   社会階層と資産

Wright, Erik. O., 2005, "Foundations of a Neo-Marxist Class Analysis," Erik. O. Wright ed., *Approaches to Class Analysis*, Cambridge: Cambridge University Press, 4–30.

Yeung, W. J. and D. Conley, 2008, "Black-white achievement gap and family wealth," *Child Development*, 79: 303–24.

Zagorsky, Jay L., 2005, "Marriage and divorce's impact on wealth," *Journal of Sociology*, 41: 406–24.

abstract

Social Stratification and Wealth:
What we have found and what we haven't found

TAKENOSHITA, Hirohisa
Keio University

This article reviews recent literature on wealth inequality in the field of social stratification and provides an overall picture of theories, important concepts, and findings obtained through empirical research. Max Weber viewed assets as a foundation for constituting inequality. However, inequality studies during the postwar period have largely overlooked the importance of wealth in shaping people's life chances because stratification research conceptualized people's social class and socioeconomic status based on occupational status in the labor market. In recent years, several studies have been undertaken in Western countries on wealth inequality and its impact on people's life chances. The definition of wealth and its characteristics are discussed in this paper. We address the following issues; How does wealth shape people's life chances, such as educational and occupational attainment, transition into marriage and parenthood, and living conditions among elderly people? How is wealth disparity reproduced across generations? To explain them, we propose the two models: a life cycle model and a model of intergenerational wealth reproduction. It is also suggested that the model of social mobility across multiple generations is highly effective in exploring reproduction of wealth inequality from generation to generation.

Keywords：wealth inequality, intergenerational mobility, inter vivos gifts and bequests, life course, family

| 特集論文Ⅰ |

居住保障と福祉国家

祐成　保志

　本稿は，住宅というストックに注目し，住宅と福祉国家の関係について理論的な検討を行う．ケメニーが「埋め込み」という概念で示そうとしたように，住宅は社会構造に深く浸透しているため，対象化が難しい．住宅を論じる語彙にも注意を払う必要がある．英語の「housing」が有する，居住の必要を充足する過程という意味を表現するため，本稿では「居住保障」という概念を用いる．居住保障政策にとって最も重要な介入対象は民間賃貸セクターである．民間賃貸セクターには，住宅市場で取引される商品としての住宅と，居住の必要を充足する手段としての住宅の矛盾が集中的に表れる．多くの先進国では，政府による介入手段として，1970年代以降，「対物補助」から「対人補助」への移行が進んだ．ただし，「対人補助の主流化」によって，かえって居住のアフォーダビリティが損なわれ，居住の不平等を助長するおそれがある．居住保障において決定的な手段は存在せず，複数のアプローチの混合が求められる．その際，どのような選択肢が利用可能で，どこに重点が置かれるかによって，レジームというべき型が識別できる．近年の比較研究は，金融という次元を考慮に入れた歴史社会学的分析により，居住保障と福祉国家の関係についての理解が刷新される可能性を示唆している．居住と福祉の間には根本的な緊張関係が存在する．それゆえに居住は，ポスト福祉国家の構想にとって要の位置にある．

キーワード：埋め込み，居住保障，居住の必要，対人補助の主流化，居住と福祉の緊張関係

1　はじめに——社会構造への埋め込み

　住宅政策は，福祉国家の社会政策において「限界領域」とされる（武川1999）．福祉社会学においても，住宅に関心が寄せられるようになったのは比較的最近のことである．

すけなり やすし｜東京大学大学院人文社会系研究科・准教授｜sukenari@l.u-tokyo.ac.jp

　福祉社会学の観点から住宅について考察するとき，J. ケメニーの *Housing and Social Theory*（Kemeny 1992＝2014）は，いまなお示唆に富む．彼は，かつて H. ウィレンスキー（Wilensky 1975＝1984）が福祉国家の比較において住宅を扱うのを断念したことを逆手にとって，住宅を対象化することの戦略的な意義を論じた．ウィレンスキーが挙げた理由は，住宅に影響を与える政策の幅の広さとその測定の難しさである．ケメニーは，住宅が社会構造に埋め込まれていること（embeddedness）が，この難しさをもたらすと説く．「埋め込み」は，社会と住宅の相互浸透の度合いが高いということである．「ライフスタイル，都市形態，福祉，世帯の消費パターンにおよぼす影響という点からみたとき，住宅はまさしく〔社会に〕深く浸透している」（Kemeny 1992＝2014: 132）．

　福祉研究において住宅が敬遠されてきたのは，それが「いかに些末かではなく，逆に，いかに重要であるかを示す証拠である」（Kemeny 1992: 133）．S. ローは，この洞察にもとづいて，住宅が「福祉国家の重要な柱のひとつであるだけでなく，いわば土台をなしている」（Lowe 2011＝2017: 36）と主張した．住宅が福祉国家において周縁的な位置にあるのは，その基礎部分に位置するためなのかもしれない．土台は最初につくられる．ふだんは見えにくく，改造がもっとも困難である（祐成 2019）．

　ケメニーはオーストラリアとスウェーデンを例に，住宅の保有構造と福祉制度の発達に密接な関係があることに注意を促した（Kemeny 1981, 1992＝2014）．すなわち，スウェーデンでは持ち家率が低く，政府の福祉支出が大きい．オーストラリアはその逆である．これは，持ち家が福祉制度の拡大に対する抑止力として働くためであるという．持ち家取得者の住居費は，頭金のための貯蓄やローン返済などで生涯の前半から中盤に集中し，高齢期の住居費は抑えられる．他方で，賃貸住宅の居住者の住居費は，生涯にわたって均等に分布する．この違いが，租税負担と福祉供給における政府の役割についての世論を分岐させる．持ち家居住者は，住居費が軽くなる高齢期の所得保障よりも，住居費の支出が重い現役期の税率を下げることを優先する．逆に，賃貸居住者は，高齢期の所得保障を優先する．

　住宅は，世帯の家計だけでなく，都市の地理にも組み込まれている．スウェーデンの都市の居住形態は集合住宅が主流であるが，オーストラリアでは庭付

きの戸建てが大半を占める．ケメニーによれば，このような違いは，私事化／集合（協同）化の程度を反映している．高度に私事化された都市では公共サービスの水準は低く，市場や家族の役割が重視される．他方で，協同（集合）化が進んだ都市は，人口が集中し，共同利用施設や公共交通機関が充実しており，女性の労働力率が高い．都市インフラ，生活構造，福祉制度が補完し合っており，住宅はそのつなぎ目の位置にある．

　ウィレンスキーは，「住宅は〔分析対象に〕含まれるべきだがデータに乏しい」と述べた．なぜ住宅に関するデータは乏しいのか．この点についてケメニーは，R. ローズの福祉ミックス論を援用して考察している．住宅には，政府／市場／世帯という供給主体がかかわる．住宅は基本的には市場で売買される商品であるが，税の控除や公的金融，公共住宅の建設といったかたちで政府が関与する．ただし，世帯は住宅の消費者にとどまらない．住宅の貸し借りや譲渡は，しばしば市場や政府を介することなく実行される．そして住宅の供給は，建造物としての完成の時点で終結するのではなく，長期にわたる維持・管理を不可欠の要素として含む．それによって消耗・劣化を遅らせることができるし，機能・価値を向上させることもできる．こうした日常的な関与の大部分を担うのは世帯である．それらの営為のほとんどは，公式統計に表れることがない．住宅に関するデータの乏しさは，「埋め込み」という性質に由来する構造的なものである．

2　ハウジングはいかなる活動か

2.1　ハウジングにおける政府の役割

　「埋め込み」という概念は，住宅という財の特異な性質を言い当てている．注意したいのは，ケメニーらが議論の対象とする「housing」が，住宅という語に収まらない含意をもつことである．基本的な概念の設定は，後述する「問題の定義」の根幹に位置する作業である．ここからしばらくは，「ハウジング」と表記することにしたい．

　オックスフォード英語辞典（オンライン版）によると，「housing」には，「家屋・建物」（物体としてのハウジング）と，「house すること」（活動としてのハウ

ジング）という意味がある．前者は「住宅」と呼んでさしつかえない．問題は
後者である．これには 3 つの語義があるという．最も古いのは「家を建てる．
家に住む．」という意味であるが，いまでは廃れた用法である．第 2 の意味は
「家屋に入れる，囲う．家屋に人や動物を住まわせる．建物内に物を置く，収
納する．」というもので，16 世紀以降，現在まで使われている．第 3 の意味は
19 世紀半ばに付け加わったもので，「（政府・自治体による）住宅の計画・供給」
を指す．

　ハウジングという活動は，近代の始まりとともに，自らの住まいを獲得する
という意味を失い，住まわせる者と住まわされる者の分離と，両者の不均衡な
関係を表現するようになった．その後，人々を住まわせる主体としての政府の
活動が重みを増すのに伴って，新たな語彙が根付いていった．「housing poli-
cy」は，そのような言葉の一つである．

　では，政府は何を行うのだろうか．D. クラッパムによれば，社会政策とし
て実行されるハウジング政策には，①規制，②直接供給，③融資・補助金・課
税，④情報提供・助言，⑤アカウンタビリティ，⑥問題の定義，⑦不介入の 7
つの形態があるという（Clapham 2019: 12–3）．

　①から③は，「最低居住水準の保障，家賃統制と借家権の保護，公共賃貸住
宅の建設，民間賃貸住宅への助成，持家取得のための租税支出，住宅手当の給
付」（武川［1996］2009: 148）を，福祉国家の住宅政策の主要分野とした武川
の整理と重なる．「規制」の主要な対象は民間の賃貸住宅セクターであり，住
宅市場での売買や貸借に制限を加える．規制は，家賃規制，借家権の保護，仲
介業者の活動内容についての規定などを含む．一方，「直接供給」は，国や地
方自治体が事業主となって，主として賃貸住宅を供給することである．ホーム
レスの人のための宿泊施設や支援などのサービスを提供することもある．そし
て，「融資・補助金・税制」は，住宅の購入や供給などにかかる費用と便益を
変化させることにより，個人や事業者の行動を政策目的に沿った方向に誘導す
るために利用される．

　④から⑦は，言説の作用を重視する構築主義的な視点から見いだされたもの
である．「情報提供・助言」が必要なのは，住宅の取引において情報の非対称
性が存在するからである．政府は，自ら情報提供を行い，事業者に情報の開示

を求める．また，住宅の確保に困難をかかえる人に対して，ソーシャルワークと連携した支援を提供することもある．「アカウンタビリティ」とは，社会住宅における事業者と入居者の協議について定めるなど，当事者間の関係を定義し，供給主体の責任を明確化することを指す．「問題の定義」は，ハウジングに関する言説に関与する．ある現象を問題と認定するかどうか，その要因をいかにとらえるかについては複数の立場がありえる．政府がいずれに与するかが，問題についての議論の枠組みを左右し，対応策の選択に大きな影響を及ぼす．そして，政府は住宅市場に介入しない場合があるが，それは中立の立場を意味するのではなく，何らかの政策を選択することと同義である[1]．

2.2 ベーシックサービスとしてのハウジング

　ユニバーサル・ベーシックサービス（UBS）は，2017 年頃からイギリスで提唱されている政策構想である．ベーシックサービスとは，誰もが必要とする基礎的・基幹的なサービスを指す．支払い能力に関係なく，それらのサービスを受ける権利を公的に保障するのが，UBS の考え方である．

　I. ゴフによれば，UBS は，人間の必要（needs）に関するいくつかの前提をおいている（Gough 2019）．第 1 は普遍性で，個人差の大きい欲求（wants）とは異なった，普遍的な必要の存在を想定する．具体的には，参加，健康，自律性である．第 2 は複数性で，必要の諸領域が，互いに代替不可能な形で並立しているという見方である．この点で，代替可能性を前提とするユニバーサル・ベーシックインカム（UBI）とは一線を画す．第 3 は飽和性で，必要は欲求と違って飽和に達するため，すべての個人の必要を充足することは可能であると考えられている．

　必要の諸領域として，ゴフは栄養，居住，社会参加（教育，情報，コミュニケーション），健康（予防・治療・ケア），身体的安全，所得保障を挙げる．このうち，居住の必要を充足するのが「適切で安全でアフォーダブルな住宅」であり，ハウジングは，これを供給するシステムである（Gough 2019: 537）．このように，必要と充足が行われる複数の領域が存在し，それらが市場化・私有化の圧力から守られなければならないという発想は，「基礎経済」（foundational economy）の概念にもとづく．基礎経済には，水，エネルギー，通信，交通，

物流，金融といった物質的（material）な側面と，医療，教育，ケア，警察，救急，行政などの無形的（providential）な側面がある．ハウジングは，「これら両方にまたがる重要なセクター」とされる（Gough 2019）．

　UBS の提唱者たちは，ハウジングが UBS に含まれるべきであると明言する．それは，安定した居住が，「生涯を通じて健康，自律性，社会参加という基本的な必要を満たす経路」（Coote and Percy 2020: 86）にほかならないからである．ホームレス状態や不安定な居住は，この経路を閉ざし，「ヘルスケア，所得保障，刑事司法などの分野における高コストの介入の引き金にもなる」（Coote and Percy 2020）．ハウジングへの適正な投資は，将来の支出を抑制する効果をもつとされる．

　他方で，教育，医療，ケアとは異なり，ハウジングが無償化になじまないことも意識されている．UBS は，「安全で，充足的で，アフォーダブルな住宅を確保すること」（Coote and Percy 2020: 76）を目指す[2]．アフォーダブルな居住を実現するための手段として，開発・建築・改修への公的資金の投入，開発利益の制限，不動産課税，土地の公有や信託，供給者への補助金，居住者への現金給付，家賃規制を挙げる．

2.3　住宅政策から居住保障政策へ

　以上の検討から明らかなように，ハウジングは複合的な性質をもっており，「住宅」はそのうち限られた部分を指しているにすぎない．ハウジングに対応させるには「住宅」よりも「居住」という行為・状態を指す語がふさわしく，居住の必要を充足する過程を強調する際には，「居住保障」と表現するのが適当であると考える（祐成 2022）．

　「居住保障」という概念にもとづく充実した研究として，田辺・岡田・泉田監修（2021）がある．社会住宅と住宅手当に着目して欧州各国の歴史を含む現状を報告し，定量的なデータにもとづき日本との比較を行ったことに大きな意義がある．この研究の背景には，2000 年代半ばから定着した「居住支援」という概念にみられる，福祉政策と住宅政策の接近がある．もっとも，居住保障という課題に対処するための多様な手段において，社会住宅と住宅手当がどのような位置づけにあるのかについては，さらなる考察が必要であろう．

3 居住保障のための政策

3.1 居住の必要

　ユニバーサル・ベーシックサービスに関連する議論では，必要には複数の領域があり，互いに代替不可能であることが想定されていた．居住がこれらの領域の一つであるとすれば，そこにはどのような特徴があるのだろうか．

　居住の必要の性質について，P. キングは，永続性，予測可能性，理解可能性の 3 点を指摘する（King 2016: 87）．すなわち，居住の必要は，人の生涯を通じて常に存在している（永続性）．そして，いつどのような必要が生じるかが自分で予測でき，その影響は緩慢に作用することが見込めるため，しばしば対処までの時間は引き延ばされる（予測可能性）．さらに，自分が何を必要としているかが，おおむね自分で理解できる（理解可能性）．

　これらの点で，居住の対極にあるのが医療である．医療の必要が存在するのは，基本的に，生涯のなかの限定的な期間である（限定性）．ただし，いつその必要が生じるかは予測できず，緊急の対応が求められる場合が少なくない（予測困難性）．また，専門家の助けを借りなければ，自分が何を必要としているのかが判断できないことも多い（理解困難性）．

　総じて，居住の必要を充足する世帯の能力は高い．「居住には，他の複雑な福祉資源とは違い，個別の意思決定に適した性質がある」（King 2016: 88）．この結論は，世帯が住宅の有力な供給者であるというローズとケメニーの見解とも一致する．ここから，居住保障において 2 つのアプローチがありうることが示唆される．第 1 に，世帯の能力の不足を補う政策である．例えば，日本の公営住宅法（1951 年）が定める「住宅に困窮する低額所得者」や，住宅セーフティネット法（2007 年）が定める「住宅確保要配慮者」（低額所得者，被災者，高齢者，障害者，子育て世帯など）といった概念は，こちらのアプローチに沿ったものである．第 2 に，世帯の能力を引き上げる政策である．例えば，持ち家を取得した世帯に対する補助（住宅ローン減税など）がこれにあたる．前者は選別主義と適合的であるが，後者は普遍主義的に運用されることがある（Kemeny 1992＝2014: 107）．

3.2　政府が介入する根拠

　居住という領域への政府による関与は，どのように正当化されるだろうか．おそらくその最小限の根拠は，消費者の保護，外部不経済の是正，市民権の保障であろう（武川［1996］2009）．クラッパムは，より積極的な根拠として，居住の不平等の是正と，それを通じた社会的連帯の修復を挙げる（Clapham 2019: 125-26）．

　居住の不平等は，居住の必要が世帯によって自ら充足されることの一つの帰結である．世帯は，そのつどの居住の必要に反応するだけでなく，将来の必要に備えるために行動を起こす．例えば，老後の所得減少を見越して早めに持ち家を取得したり，改良のための投資を行ったりする．住宅という形で蓄積された資産は，相続などによって世代間で移転することができるほか，現金化によって別の必要を充足するための費用を捻出することも可能である．しかし，全ての世帯がそうした条件をみたせるわけではない．持ち家が取得できない世帯，または価値が低い資産しか取得できない世帯は不利な立場に置かれる．住宅市場は，既存の不平等を再生産し，拡大する働きをもつ．

　貧困状態にある人々は，居住の不平等から直接に大きな影響をうける．それだけではなく，居住の不平等を放置することは社会的連帯を損なう．まず，居住状況は可視的である．そして，住宅には「地位財」（positional good）という性質がある．住宅から得られる満足は，他人と比べた相対的な地位についての自己評価によって左右される．このため，「居住状況の格差が拡大すると，自分が社会的規範に合致していないと認識した人が恥を感じやすくなるため，社会全般の福祉水準が低下する可能性が高い」（Clapham 2019: 126）．それゆえ，不平等という状態そのものが解決すべき課題となりうる[3]．

3.3　民間賃貸セクターの規制

　居住保障政策にとって最も重要な介入対象は，民間賃貸セクターである．民間賃貸セクターには，住宅市場で取引される商品としての住宅と，居住の必要を充足する手段としての住宅との矛盾が集中的に表れる．このセクターを代替するための主要な手段は，公共賃貸住宅と持ち家であるが，まずは，このセクターに対する規制が発達した．規制は財政支出なしに実行でき，即効性も高い

からである．そして規制は，現在でも居住保障の有力な手段である．

　民間賃貸セクターの規制の国際比較として，祐成（2020）でも紹介した C.
ホワイトヘッドらによる研究がある（Whitehead et al. 2012）．その知見のうち，
本稿にとって示唆的と思われるのは，家賃規制と住宅手当の関係，および，家
賃規制と他の規制の関係である．

　家賃規制は多くの国で 20 世紀初めに導入され，戦間期に定着した（第 1 世
代）．名目家賃を凍結したことにより，実質家賃が大幅に下落したものの，家
主の採算が悪化して撤退する家主が続出した．補修や改修のための投資が控え
られ，住宅の質は悪化した．また，借家人は家賃上昇を怖れて転居を抑制した
ため，ミスマッチが増大した．

　1970 年代の石油危機後，多くの欧州諸国は第 1 世代の規制を撤廃し，より
柔軟な家賃規制に切り替えた（第 2 世代）．第 2 世代の特徴は，家賃の引き上
げ条件を緩和したことである．一部の国では，上昇したコストを家賃に上乗せ
することや，インフレ率に連動した家賃上昇が認められた．この転換を可能に
したのは，住宅手当である．住宅手当の導入により，居住のアフォーダビリテ
ィと市場の効率性の両立が可能となったとされる．現在も，ほとんどの国で住
宅手当制度が維持されており，いくつかの国では持ち家セクターにかかわらず
受給できる．

　家賃規制が実施されると，家主は既存の借家人を退去させ，新しい借家人と
新しい家賃で契約しようとする．このため，家賃規制を実効あるものにするた
めには，借家権保護が欠かせない．また，住宅の質の規制と家賃規制が併用さ
れることもある．家賃規制を維持しつつ，住宅や設備の質に見合った家賃水準
を設定したり，大規模改修後の家賃引き上げを容認したりすることで，投資を
促進する効果が期待できる．規制が広範に適用されるからこそ，政策目的に応
じた緩和も可能となる．

　ただし，規制が及ぼす影響は複合的である．本来，借家人を守るための規制
が，入居時の厳しい選別など，「最も脆弱な世帯に不運な結果をもたらす」
(Whitehead et al. 2012: 35) ことさえある．規制は，こうした負の効果を最小
化するように設計されなければならない．そのためには，「家主と借家人に高
度の確実性を提供する，より洗練されたアプローチ」(Whitehead et al.

2016: 11），すなわち，供給側と需要側の双方に対する補助との組み合わせが不可欠である．

3.4　対人補助の主流化

　供給側への補助と需要側への補助は，それぞれ「対物補助」と「対人補助」とも呼ばれる．1970年代以降，多くの先進国で，前者から後者への移行が進んだ．戦後の住宅整備によって一定のストックの蓄積が達成された時期と福祉国家の危機が重なった．対人補助としての住宅手当が拡充されたのは，民間賃貸セクターに対する規制の緩和と並行して，公共賃貸住宅の建設が抑制されたためでもある．

　キングは，2つの補助が，「政府の役割と個々の世帯の能力についての異なる前提」（King 2016: 132）に基づいていると指摘する．公共賃貸住宅をはじめとする対物補助は，住宅の量的な不足，社会全体の住宅の質の低さなど，個人の所得を増やすだけでは解決できない問題の解決を図る．一方，住宅手当に代表される対人補助は，個人に居住についての適切な選択を行う能力があることを前提としている．

　対人補助は，どのような根拠で正当化されるのか．キングは，①供給者間の競争の促進，②補助の適時性，③消費者の交渉力の向上，④テニュア中立，⑤選択可能性の拡大を挙げる．このなかで居住保障における対人補助に特徴的なのは，②と④である．

　対人補助は，要件を満たせば直ちに給付を開始でき，所得が増えるなど，要件を満たさなくなった時には停止できる（②）．しかし，公共賃貸住宅の場合は，入居者が要件を満たさなくなったとしても，退去までには長い時間を要する．このため，必要の度合いの高い人の利用の機会が閉ざされる場合がある．また，Whitehead et al.（2012）でも示されたように，対人補助は，持ち家を含むすべてのセクターに適用可能である（④）．

　「対人補助の主流化」というべき変化について，キングは肯定的であるが，クラッパムは懐疑的である．たとえ対人補助が適時的であっても，住宅の供給は非弾力的であるため，需要の変化に即座に対応できるわけではない．対人補助によって需要が増大すると，民間賃貸住宅だけでなく公共賃貸住宅の家賃も

上昇する．家賃規制，資産課税，対物補助の効果的な連携を欠いたまま対人補助への依存が強まると，かえって居住のアフォーダビリティが損なわれ，居住の不平等を助長するおそれがある．「世帯に対する補助金は，当初は世帯に与えられるかもしれないが，その結果，住宅価格や土地価格が上昇するならば，地主が真の受益者となる」(Clapham 2019: 140)．

　ところで，これらの議論で必ずしも明示的に語られないのが，ストックの物的な水準である．物的な水準の低さは，対人補助の正当性を揺るがす．それは，過去の規制や対物補助の効果（または欠落）の表れである．ここにもまた，「埋め込み」という性質が表れている．

4　居住保障レジーム

4.1　居住保障レジーム

　居住の必要を充足する資源は，多様な主体によって供給される．そして，居住保障において決定的な手段は存在せず，複数のアプローチの混合が求められる．その際，どのような選択肢が利用可能で，どこに重点が置かれるかによって，レジームというべき型が識別できる．クラッパムは，ハウジング・レジームを，「ある国における〔居住に関わる資源の〕供給，配分，消費，居住状況に影響を与える一連の言説と社会的，経済的，政治的実践」(Clapham 2019: 4) と定義する．前節までの検討をふまえると，これを「居住保障レジーム」と解することも可能であろう．

　1980 年代以降のハウジング研究は，比較福祉国家論から強い影響を受けて国際比較を重視した．これをリードしたのがケメニーである．彼は，欧州諸国の賃貸住宅セクターに「二元的賃貸システム」（デュアリズム）と「統合的賃貸市場」（ユニタリズム）を見出した (Kemeny 1995, 2006)．この類型論は，佐藤 (1999) や平山 (2009) などを通じて，日本でもよく知られている．

　デュアリズムでは，賃貸住宅に「民間・営利」と「公共・非営利」という対照的な形態が併存する．市場で家賃が決まる民間セクターと政府が家賃を決める公共セクターは明確に分離され，後者の対象は困窮層に限定される．一方，ユニタリズムでは，「民間・非営利」の供給者が大きな位置を占め，公共・非

営利や民間・営利の供給者とともに，政府の規制や補助によって管理された住宅市場（社会的市場）に参入する．その結果，全体の家賃水準が引き下げられ，多様な利用者に向けた住宅が確保される．

4.2　居住資本主義の 4 つの世界？

　H. シュウォーツらの「居住資本主義」論は，ケメニーのレジーム論に修正を加えた（Schwartz and Seabrooke 2008）．彼らは，住宅ローン債務割合の対GDP 比と持ち家率という指標を組み合わせることにより，先進資本主義諸国のなかに，「コーポラティズム的市場」「自由主義的市場」「政府主導の開発主義」「家族主義」という類型を設定した．各レジームは次のように特徴づけられる（Schwartz and Seabrooke 2008: 256）．

　「自由主義的市場」［債務割合高，持ち家率高］では，住宅が私的な資産とされる（＝商品化）．市場は持ち家層と賃貸層で階層化されている．市場内での自助努力が重視される．若年層の住宅市場への参入が困難で，世代間公正の問題が生じている．このレジームは，ケメニーの類型では「二元的賃貸システム」に該当する．

　「政府主導の開発主義」［債務割合低，持ち家率低］では，居住保障は社会権とされる（＝脱商品化）．政府の規制によって賃貸市場の一体性が保たれており，階層化は抑制されている．民間非営利組織が賃貸住宅セクターの主要な供給者である．不動産課税による歳入は少ない．このレジームは，ケメニーの「統合的賃貸市場」に該当する．

　「コーポラティズム的市場」［債務割合高，持ち家率低］でも，居住保障は社会権とされる．公共機関が賃貸住宅供給をコントロールし，脱家族化も進んでいる．ただし，住宅市場の階層化と世代間公正の問題のように，自由主義的市場と共通点があり，「統合的賃貸市場」から外れつつある（＝再商品化）．

　「家族主義」［債務割合低，持ち家率高］では，商品化と脱商品化が，ともに進んでいない（＝未商品化）．住宅は家族と結びついた財とされ，社会権とはみなされない．住宅市場は正規雇用かどうかで階層化されている．市場外の自助努力が重視される．このレジームは，ケメニーが明示的に取り上げなかったものである．

表1　住宅手当の利用可能性と居住保障レジーム

		民間賃貸	社会賃貸	持ち家
イギリス	L	○	○	×（別枠の限定的支援あり）
ノルウェー	L	○	○	○
デンマーク	C	○	○	×
ドイツ	C	○	○	○
オランダ	C	○	○	×（別枠の限定的支援あり）
フィンランド	S	○	○	○
フランス	S	○	○	○
スウェーデン	S	○	○	○
アイルランド	F	×（適格世帯は収入連動の家賃設定）	×	×
スペイン	F	△（一部地域のみ）	×	×
スイス	?	×（税控除）	×（税控除）	×

L　自由主義的市場
C　コーポラティズム的市場
S　政府主導の開発主義
F　家族主義

　表1は，この類型と欧州諸国の住宅手当の導入状況（Whitehead et al. 2012: 74）を重ね合わせたものである．「家族主義」を除くと，賃貸セクターでは民間賃貸セクターだけでなく社会賃貸セクターでも住宅手当が利用可能であり，「政府主導の開発主義」の国々では持ち家でも利用可能である．

　なお，日本は債務割合と持ち家率がともに低く，シュウォーツらは「政府主導の開発主義」に分類する．もっとも，その理由は示されていない．確かに借家権の保護の強さは，脱商品化と言えなくもない．しかし，政府の住宅政策は，住宅ローン減税や建築規制の緩和などを通じて私有化を促進し，住宅の商品化・再商品化を志向している．さらに，居住保障が社会権として確立しておらず，住宅手当も事実上存在しない．そもそも，住宅市場で取引されたことのない，もしくはその可能性が著しく低い，未商品化の状態にある住宅が少なくない．

4.3　居住保障の経路依存性

　T. ブラックウェルら（Blackwell and Kohl 2019）は，ケメニーとシュウォーツらのレジーム論を批判する．第一の批判は，観察の時間幅についてである．期間を前後に延ばすと，ケメニーが1980年代のデータをもとに主張した持ち

家率と福祉支出の関連は弱まり，シュウォーツらが1990年代のデータにもとづいて設定した4つの類型は識別できなくなるという．第二の批判は，観察の空間的単位についてである．居住資源の分布は一国内でも地域による偏差が大きい．日本への当てはまりの悪さからも示唆されるように，国ごとにレジームを想定するのは無理がある．

彼らの主張は，「歴史的に異なる住宅建設資金の調達方式が19世紀の間に現れ，永続的な制度的遺産をのこし，居住形態と保有構造に持続的な影響を与えてきたのであり，福祉レジームの構成からおおむね独立している」（Blackwell and Kohl 2019: 309）というものである．資金調達方式が鍵となる．これには4つのタイプがあるという．信用の集中度が低い順に，制度を介さずに貸付を行う「直接金融」，組合員から集めた預金などを原資とする「預金型金融」，抵当付き債券を発行して貸付を行う「債券型金融」，そして，国民から集めた貯金や年金保険料などを原資とする「政府金融」である．

最も古いのはインフォーマルな直接金融であるが，その後に債券型と預金型のどちらが発達したかが重要である．債券型金融の特徴は，金融機関が発行する住宅抵当債券が一般の資本市場で取引された点である．資金調達をめぐって，鉄道などのインフラ関連の債券や国債などと競合することから，住宅事業にも収益性が厳しく求められた．事業の効率化を図るため，大規模な賃貸集合住宅が密集して建設される傾向があった．一方，預金型金融は英国の住宅金融組合にみられるように独自の領域を形成しており，一般の資本市場での競争にさらされにくかった．零細家主や個人が融資対象となり，持ち家を含む小規模な住宅が低密度に建設される傾向があった．地理的にみれば，債券型は欧州の中・東・北部の都市部で発達し，預金型はアングロサクソン諸国で発達した（Blackwell and Kohl 2019: 312）．この分布は，ケメニーのユニタリズム／デュアリズムにおおむね一致する．

金融制度を要因として居住形態・保有構造の分岐を説明するブラックウェルらの論述は説得的である．もっともそれは，居住保障レジーム論を否定するのではなく，補完するものとして読むこともできる．住宅市場への介入が福祉国家の展開に先行し，その経路を方向づけたとの見解（Lowe 2011＝2017）に，一つの根拠を与えているようにも見えるからである．すなわち，債券型金融が

優勢であった地域では，早くから住宅の商品化が進行し，賃貸住宅の市場が形成された．それは，これに対抗する民間・非営利の供給主体（労働組合，協同組合など）の活動や，政府金融によるこれらの団体に向けた融資，さらには家賃規制など，脱商品化のための介入の条件でもあったのではないか．いずれにせよ，ブラックウェルらの研究は，金融という次元を考慮に入れた歴史社会学的な分析を通じて，居住保障と福祉国家の関係についての理解が刷新される可能性を示した点で，注目に値する．

5　まとめ——居住と福祉の緊張関係

　居住には，福祉国家と相反する性質がある．都市計画家の J. ターナーは，中南米での居住環境改善の経験からスラムクリアランスを批判し，住民主体の漸進的な取り組みの意義を説いた *Housing by People*（Turner 1976）で知られる．彼は 1989 年，ケメニーによるインタビューに答えた．その中で，英国の公営住宅について，「人道的ではあるものの，依存をもたらすシステム」（Kemeny 1989：160）と断じた．このシステムの発展が，人々の自らを住まわせる力の衰弱をもたらしたのであり，その淵源は，「19 世紀の悲劇」，すなわち英国の社会主義運動におけるアナルコ・サンディカリズムの敗退にあると語った．20 世紀における，政府による直接供給を基軸とする居住保障政策の確立と，その福祉国家への組み込みは，労働運動にとって勝利であった．しかしそれは，みずから居住の必要を充足する力を譲り渡したという点では敗北であったというわけだ．

　2000 年代，住宅は資産活用型福祉（asset-based welfare）という課題設定のもとで注目されるようになった（Lowe 2011＝2017）．それは，私的資産を運用することで，福祉国家が保障してきた必要（医療，教育，老後の所得など）をみたすことを意味する．住宅は，私的資産の中心に位置する．金融技術が発達し，規制が緩和され，住宅価格が上昇傾向にある国々——「自由主義的市場」と「コーポラティズム的市場」——で起きたのは，住宅の「金融化」（financialization）と呼ばれる変化である．住宅の実質価値（equity）を担保に資金を調達することが容易になった．政府は税制の優遇などを通じて個人に資産の取得

を奨励し，福祉支出を抑制しようとする．

　資産活用型福祉には，「金融化」の2つの側面が現れている．一つは，不動産の証券化の技術などを通じて，住宅がグローバルな市場に接続された「金融商品」となることである．もう一つは，市民が，みずからが保有する資産の価値を増大させるべく運用を行う「金融主体」となることである．政府は不動産の流動性を高めて市場を活性化する一方で，市民には小さな起業家としてふるまうことが求められる．

　資産活用型福祉は，アセットを個別化された私有物ととらえる．他方で，アセットの集合的な所有を重視する立場がある．ユニバーサル・ベーシックアセット（UBA）は，UBI，UBS に続く第3の普遍主義の構想とされる（宮本2021）．デモスヘルシンキが発表した報告書によれば，ベーシックアセットは，UBI が分配する私的な資源としての現金と，UBS が重視する公的な資源としてのサービスの双方をカバーしている．注目すべきは，これらに加えて，「コモンズ」というアセットを含んでいる点である．

　　　人びとがコモンズ——はっきりした形をもつものというよりも，散らばっ
　　　ていて目に見えないもの——を所有（または分有）しているという感覚を強
　　　化することで，公正さ（fairness）を高めることができる．やがて，人々は
　　　これらのアセットをより適切に利用し，これらの共通の資源に貢献する責任
　　　を引き受けるであろう（Neuvonen and Malho 2019: 40）．

　コモンズは共通の資源であり，これを所有・分有する人々の不断の関与とルールの運用なしには維持できない．居住のための協同組合は，現代におけるコモンズの具体例とされる．その担い手として，ターナーが警鐘を鳴らしたような「自らを住まわせる力を失った人びと」とも，資産活用型福祉が称揚する「小さな起業家としての個人」とも異なる，コモンズの「世話役または管理人」（Bruun 2015: 154）としての組合員という像が描かれる．

　居住と福祉の間には根本的な緊張関係が存在する．それゆえに居住は，ポスト福祉国家の構想にとって要の位置にある．

［付記］

本稿は，JSPS 科研費 21K01856 の成果の一部である．なお，居住保障概念の理論的検討に際して，一般社団法人全国居住支援法人協議会の「包括的居住支援の確立に向けた調査及び研究」（2020-21 年度，公益財団法人車両競技公益資金記念財団支援事業，委員長：東京大学大学院工学系研究科・大月敏雄教授）におけるディスカッションから多くの示唆を得た．記して感謝したい．

注

1) 不介入について，武川は「現代福祉国家においては，介入の不在自体が一種の介入である（あるいは介入と同じ効果をもつ）」（武川 1999: 227）と指摘していた．
2) ここでの安全は，物的な危険から逃れることにとどまらない．居住権が守られており，住環境を自分でコントロールできる状態を意味する．また，充足的とは，物的な質が保たれているだけでなく，特定の属性の人だけを対象とせず，居住者が多様な属性をもち，重要な意思決定に参加できることを指す．
3) もっとも，不平等の是正が政府の介入の根拠として説得力をもつとは限らない．社会的連帯という理念による正当化は，ケメニー（Kemeny 1992＝2014）のいう協同主義（collectivism）のイデオロギーが優勢な社会では通用するとしても，私事主義（privatism）が優勢な社会では，家族のきずながより強調され，持ち家取得や世代間の資産の継承を優遇し，結果的に居住の不平等を拡大させるような介入こそが支持されるかもしれない．

文　献

Blackwell, T. and Kohl, S., 2019, Historicizing housing typologies: beyond welfare state regimes and varieties of residential capitalism, *Housing Studies*, 34 (2): 298–318.

Bruun, M. H., 2015, Communities and commons: Open access and community ownership of the urban commons, Borch, C. and Kornberger, M. eds., *Urban Commons: Rethinking the City*, Routledge, 153–70.

Clapham, D., 2019, *Remaking Housing Policy: An International Study*, Routledge.

Coote, A. and Percy, A., 2020, *The Case for Universal Basic Services*, Cambridge, Polity Press.

Gough, I., 2019, Universal Basic Services: A Theoretical and Moral Framework, *The Political Quarterly*, 90 (3): 534–42.

平山洋介，2009，『住宅政策のどこが問題か』光文社新書．

Kemeny, J., 1981, *The Myth of Home Ownership*, Routledge & Kegan Paul.

─────, 1989, Community-based home and neighbourhood building: An interview with John Turner, *Scandinavian Housing and Planning Research*, 6 (3), 157–64.

─────, 1992, *Housing and Social Theory*, Routledge.（祐成保志訳，2014，『ハウ

ジングと福祉国家』新曜社.）

―――, 1995, *From Public Housing to the Social Market*, Routledge.

―――, 2006, Corporatism and Housing Regimes, *Housing, Theory and Society*, 23 (1), 1-18.

King, P., 2016, *The Principles of Housing*, Routledge.

Lowe, S., 2011, *The Housing Debate*, Policy Press.（祐成保志訳, 2017,『イギリスはいかにして持ち家社会となったか』ミネルヴァ書房）

宮本太郎, 2021,『貧困・介護・育児の政治』朝日新聞出版.

Neuvonen, A. and Malho, M., 2019, *Universalism in the Next Era: Moving Beyond Redistribution*, Demos Helsinki.（2022 年 11 月 20 日取得, https://demoshelsinki.fi/wp-content/uploads/2019/02/180215_demos_next_era.pdf）

佐藤岩夫, 1999,『現代国家と一般条項』創文社.

Schwartz, H. and Seabrooke, L., 2008, Varieties of Residential Capitalism in the International Political Economy, *Comparative European Politics*, 6: 237-61.

Sprigings, N., 2017, Housing and Housing Management: Balancing the Two Key Contracts, Edinburgh and London: Dunedin Academic Press.

祐成保志, 2019,「日本型ハウジング・レジームの転換」連合総合生活開発研究所編『弱者を生まない社会へ』連合総合生活開発研究所, 35-52.

―――, 2020,「国際比較の観点から借家政策の課題を考える」日本住宅会議編『借家の居住と経営：住宅白書 2017-19』日本住宅会議, 13-9.

―――, 2021,「社会政策としての住宅政策・再考」上村泰裕・金成垣・米澤旦編『福祉社会学のフロンティア』ミネルヴァ書房, 139-55.

―――, 2022,「住宅政策から居住保障政策へ」『「包括的居住支援の確立に向けた調査及び研究」2021 年度報告書』全国居住支援法人協議会, 87-96.

武川正吾,［1996］2009,「社会政策としての住宅政策」『社会政策の社会学』ミネルヴァ書房, 137-68.

―――, 1999,「住宅政策」毛利健三編『現代イギリス社会政策史――1945〜1990』ミネルヴァ書房, 225-282.

田辺国昭・岡田徹太郎・泉田信之監修／国立社会保障・人口問題研究所編, 2021,『日本の居住保障』慶應義塾大学出版会.

Turner, J., 1976, *Housing by People: Towards Autonomy in Building Environments*, Marion Boyars Publishers.

Whitehead, C., S. Monk, K. Scanlon, S. Markkanen and C. Tang, 2012, *The Private Rented Sector in the New Century: A Comparative Approach*, University of Cambridge.（2022 年 11 月 20 日取得, http://www.lse.ac.uk/business-and-consultancy/consulting/assets/documents/The-private-rented-sector-in-the-new-century.pdf）

Whitehead, C., K. Scanlon, S. Monk, C. Tang, M. Haffner, J. Lunde, M. Andersen and M. Voigtländer, 2016, *Understanding the Role of Private Renting: A Four-country Case Study*, Boligøkonomisk Videncenter.（2022 年 11 月 20 日取得, https://www.bvc.dk/media/1066/understanding-the-role-of-private-renting_

web.pdf)

Wilensky, H. L., 1975, *The Welfare State and Equality*, University of California Press.（下平好博訳, 1984,『福祉国家と平等』木鐸社.）

abstract

Housing and the Welfare State

SUKENARI, Yasushi

The University of Tokyo

The focus of this paper is on housing as a stock and a theoretical examination of the relationship between housing and the welfare state is provided. As Kemeny attempted to show with the concept of 'embeddedness,' housing is challenging to objectify because it so profoundly pervades the social structure. Attention should also be paid to the vocabulary in which we discuss housing. A novel term, 'kyoju hosho' (housing security), is used in this paper to capture the meaning of the English concept of 'housing,' which is the process of satisfying the housing need. The most crucial housing policy target of intervention is the private rented sector. The contradiction between housing as a commodity traded on the housing market and housing as a means of satisfying the housing need concentrates on this sector. As a means of government intervention, since the 1970s, there has been a shift from '(supply-side) object subsidies' to '(demand-side) subject subsidies' in most developed countries. However, the 'mainstreaming of subject subsidies' may instead undermine housing affordability and promote housing inequalities. There is no decisive measure in housing security, and a mixture of approaches is required. Several housing regimes can be identified depending on the available options and where the emphasis is placed. Recent comparative research suggests that a historical-sociological analysis that considers the dimension of finance could renew our understanding of the relationship between housing and the welfare state. A fundamental tension exists between housing and welfare. Hence, housing can act as a key for the conception of the post-welfare state.

Keywords：embeddedness, housing security, housing need, mainstreaming of sub-
　　　　　ject subsidies, tension between housing and welfare

| 特集論文 I |

生活の安定と貸付
──生活困窮者への貸付はどう位置づけられてきたか／位置づけることができるか

角崎　洋平

　本稿は，生活困窮者向け貸付事業が，いかなる目的をもとに，どのような機能を担ってきたのか，そして今後どのような機能を担いうるのか，を考察するものである．本稿は，日本の生活困窮者向け貸付事業である生活福祉資金貸付が，世帯更生資金貸付と呼ばれていた時代にさかのぼり，その現代まで続く歴史を確認する．まず，世帯更生資金貸付が，生活困窮者の生活基盤強化を目的として，生業のための事業用の資産を対象に貸付する制度として創設されたことを明らかにする．その後世帯更生資金は，生業のためのストックの保障を目的としたものから，住居や教育といった別のストックを保障するための貸付も視野に入れたものへと多様化していく．ただし，生活困窮者向け貸付事業が，現在の新型コロナ感染症対策特例貸付でみられるような，フローの家計収支の赤字を補完する貸付を中心としたものに変容していくのは 2000 年代以降のことである．本稿では，このような変容は，すくなくとも世帯更生資金から生活福祉資金への名称変更の時期には想定されていなかったことだと指摘する．本稿では最後に，全国社会福祉協議会の委員会における議論を参照して，貸付によってフローの生活保障を行うことに限界があることを指摘し，生活困窮者向けの貸付が個人のストックを強化するのみならず，地域のストックを強化するものにもなり得ることを指摘する．

キーワード：世帯更生資金貸付，生活福祉資金貸付，福祉貸付，社会福祉協議会

1　はじめに──コロナ禍における生活福祉資金貸付の急増と生活不安

　新型コロナウイルス感染症拡大によって 2020 年 3 月から始まった生活福祉資金の特例貸付の受付が，2022 年 9 月末でもってようやく終了した．生活福祉資金とは，都道府県の社会福祉協議会（以下，社協）を実施主体とする，国・

かどさき ようへい｜日本福祉大学社会福祉学部・准教授｜kadosaki @ n-fukushi.ac.jp

都道府県の補助金を財源とする公的な貸付制度である．この特例貸付は最大で，緊急小口資金として 20 万円，さらに総合支援資金として毎月 20 万円を 9 か月貸付するもので，最大で 1 世帯 200 万円まで利用できるものである．特例貸付は，コロナ禍で経済的に困窮した人たちを対象とする支援策のなかで幅広く利用され，かつ，コロナ禍の当初から利用されてきた．貸付件数は，生活保護受給者数が微減を続けているなかで，約 2 年半の間で 335 万件を超え，貸付総額も 1 兆 4 千億円を超えた．この数字がいかに莫大なものかは，これまでの生活福祉資金貸付（全貸付種別の合計）における過去最大の貸付件数 11 万9,067 件（2011 年度），過去最大の貸付総額 456 億円（2010 年度）と比較しても明らかである．

　そして 2023 年 1 月より，この特例貸付の償還（返済）がはじまった．だが複数の新聞報道は，償還できるかどうか不安を抱える特例貸付の借受世帯が少なくないことや，借受世帯の自己破産申請が増加してきていることを伝えている[1]．今回の特例貸付においては，導入当初から予告されていた通り，住民税非課税世帯は償還免除となる．しかし，住民税非課税世帯を償還免除とするだけで，特例貸付利用世帯の困難や不安が解消されるわけではない．そもそも「住民税非課税」という基準自体が低すぎ，非課税限度額を超える収入であれば生活が安定している，ということにはならない．いくつかの研究によれば，住民税非課税となる限度額の水準は，おおむね生活保護基準額の水準になっていることが指摘されている（岩田 2022: 139-41 など）．このことは，住民税非課税という状態が，生活保護世帯と同等の経済的困窮にあるが，資産（一定規模以上の預金・住居や車両など）があるなどの何らかの理由で，生活保護を受給できていない状態であることを示している．

　本特集のテーマは「『ストック』の福祉社会学」である．本稿ではストックを資産と同義に用い，有形無形を問わず，日々の生活の安定に資すものと緩やかに定義しておく．上記の特例貸付の現状からストックの問題をみるならば，こうした貸付は，ストックの保持ゆえに生活保護制度から排除された生活困窮者を対象に実施され，最終的には借受世帯を自己破産に追い込み，ストックを奪う危険性を有している．そして自己破産は，その後の金融サービスの利用を困難にするため，今後のストック取得を困難にする．こうしてみれば貸付はま

さに，ストックやそれを通じた生活安定の対極にあるようにみえる．

　本稿は，ストック（資産）とフローに与える影響を中心に，生活困窮者向け貸付事業である，生活福祉資金貸付事業が，そもそもいかなる目的をもとに創設され，どのような機能を担ってきたのかを，世帯更生資金貸付と呼ばれていた時代にさかのぼり確認していく．そのうえで，貸付事業を，生活基盤を強化する（もしくは棄損しない）ための制度として編成するにはどのような方向を進むべきかを，「世帯更生資金」から「生活福祉資金」への切り替え期に示された構想を踏まえながら考察する．

2　生活困窮者の生業のための貸付事業——ストック保障の方途としての期待

　生活福祉資金貸付は 1955 年に世帯更生資金貸付として創設されている．まず確認しておきたいのは，こうした貸付事業は，当初はいわゆる「ボーダーライン層」にある世帯の「落層防止」（すなわち生活保護受給が必要な貧困状態に陥らないようにする）のための生業資金（事業資金）貸付が中心であった，ということである．

　たとえば世帯更生資金貸付創設時の厚生事務次官通牒（昭和 30 年 8 月 1 日発社第 104 号都道府県知事宛厚生事務次官通牒）では，その制度創設目的を，生活困窮者とりわけ要保護世帯の「経済的自立」「生活意欲の助長」に置いている．事務次官通牒に添付された「世帯更生資金貸付運営要綱」（以下，運営要綱）では，より明確に「防貧」や「被保護層への転落防止」が制度目的として記されている（運営要綱第 1「趣旨」）[2]．当初の貸付金の種類は，①生業資金（生業を開始するための資金，事業を継続するための資金も含む），②支度資金（就職の準備のための資金），③技能習得資金（開業や就職に必要な技能を習得するための資金）である（運営要綱第 4「貸付金の種類」）．このように世帯更生資金の使途は，当初は事業のための設備資金や運転資金，または就職のための資金に限られていた．生業資金・支度資金・技能習得資金，という種類は，生活保護法第 17 条に定められた生業扶助項目に対応する．すなわち「①生業に必要な資金，器具又は資料」「②生業に必要な技能の修得」「③就労のために必要なもの」の 3 つである．ここにおける「生業」とは，小山進次郎の解説によれば，「専ら生

計の維持のみを目的として営まれることを建前とする小規模な事業であって，専ら利潤の獲得のみを目的として行われることを建前とする企業はこれに含まれない」（小山 1950: 276）ものである．

　世帯更生資金による「生業」も，当然，生活保護法における定義と同様のものと考えられる．生業とは，生活困窮者の生計を維持し，生活を安定化させて，生活困窮者の経済的自立につながるものである．その生業を営むための設備や商品などは，生活を維持・安定化させるためにも必要な資産（ストック）となり，その資産を購入するための資金供給事業は，ストック形成のための支援事業であるといえる．

　具体的には借受世帯は世帯更生資金によってどのような生業を行っていたのか．大阪市社会福祉協議会の調査（標本世帯 222 世帯）では，資金はほとんど生業の開始のために使われている。実際に営まれた業種のなかで最も多いものは，ミシン加工・洋裁業（33.5%）であり，次いで，商品販売（26.8%），サービス業（9.7%），飲食店（7.1%）となっている（大阪市社会福祉協議会 1958: 6）．また全国から 67 世帯を抽出して実施された全国社会福祉協議会の調査によれば，調査対象となっている世帯が行っている生業として以下のものが取り上げられている．多い順に並べていえば，野菜果物行商，鍼灸師，衣類縫製下請，洋裁・ミシン内職，養鶏業，軽食食堂業，綿打ち直し・綿入れ，時計修理業，竹細工製造販売，古本貸本業，食料小売・行商，建具業，雑貨業，養豚業などである（全国社会福祉協議会 1964a: 6-7）．このような業種は比較的小資本でも開業しやすいものである。創設期の世帯更生資金貸付は当時，生活困窮者世帯が事業を開始するために必要な資産（ストック）を調達するための少額の資金を供給する方法として利用されていることが確認できる．

　世帯更生資金貸付は，一般的には民生委員による世帯更生運動の展開のなかで創設されたものであると考えられている（生活福祉資金貸付制度研究会 2021: 13-4）．しかし，少額の生業資金を貸付によって供給することで生活困窮者の生活基盤を安定化させようとする構想は，世帯更生運動によってはじめて誕生したものではない．こうした事業は，戦前から存在する．たとえば方面委員は救護法の早期施行を求めた 1929 年の第 2 回全国方面委員大会において，「細民の生活基盤確立」のために生業資金貸付によって職業の改善と収入の増

加を図ることも政府に求めている（全国方面委員連盟 1931: 119-20）．また土岐（1986）では，戦前日本における事業用資金の小資融通事業の活動が紹介されている．角崎（2016a）は，戦後直後においても，引揚者・戦災者を主な対象として少額の生業資金を貸付する国民金融公庫の生業資金貸付・更生資金貸付の実施や，生活困窮者が生業により自立更生を図るための「更生資金」を都道府県が貸付する「更生資金法案」構想も存在していたことを指摘しており，こうした実践や構想が世帯更生資金貸付の制度設計に影響を与えたことを指摘している．世帯更生資金貸付は，世帯更生運動の結果生まれたものではあるが，上述のような，少額の資金供給によって生活困窮者の生活の安定化を図ろうとする制度構想の系譜のなかに位置づけられるものである．

3　世帯更生資金の変容——ストック保障の再編成

　しかし世帯更生資金貸付は，スタート直後より変容を迫られることになる．1955 年に世帯更生資金貸付がスタートした時点では生業資金（事業資金）の貸付のみであったが，1957 年には生活資金という貸付種別が新設され，生活費，家屋修繕費，助産費，葬祭費の貸付を可能にした．また，同年には世帯更生資金貸付とは別に医療費貸付が創設された．さらに 1961 年には，世帯更生資金貸付に医療費貸付が療養資金として統合されるとともに貸付種別が多様化し，これまでの更生資金（生業費・支度費・技能習得費）と生活資金に加え，身体障害者更生資金，住宅資金，就学資金，療養資金の 6 種類の資金使途に対応する制度となった．さらに翌年に災害援護資金，1972 年には生活資金が一部再編成されて福祉資金も創設された．このように世帯更生資金貸付は制度創設直後から，生活困窮者（低所得層）に対する生業資金貸付の制度から大きくその対象を広げていった（生活福祉資金貸付制度研究会 2021: 4）．

　こうした変化に対して田中聡子は，「世帯更生資金貸付が，創設当初の防貧目的のため，自立更生の可能性のある者を選定し，事業創設，技能習得により，雇用機会を生み出すという趣旨から変容していった」と評価している（田中 2016: 123）．田中はこうした変容，とくに（のちに世帯更生資金貸付に統合される）医療費貸付の創設は，1950 年代に急増した医療扶助（生活保護制度）

の急増に対するいわゆる「第一次適正化」に対応するものであったことも指摘
している．すなわち第一次適正化政策により生活保護制度から締め出された人々
への支援策として医療費貸付制度が創設されたことを指摘している（田中
2016）．第4節でみるように，近年の生活困窮者向け貸付事業は，日々の生活
のためのフローの生活保障の不足を弥縫するものとして利用されることがある
が，そうした貸付利用の萌芽がここにみられる．

　当時江口英一は，こうした世帯更生資金貸付の状況について「それ一つで低
所得者対策を担おうとするかのごとく多岐であり，別言すれば，違った制度の
寄せ集めである」と述べている（江口 1972: 21）．確かに貸付種別は多様化し
ており，生業資金を資金使途とした更生資金と身体障害者更生資金を合計（図
1の更生資金合計）した貸付件数は，1961年度をピークに減少をし，生業資金
貸付はそのウェイトを下げていく．とはいえ，貸付種別の多様化が，あらゆる
低所得者のニーズに対応するものにこの貸付事業を急速に変容させたわけでは

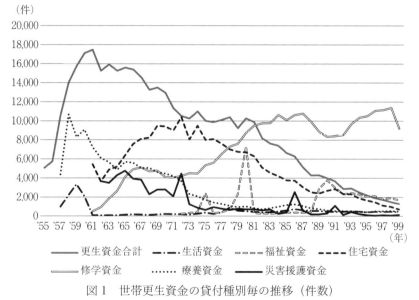

図1　世帯更生資金の貸付種別毎の推移（件数）

出所：厚生省世帯更生資金貸付制度基本問題検討委員会（1989: 141-42）および厚生省社会・援護局
　　（2002: 42）より作成

ない．生業資金貸付は現在でこそほとんど利用されていないが，1982 年に修
学資金に抜かれるまでは件数ベースで首位を維持している．医療費の貸付制度
も，世帯更生資金貸付へ療養資金として統合した翌年以降は，国民皆保険制度
が整備されるにつれて減少傾向にあり，1973 年の高額療養費制度創設以降は
その減少傾向は顕著である．また生活費を支給する生活資金は実際には対象を
大きく限定しており，制度創設当初を除きほとんど使われていないといってよ
い[3]．

　この間，貸付件数を増やしていたのは住宅資金と修学資金である．住宅資金
は，低所得者に対し，①住宅を補修するのに必要な経費，②住宅を増築・改
築・拡張するのに必要な費用，③住居を移転するために必要な住居の賃借に際
し必要な経費を貸付するものである（制度要綱第 4 の 4「住宅資金」）．1974 年
には公営住宅の譲受に必要な資金も貸付対象になっている（生活福祉資金貸付
制度研究会 2021: 15）．ただし住宅資金の貸付件数は 1972 年度と 1974 年度
に更生資金の合計貸付件数に肉薄したが，その後減少している．創設以降おお
むね順調に貸付件数を増やしているのは修学資金である．修学資金は低所得世
帯に対し，当該低所得世帯に属する者が修学するのに必要な資金を貸付するも
のである（制度要綱第 4 の 5「修学資金」）．当初は高等学校のみが対象であった
が，1974 年に大学，1980 年には専修学校に対象が拡大されている（生活福祉
資金貸付制度研究会 2021: 15, 26）．

　第 1 節で確認したように，ストックを日々の生活の安定に資する有形無形の
資産としてみるならば，住居はまさにストックである．日々の生活の拠点とな
る重要な資産であり，住居を生活実態に合わせて補修・増築・改築・拡張する
ことは生活の安定化に資するものとなるだろう．賃借する住居は自己所有ではな
いのでストックとは言い難いが，住居の移転は，家賃支出というフローを適正
化するための重要な手法であり，ストック形成と同様の生活の安定化効果を持
つものである．また修学資金により，高校・大学などに進学することは人的資
本といわれるような無形の資産（ストック）を充実させるものになるだろう．

　田中（2016）の指摘するように，世帯更生資金は確かに当初の「事業創設，
技能習得」を通じた防貧といった趣旨からは逸脱している．それは貸付種別の
多様化にもよる．だが，生業の「事業創設」を通じた防貧自体が，経済成長の

なかで無効化してきたという背景を見逃してはならない．次節で述べる世帯更生資金から生活福祉資金への改称直前の段階では，更生資金（身体障害者更生資金を除く）の貸付総額は全体の 24％を占める程度にかかわらず不良債権額では全体の 62％を占めることが指摘され，更生資金によって自立することの困難さが確認されている（厚生省世帯更生資金貸付制度基本問題検討委員会1989: 131）．戦後から現在にかけて，生活困窮者の経済的自立の方途は，自営業の開業から「正社員」として雇用されることに移っているといえ，世帯更生資金のウェイトが生業資金（事業資金）の貸付から修学資金（教育のための資金）に変容していることは，世帯更生資金の目的が「落層防止」「経済的自立」にあることを考えると，ある意味当然の変化ともいえる（角崎 2013）．したがって，この間の世帯更生資金の貸付種別のウェイトの変容を，「経済的自立」の観点からのストック保障の再編成として捉えることも可能である．

4 生活福祉資金の展開——フロー保障の不備を補完し，ストックを奪う貸付

　1990 年に世帯更生資金貸付は生活福祉資金貸付へ改称された．変更の背景として厚生省の「世帯更生資金貸付制度基本問題検討委員会」では，高齢化の急速な進行にともない，低所得者・身体障害者だけでなく高齢者も貸付対象に含める必要が指摘されている（厚生省世帯更生資金貸付制度基本問題検討委員会1989: 136）．そして「在宅福祉と家庭生活のより積極的な推進と安定を指向する趣旨を表すことから」生活福祉資金へ改称することが提言されている（厚生省世帯更生資金貸付制度基本問題検討委員会 1989: 138）．これにより「要介護老人」のいる世帯の所得制限緩和や知的障害者世帯の所得制限の撤廃が実施されたが（生活福祉資金貸付制度研究会 2021: 14），それ以外の大きな制度変更は実施されなかった．

　生活福祉資金貸付が再編成されるのは 2000 年代以降である．2001 年のいわゆる「同時多発テロ」後の世界的不況を受けて「離職者支援資金」や「緊急小口資金」が設置された．とくに注目すべきは離職者支援資金の創設である．その制度要綱[4]によれば，この制度は「失業により生計の維持が困難になった世帯に対し，再就職までの間の生活資金として」資金を貸付するものであり，

その対象は，「生計中心者が就労することが可能な状態にあり，求職活動等仕事に就く努力をしている」世帯とされている．貸付金額は毎月最大 20 万円で，就職するまでの間の最大 12 か月間貸付される．毎月の生活費を貸付する制度としてはこれまで「生活資金」があったが，上述のように対象者が限定されてきたこともあり，導入当初を除きこれまでほとんど利用されてこなかった．しかし離職者支援資金については求職活動をする失業者一般を対象としており，対象はかなり広い．この貸付制度は，雇用保険制度や生活保護制度といった生活費に充当されるような資金を供給するフローの生活保障制度から漏れる人々を対象にしようとする点で，フローの生活保障の不備を弥縫するものといえる．

　離職者支援資金は，2008 年に創設された自立支援対応資金と統合されて，2009 年 10 月に総合支援資金となる．こうした制度改革は，2008 年のいわゆる「リーマンショック」後の不況対策として実現したものである．総合支援資金の創設は，制度創設時に同時に実現した生活福祉資金の利用条件緩和（連帯保証人条件の緩和・貸付利率の引き下げ）と相まって，利用者の急増をもたらすことになった．2009 年度には半年間の期間にもかかわらず 26,000 件を超える貸付を実施し，翌年度には貸付件数は 40,000 件を超えた（図 2）．この数字は翌年の緊急小口資金の急増（これは東日本大震災の特例分を含んでいる）で更新されるものの，件数としてはこの時点で世帯更生資金時代を含めて過去最高のものであり，貸付金額としては総額約 262 億円（金額ベースで生活福祉資金の総貸付金額の 57.4%）でコロナ禍の特例貸付以前では過去最高のものとなった．

　佐藤順子は，生活福祉資金貸付は「総合支援資金の新設によって生活保護制度と似て非なる制度となった」と指摘している（佐藤 2012: 72）．要するに，こうした改革によって生活困窮者向け貸付制度は，貸付手法による資金供給であるという点で生活保護制度のような給付制度とは依然として異なるが，毎月のフローの生活費の赤字を補填するものであるという点で，生活保護制度と機能が被ることになったのである．しかも，生活保護制度の他法他施策優先の考え方から生活保護制度よりも貸付制度の利用が優先させるということになれば，こうして変容した生活困窮者向け貸付制度は，要保護世帯を給付対象から貸付対象に移す，という機能も持ちかねないものとなったといえる．そして，この総合支援資金が，コロナ禍の特例貸付として，緊急小口資金とセットで大

規模に活用されていくのである.

　こうした生活困窮者向け貸付事業の変質を示すものとして，2007 年の要保護世帯向け長期生活資金（2009 年 10 月に要保護世帯向け不動産担保型生活支援資金に改称）の創設も指摘しておかなければならない．これは生活福祉資金版リバースモーゲージとよばれる，2002 年に創設された長期生活支援資金の対象を生活保護世帯と同一の生活水準である要保護世帯にまで拡張したものである．厚生労働省社会・援護局はこの貸付制度を前提として，「居住用不動産を有する高齢者世帯であって，本貸付金の利用が可能な者については，本貸付金の利用を生活保護に優先させ，貸付の利用期間中には生活保護の適用を行わない」としており（厚生労働省社会・援護局 2007），まさに生活保護制度から一定の世帯を排除するための手段としてこの制度が構想されたことになる．

　さらに『生活福祉資金貸付の手引』に収録されている問答集では，「本制度は要保護世帯を対象とし，被保護者の扶養義務者が被保護者に対し何の援助もしないのに，家屋・土地等だけは相続することが国民の理解を得られないこと

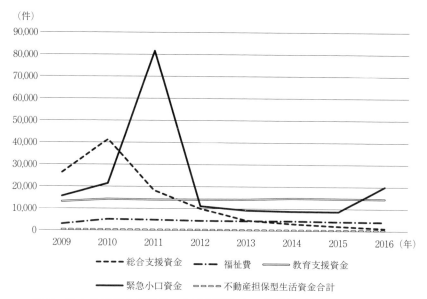

図 2　総合支援資金創設後の生活福祉資金の貸付種別毎の推移（件数）

出所：国立社会保障・人口問題研究所（2019: 表 223）より作成

を解消するために創設するものである」と記載されている（生活福祉資金貸付制度研究会 2021: 410）．しかし実際には角崎（2016b）で指摘したように，扶養義務者が扶養したところで，当該の要保護世帯の生活状況が改善されて要保護状態を脱しなければ，結局はこの制度の利用を求められることになり，要保護世帯の相続人は，相続する不動産を奪われることになる．要するにこの制度は，フローの生活保障の不備を弥縫するのみならず，ストックそのものを要保護世帯の家族から奪うために創設されている．

5　貸付とフロー／ストック──「福祉貸付」のあり方をめぐって

5.1　ストック保障策としての貸付手法の再定位

　生活困窮者向け貸付事業は，当初の生業のための事業資金貸付から変容を重ねてきた．当初は生業による生活安定を図った，いわばストックの保障を目指すものであったが，今日に至っては，ストックの保障に資すものとは言えなくなっている．

　こうした変容のなかで，生活福祉資金の実施主体である社協では，生活困窮者向け貸付事業をどのように捉えていたのか．本節では，世帯更生資金から生活福祉資金に改称される直前の時期にあたる 1985 年に全国社会福祉協議会（以下，全社協）に設置され，約 2 年間で 20 回の審議が重ねられた「世帯更生資金あり方研究委員会」（以下，あり方委員会）[5] 報告の内容を確認しておきたい．あり方委員会は全社協が設置した一委員会にすぎないため，この結論自体が社協全体の見解というわけではもちろんない．しかし，あり方委員会には社協の関係者も複数参加しており，生活困窮者向け貸付事業についての社協内での見解の一端は反映されている．

　報告書では，世帯更生資金貸付のような貸付制度を「福祉貸付制度」とよんでいる．報告書では，世帯更生資金貸付の今後のあり方を研究するにあたって，こうした研究が「現実離れして，今日の世帯更生資金貸付制度の実際とあまりに縁遠い研究に偏向することを防止するためにも，当面する現段階で現行の貸付制度の問題点を洗い出」さなければならないとされている．実際に報告書では，そうしたこれまでの世帯更生資金貸付の実態についての確認・洗い出し作

業を踏まえて，新しい「福祉貸付制度」が構想されている（全国社会福祉協議
会世帯更生資金制度あり方研究委員会 1987: 15）．

　報告書では，福祉貸付の福祉的目的について触れられている．それは「個人
または世帯の生活の安定・向上」である（全国社会福祉協議会世帯更生資金制度
あり方研究委員会 1987: 18）．報告書では，福祉貸付の機能について，「日常的
な日々の最低生活の長期的な安定確保のために，そのフローとして直接生活費
を補填するのではなく，耐久消費財のような生活の基盤財の整備や，臨時的に
必要となる疾病や冠婚葬祭，その他の社会関係的な費用への貨幣貸付を行うこ
とによって，日々の生活を安定させる」ということや，「所得と消費のアンバ
ランスを一時的貸付によって平準化する」ということに注目している（全国社
会福祉協議会世帯更生資金制度あり方研究委員会 1987: 20-1）．

　ここで重視されているのは，フローの生活保障を超えた，生活安定のための
基盤（ストック）に注目した生活保障の可能性である．報告書では，「今日の低
所得階層」の特徴として，生業の存立基盤がますます弱くなっていることや，
雇用されていても生活が安定していなかったり，無職で年金や社会保障給付の
みで生計を維持していたりすると指摘されている．そのうえで今日の低所得階
層は「一応日々のフローとしての生活資金はどうにかなる」が「その生活基盤
の条件や臨時的な対応の上で相対的に不利な状況にある」と指摘されている．
そして「生活基盤や臨時費に所得をあてると，逆に食費すら削らざるをえない
という生存条件にかかわる問題となることもあり，あるいは臨時費のためにサ
ラ金などに手をだしてフローそのものが全く確保できない」などといった困難
に陥ることになる（全国社会福祉協議会世帯更生資金制度あり方研究委員会
1987: 23）と指摘されている．このようなストック（生活基盤や預金）の不足
によるフロー面での困難は，1980 年代特有のことではなく，現代においても
確認されるものである[6]．

　以上のような分析を踏まえて報告書が提言するのは，福祉貸付（世帯更生資
金）を三種の貸付種別へと再編成することである．すなわち，①事業資金，②
生活改善資金（a 住居改善費，b 耐久消費財及び関係サービスのための資金，c 能力
向上のための資金），③緊急生活資金，である．①と②については，本稿でいう
「ストック」のための資金であることは明確である．報告書ではとくに②につ

いて「一般に低所得層では，フローとしての日々の恒常的消費支出は何かとやりくりしても，そのフローとしての支出がなされる基盤としてのストック財や世帯構成員の能力向上のための支出までは，なかなか手が回らず，そのために生活が不安定である」と指摘されている．また③については，貯蓄というストックが少ない低所得者層にとっての必要な臨時的支出に対応するための資金として位置づけられている．注意しておきたいのは，この貸付（③）は総合支援資金や不動産担保型生活資金のように，毎月の生活費を供給するものではなく，あくまで，出産，冠婚葬祭や給与・年金・資産の盗難などの突発的な資金需要に対応するものであるということである（全国社会福祉協議会世帯更生資金制度あり方研究委員会 1987: 39-40）．

　このように，あり方委員会の報告書は，基本的に福祉貸付を，ストック保障（もしくはストック不足による生活困難の防止）に関するものと位置づけていることがわかる．そうしてみれば，（③の緊急生活資金に対応する緊急小口資金を除けば）総合支援資金や要保護世帯向け不動産担保型生活資金のような貸付制度を創設した 2000 年代の生活福祉資金改革は，こうした構想の想定外に置かれるものである．とくに前者（総合支援資金）がその後，利用者数と利用者件数を拡大させ，コロナ禍において特例貸付として中心的に活用されたことを鑑みるならば，コロナ禍で急拡大した生活福祉資金の姿は，あり方委員会の構想が目指した貸付の姿とは大きく異なるものであったと指摘できよう．

5.2　地域の共通ストックとしての「貸付」

　あり方委員会の報告書で興味深いのは，福祉貸付の地域福祉における意義も見出そうとしている点である．貸付主体である社協は，地域福祉について中核的な役割を担っている組織であるから，あり方委員会でこのような考察がなされること自体は不思議なことではない．だが逆に，なぜ地域福祉の中核たる社協がかかる貸付事業を担うべきかを考える際には，こうした考察は重要な意味を持つものになる．

　まず注目されるのは，地域へのお金の流れである．すなわち国や都道府県からの補助が社協を通じて地域に流れ，貸付によって借受世帯に流れ，借受世帯の消費行動で地域経済の活性化にもつながる，という見方がある．しかし，こ

れだけならば，国の補助金を受けた地方の公共事業と同じである．貸付の特徴
は，貸付けられた資金が償還を通じて還流され，いわば資金のストックが形成
されることにあるとされる（全国社会福祉協議会世帯更生資金制度あり方研究委員
会 1987: 26）．そして福祉貸付が，生活基盤にいろいろな不安定要因を抱える
低所得者層に重点的に供給されることで，かかる階層の生活基盤が強化され，
地域社会が安定化することや，このように形成された資金のストックが地域の
「共助基金」としての意味を持つことも指摘されている．また，福祉貸付が対
応する住民生活の不安定要因は，単に対象世帯に資金供給するだけでは問題解
消につながらないことが多いことが認識されており，不安定要因の解消のため
には，社協・民生委員はもちろん，専門家や専門関連機関による援助のネット
ワークの形成が必要であるとされている（全国社会福祉協議会世帯更生資金制度
あり方研究委員会 1987: 27）．

　さらに報告書では，借受世帯を，単なる資金の受け手ではなく，それを活用
していく主体としても位置づけようとしている．

　　福祉貸付の場合はその事業そのものに当事者も返済，運用という主体的
　　な関わりを通して参加しているということになろう．つまりただ低所得層
　　へ低利で金を貸す事業ではなくて，そのような貸付という方法で，事業主
　　体と利用当事者の双方の協力で生活の安定強化を計っていくというように
　　積極的に捉えうるし，そう捉えることが必要であろう．（中略）こう捉え
　　なおしてみると，返済（償還）の意味が単なる取立てではないという方向
　　へ変化していく．それは生活の主体的再建の証であり，あるいは次の借り
　　手，もしくは自分自身の次の借入時へ引き継がれる共同ファンド的な部分
　　の形成と共同管理にまでつながっていく可能性を持っている（全国社会福
　　祉協議会世帯更生資金制度あり方研究委員会 1987: 22）．

　このようにあり方委員会の報告書では，福祉貸付により形成されるストック
を，地域の共助基金として評価し，借受世帯もその運用を担う存在として位置
づける共同ファンドとして位置づけている．また貸付支援によって地域社会自
体の安定性が強化されることや，低所得者層の不安定要素を解消するための地

域のネットワークが形成されることも重要視している．このように報告書では，福祉貸付をいわば地域福祉のための共有のストック形成の手段としても位置づけようとしていたのである．

6　むすびにかえて——地域の「ストック」のための貸付

　第5節でとり上げたあり方委員会報告は，第2節と第3節で確認した世帯更生資金の実施時期を踏まえて書かれている．いっぽう第4節で確認したのは，第5節の時期以降の，生活福祉資金の実際であった．こうしてみると，第5節で確認したストック保障の方途として貸付を位置づける「構想」（この構想はストック保障を重視しているという点で2節・3節の時代と連続している）と，第4節でみた貸付を給付制度の不備・不十分を補完するものとして利用する「現状」は，大きく乖離している．

　なぜ貸付はフローの保障にむかないのか．それは，長期的なフロー面での収支の赤字は，貸付の，収入と支出の平準化機能では対応不可能であるからである．貸付の平準化機能はあり方委員会の報告書でも注目されていたものである．貸付は，一時的な高額の出費や収入の減少に対応するための財源を提供する．借受世帯はその後の収入の増加によって，借受した資金を償還する．そうであれば，借受世帯のフロー面での収支の継続的な赤字は，借受した資金の償還を困難にする．確かに，貸付によるフローの収入不足の補填は，たとえば就職活動中などの一時的な無収入期を凌いで，就職後に将来貯蓄してストックを形成可能な時期まで生き延びることを可能にする，という点で間接的にストック保障につながる面もある．また，フローの不足を補うためにストックを手放すことを避けるために，貸付でフローを補填することも，間接的にではあるが，ストック保障につながることもある．とはいえそうした貸付は結局，短期間でのフローの赤字解消につながらなければ，結局は過重な償還負担から，生活基盤を不安定にしかねない．

　今般のコロナ禍での特例貸付は，コロナ禍で収入が減少した世帯に対して緊急小口資金分と合わせて最大10か月分の生活費を貸付するものであり，長期にわたってフローの赤字を補填している．にもかかわらず今回の特例貸付では，

　佐藤・角崎・小関（2020）でも指摘しているように，借受世帯の償還能力を十分に審査せずに貸付しているため，償還時に家計のフローが十分に黒字になっていることを見通せていない世帯を多く発生させている．こうした生活困窮者支援方式としての貸付では，償還に不安を抱えていたり，自己破産を考えたりする世帯を多数発生させても不思議ではない．

　世帯更生資金貸付はストックを保障するものとして構想され，生活福祉資金貸付への転換期にもストック保障の方途として期待されながらも，現在はフローの所得保障の不備を弥縫するものとして利用されている．しかし，こうした貸付手法の位置づけの転換に際し，十分に議論がなされたようにはみえない．リーマンショックやコロナ禍における生活困窮者の増大に際してフローの赤字を補填する政策が十分に用意されていないなかで，いわば場当たり的に利用が拡大されてきたといってよい．そしてそうした場当たり的対応が，今日において生活困窮者の生活基盤の脆弱化を招いている．

　あらためて生活福祉資金貸付の「福祉貸付」の意義を，ストック保障の面で再検討する必要がある．しかしストックを，世帯更生資金時代に構想されてきた生業のためのストックに限定して捉える必要はない．本稿でみてきたように，生活困窮者にとって必要となるストックは時代によって変遷している．では今日必要な「ストック」は何か．ヒントは，あり方委員会報告の福祉貸付を地域の「共同ファンド」として捉える見解にあるように思う．もしもの時や，生活基盤の安定化のために必要な資金が，低利もしくは無利子の地域で提供される福祉目的の貸付によって利用可能ならば，生活困窮者や収入が不安定な世帯にとっての安心材料や緩衝材になる．それは個人の私的資産としてのストックではないが，地域で利用可能な共同のストックともいえるものになる．もちろん，生活福祉資金がそのようなものになるためには，借受世帯が生活福祉資金の利用により将来不安を抱えないように，伴走的な生活支援をセットにしたものでなくてはならないし，償還方法について柔軟なものでなくてはならないだろう[7]．「福祉貸付」が「福祉」を冠する貸付であり，それが地域福祉の担い手である社会福祉協議会によって行われるならば，こうした貸付を通じた地域福祉の意義を改めて見直していかなければならない．

［付記］

本稿は，科研費 15K17238 および 19K13995 の成果でもある．

注

1) たとえば，日本経済新聞 2022 年 1 月 12 日朝刊，同 2022 年 10 月 19 日朝刊，中日新聞 2022 年 5 月 2 日朝刊，東京新聞 2022 年 10 月 23 日朝刊など．
2) 設立時の厚生事務次官通牒や運営要綱については，全国社会福祉協議会（1957）に掲載されているものを参照している．
3)「世帯更生資金貸付制度要綱」によれば生活資金を利用できる世帯は，技能習得費や療養費を借受している世帯に限定される（制度要綱第 4 の 3「生活資金」）．なお，この制度要綱は 2 節で確認した運営要綱の改訂版である．本節では全国社会福祉協議会（1964b）に掲載されている 1963 年改正版の制度要綱を参照している．
4) この要綱（生活福祉資金（離職者支援資金）貸付制度要綱）については，生活福祉資金貸付制度研究会（2008）に掲載されているものを参照した．
5) メンバーは，重田信一を委員長，三和治を副委員長として，その他研究者としては大山博，岩田正美が参加していた．また社協関係者の委員会メンバーとしては，河田正勝（全社協事務局長），萬野正夫（同民生部長），三宅教道（長崎県社協事務局長），武井一郎（埼玉県社協事務局長）．委員長の重田は全社協参与でもあった．
6) 角崎（2020a）を参照されたい．
7) そのような貸付がどのような機能を持つべきか，また，フローの保障を行う給付制度といかに役割分担を行うべきかについては，角崎（2016c, 2020b）を参考にされたい．特例貸付の今後の償還支援のあり方については角崎（2022）を参照されたい．

文　献

江口英一，1972,「今日の低所得層と世帯更生資金制度の方向」『季刊 社会保障研究』8(2): 17–30.

岩田正美，2022,『生活保護解体論——セーフティネットを編みなおす』岩波書店.

角崎洋平，2013,「構想される『生業』への経路——貸付による離陸」天田城介・角崎洋平・櫻井悟史『体制の歴史——時代の線を引きなおす』洛北出版，55–101.

————，2016a,「日本におけるマイクロクレジットの形成と社会福祉政策——無尽から世帯更生資金貸付へ」佐藤順子編『マイクロクレジットは金融格差を是正できるか』ミネルヴァ書房，11–54.

————，2016b,「扶養義務を果たさない扶養義務者の不動産相続は不公平か——要保護世帯向け不動産担保型生活資金貸付の問題点」『立命館大学生存学研究センター報告』(26): 90–115.

————，2016c,「借りて生きる福祉の構想」後藤玲子編『福祉＋α 正義』ミネルヴァ書房，119–31.

————，2020a,「低所得者の金融排除と金融ウェルビーイング——ファイナンシャル・ダイアリー調査に基づく分析と考察」『大原社会問題研究所雑誌』738: 19–36.

————，2020b,「福祉的貸付の規範理論——金融ウェルビーイングと社会正義の観

点から」『社会保障研究』5(2): 166–78.
────，2022,「コロナ禍の経済的困窮支援をどのように進めるか──特例貸付の実態と償還開始を見据えて」『ガバナンス』257: 20–2.
国立社会保障・人口問題研究所，2019,『平成 31 年版社会保障統計年報』(2022 年10 月 30 日取得，https://www.ipss.go.jp/ssj-db/ssj-db-top.asp).
厚生省世帯更生資金貸付制度基本問題検討委員会，1989,『世帯更生資金貸付制度基本問題検討委員会報告』
厚生労働省社会・援護局，2002,「平成 14 年 3 月 4 日社会・援護局関係主管課長会議資料」（地域福祉課）(2022 年 10 月 30 日取得，https://www.wam.go.jp/wamappl/bb16GS70.nsf/0/49256fe9001adf9249256b7a001766ed/$FILE/chiiki_2.pdf).
────，2007,「平成 19 年 3 月 5 日社会・援護局関係主管課長会議資料」（保護課），(2022 年 10 月 30 日取得，https://www.wam.go.jp/wamappl/bb16GS70.nsf/0/096342a9da9b08484925729700038be6/$FILE/20070307_1hogoka1_2.pdf).
小山進次郎，1950,『改訂増補　生活保護法の解釈と運用』中央社会福祉協議会.
大阪市社会福祉協議会，1958,『世帯更生資金借受世帯調査報告書』.
佐藤順子，2012,「生活福祉資金貸付制度の改正が意味するもの──2009 年 10 月改正を中心に」『佛教大学社会福祉学部論集』8: 57–77.
佐藤順子・角崎洋平・小関隆志（2020）「コロナ禍と貸付による生活困窮者支援」『貧困研究』25: 24–38.
生活福祉資金貸付制度研究会編，2008,『平成 20 年度版 生活福祉資金の手引』筒井書房.
────，2021,『令和 3 年度版 生活福祉資金の手引』全国社会福祉協議会.
田中聡子，2016,「世帯更生資金貸付創設時における低所得層対策と生活保護行政の動向」『社会政策』8(2): 114–25.
土岐祥子，1986,「『低所得層』対策の一側面──資金貸付施策の展開」吉田久一編『社会福祉の日本的特質』川島書店，303–27.
全国方面委員連盟，1931,『方面委員二十年史』（再録: 1997,『戦前期社会事業基本文献集 54　方面委員二十年史』日本図書センター).
全国社会福祉協議会，1957,『世帯更生運動を進めるために──参考資料集』.
────，1964a,『世帯更生資金制度効果測定』.
────，1964b,『世帯更生資金関係通知集』.
────，2010,『全国社会福祉協議会百年史』.
全国社会福祉協議会世帯更生資金制度あり方研究委員会，1987,「世帯更生資金貸付制度の運営改善に関する研究（報告）」.

abstract

Livelihood Stability and Loans: How have loans to the needy been positioned? How can they be positioned?

KADOSAKI, Yohei

Nihon Fukushi University

The purpose for which the loan program for the needy was designed, what functions it has served, and what functions it may serve in the future are examined in this paper. The history of welfare loans for the needy in Japan traces back to the period when they were known as the "Household Rehabilitation Fund Loan." First, we show that the Household Rehabilitation Fund Loan was established as a system of loans for small business assets used to support livelihoods, with the aim of strengthening the livelihoods of the needy. The Household Rehabilitation Fund Loan then diversified from loans aimed at guaranteeing the stock of small businesses to loans aimed at guaranteeing other stocks, such as housing and education. However, it was not until the 2000s that the loan program for the needy was transformed into one that focused on loans to supplement deficiencies in household income and expenditure flow, as seen in the current special loan program of the Livelihood Welfare Fund Loan to combat Covid19. This paper points out that such a transformation was not expected, at least at the time of the change from the Household Rehabilitation Fund Loan to the Livelihood Welfare Fund Loan. Finally, referring to discussions at a committee meeting of the National Council of Social Welfare, it is pointed out that there are limits to providing flow livelihood security through loans, and that loans for the needy can strengthen not only the stock of individuals but also the stock of communities.

Keywords：Household Rehabilitation Fund Loan, Livelihood Welfare Fund Loan, welfare loan, Social Welfare Council

┃特集論文Ⅱ┃

| 特集論文Ⅱ |

第 20 回大会シンポジウム解題 福祉制度と非正規公務員
——会計年度任用職員制度成立を受けて

畑本　裕介

1　特集の主旨

　福祉社会学会　第 20 回大会シンポジウムは，「福祉制度と非正規公務員——会計年度任用職員制度成立を受けて」というタイトルで，2022 年 7 月 3 日（日）13 時から 14 時 55 分に開催された．新たに導入されたこの会計年度任用職員制度は，非正規公務員の待遇改善となるような印象を与える一方で，その不安定な雇用条件を追認するだけとの評価もある．労働者の雇用環境に大きな影響を与えるこの制度の実像を明らかにすることをテーマとして取り上げた．本特集はこのシンポジウムでの発表を原稿化したものである．

2　会計年度任用職員とは

　2017（平成 29）年に地方公務員法と地方自治法が改定され，2020（令和 2）年 4 月から自治体の非正規職員に「会計年度任用職員」制度が導入された．それ以前には非常勤公務員を雇用する根拠となる制度が十分に整備されておらず，特別職非常勤職員，一般職臨時職員，臨時職任用職員といったような様々な雇用制度のもとで処遇を受けていた．これを整理し制度を統一した．
　この会計年度任用職員には期末手当があり，一定の条件のもとでは退職手当も支給されるなど，正規職員に準拠した処遇を受けられるようになった．

はたもと ゆうすけ | 同志社大学政策学部・教授 | yhatamot@mail.doshisha.ac.jp

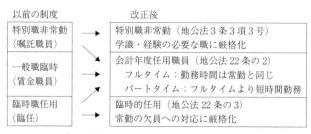

図1　「会計年度任用職員」制度導入による変化

　しかしながら，正規職員に準拠したというのであれば，もっと安定した雇用環境が提供されるべきである．この制度の問題点は大きい．任用期間は原則として1年であり，毎年再任用されていく仕組みとなった．再任用といっても，その都度公募に応募する形式をとるため，身分が一層不安定になったとも言われる．公募によらない場合は回数が制限される（おおよそ2回つまり3年）．また，フルタイムとパートタイムの区別は温存され，その格差が正当化されてしまったとも言われる．

　期末手当が支給されることは待遇改善のように見えるが，年収ベースで以前同様にするため新たに月収が減額されて雇用契約されるケースもある．これでは，毎月支払われていた金額を期末等に遅延して受け取る訳であるから，待遇改悪である．

　全公務員のなかで非正規公務員は約4分の1の数に及ぶ．総務省の実施した「地方公務員の臨時・非常勤職員に関する実態調査」（2020（令和2）年4月1日現在）によれば，非正規公務員（臨時・非常勤職員）の数は約69.4万人（694,473人）である．このうち，会計年度任用職員は，約62.2万人（622,306人）である．「平成3年地方公共団体定員管理調査結果」によれば，臨時職員等を含む地方公務員数は令和2年度において約276万人（2,762,020人）であったので（令和2年4月1日現在)，全体の約25.1％を占めることになる．

3　各論文の要旨と論点

　上林論文は，行政における「相談支援業務」に注目することで，公務員の非

正規化の問題点に切り込んでいる．条文中に「相談」という用語を使用している法律は全体で 281 本あり，そのうちバブル崩壊後の 2000 年以降に制定されたものは 4 割超の 118 本である．この事実だけでも，近年，行政における「相談」の重要性が高まっていることは明らかである．このように，地方自治体の相談支援業務は「メインストリームへと浮上」しているにもかかわらず，その担い手は非正規公務員である．

　相談支援のような新規の行政需要が広がる一方で，正規公務員の定員は厳格化されている．実際に「1994 年から 2020 年までの 26 年間で正規公務員は 52 万人余りが減少」させられた．その需要拡大と定員削減を補ったのが非正規公務員である．上林氏は非正規公務員の増加タイプとして，代替型，補充型，新規需要型という，もはや有名になった 3 つの類型を提示している（上林 2015: 41-6）．

　職員数減少に対応して，正規公務員はどんな職務にも対応できることが求められる．そのために，多様な職務を経験させる 3 年程度ごとのジョブ・ローテーションが実施される．行き着く先は，「何でもできるが何もできない総合職」化である．一方で，「長期の業務経験を要し移動に適さない専門職」の需要も高まっている．これは，非正規公務員に担わせることになった．行政需要において相談支援業務はメインストリーム化しているのに，その発展が妨げられているのは，行政運営上の都合である（「相談」の事実行為としての位置づけ，メンバーシップ型雇用，職員の統制手段としての非正規化）．

　上林論文は，非正規公務員の待遇の不条理さを指摘するだけではない．会計年度任用職員制度による非正規公務員の固定化は，現代の行政需要に逆行していると指摘した点にその意義がある．正規公務員数が削減されることになるが，その場しのぎの対応として，頻繁なジョブ・ローテーションが取り入れられるのは，一層の弊害を生む．公務員組織が，「職務無限定」な巨大な素人集団になってしまい，現代の専門的なニーズには対応できないからである．

　桜井論文は，生活保護制度を運営する福祉事務所公務員の非正規化進展状況を分析し，自治体を類型化している．その上で福祉事務所の逆説的な機能強化の状況について自説を展開する．「生活保護法施行事務監査に基づく監査資料」（2020 年版）を情報公開請求により入手することで研究が始められる．この資

料をもとに，現業員充足率（正規の面接相談員数＋地区担当員数÷標準数）と非正規化率（非常勤職員等の人員数÷標準数）という独自の指標を作り出し，この2つの値により各事務所を図上にプロットして4象限を構成している．4つの象限に位置づけられる福祉事務所は，それぞれⅠ型（ハイブリッド型：正規職員充足＋非正規職員多），Ⅱ型（非正規代替型：正規職員不足＋非正規職員多），Ⅲ型（人手不足型：正規職員不足＋非正規職員少），Ⅳ型（正規中心型：正規職員充足＋非正規職員少）と名付けられる．それぞれのタイプでは状況が異なっており，「福祉事務所の非正規化の進展というのは正規職（現業員）の縮減を必ずしも意味しない」．問題はⅡ型やⅢ型である．

自立支援プログラムの先進地域の釧路市や就労支援や雇用部局との連携が有名な豊中市は，Ⅱ型に位置する．こうした分析を受けて，桜井は，「生活保護における『自立支援』や『適正化』の推進や充足は『福祉事務所の非正規化』を進展させる」と指摘する．先進自治体とされる地域が，実は非正規化が進展しケースワーカーの充足率も低いという事実を発見したことは，新たな視点でありこの論文の成果である．自治体の新しい施策への積極的な姿勢は職員体制にひずみを生んでいるのかもしれない．

近年の社会福祉領域での論争である「統合・分離論争」にも切り込んでいる．金銭給付とケースワークの担い手は統合したままにしておくべきか分離すべきかという主張は，どちらも核心をついていない．担い手が分離したことは，既存の業務を単に分割しただけのことではない．ケースワーカーの業務はそのままに，拡大した業務のための新たな担い手が追加された「機能強化」という新たな展開としてとらえるべきではないかという提案である（複合体論）．

4象限を構成する指標である非正規化率は，非常勤職員等の人員数÷（現業員数＋非常勤職員等の人員数）でなくて本当に良かっただろうか．福祉事務所の機能強化が官の肥大化だと主張されるが，その何が問題かが今一つ明らかでないのではなかろうか．こうした疑問点がなくもないが，表面的な現象の深奥にある問題点を暴き出した功績が揺らぐものではない．

瀬山論文は，公務非正規女性全国ネットワーク（はむねっと）が2022年に行ったアンケート（集める，伝える，届けるプロジェクト〜あなたの声を集め，社会へ伝え，国と自治体へ届けます！）の結果を分析し，女性に集中する非正規公

務員（公務非正規）の置かれた状況を分析したものである．

　この論文では，アンケートに答える現場の声が数多く引用されている．「緊張や精神的疲労に見合わない給料などの労働条件が」非正規女性を疲弊させている状況の告発は重要である．しかも，「約 3 人に 1 人が生計維持者」であり，その約 4 割は年収 200 万円未満であった．しかし，この論文の告発はそれだけにとどまらず，行政の理念やミッションと実態の矛盾を明らかにしていく．上林論文でも指摘されたように，社会福祉の現場において，経験のない正規職員は専門性を身につけておらずハイリスクケースに対応できないし，管理職になっても業務内容を理解できない．一方で，専門性を高めた非正規公務員は研修の機会なども十分ではなく，「自腹でセミナーや研究会に参加している者も多」い．行政の掲げる達成不可能な形だけの福祉的支援策に，非正規公務員は「加担させられ」ている，という矛盾である．

　会計年度任用職員制度は，「実際には長期継続的に必要とされる職を，単年度任用の職に位置づける結果をもたらし，その意味での不安定任用の固定化や，単年度で入れ替え可能な職とされたことで職務の過小評価をもたらすものだ」と評価されている．

　会計年度任用職員制度は，非正規公務員の労働条件を不条理なものにするだけのものではない．それは，公務の運営の在り方の矛盾を温存するものであり，新しい行政ニーズへの対応を阻害するものである．本特集をきっかけとして，今後この問題への注目が集まることを期待したい．

文　献

上林陽治，2015，『非正規公務員の現在——深化する格差』日本評論社．

| 特集論文Ⅱ |

相談支援と非正規公務員の関係
——経過・現状・問題

上林　陽治

　2021年4月1日施行された地域共生社会の実現のための社会福祉法等の一部を改正する法律は，市町村において，既存の相談支援等の取組を活かしつつ，地域住民の複雑・複合化した困難への支援ニーズに対応する包括的な支援体制を構築し，新たな事業及びその財政支援等の仕組みを創設しようとするものである．

　地方自治体とりわけ住民に身近な基礎自治体である市区町村に相談窓口を設置し，相談者に対する支援を義務付ける法律は，バブル崩壊後の1990年代に続出し，2000年代に入ってからは「ビッグバン」と表現することが過言でないほど増大した．

　ところが，1990年代以降今日に至るまで，「小さな政府」への志向性が高まるなかで公務員定数は削減されつづけ，義務付けられた相談支援業務を専門的に担う職員の確保は覚束なかった．そこで地方自治体は，非正規公務員を大量に採用し，増大する相談支援業務にあたらせてきたのである．

　すなわち地方自治体の相談支援業務は，非正規公務員を主たる担い手として進展してきたのである．

　相談支援を包括化し，地方自治体業務のメインストリームにしようとする今日の状況下で，はたして官製ワーキングプアと揶揄される非正規公務員による実施体制のままでよいのか，どこに歪みが生じているのか，このような相談支援体制に持続可能性はあるのか，問題があるとすればどこを見直すべきなのか．

キーワード：専門職，ジョブ・ローテーション，ジェネラリスト，ケースワーカー，日本型雇用

1　問題の所在——相談支援と非正規公務員

新型コロナ感染症は，日本社会で最も脆弱な部分を襲った．

かんばやし ようじ｜立教大学コミュニティ福祉学部・特任教授｜5067676@rikkyo.ac.jp

　総務省統計局「家計調査」で勤労者世帯の所得階級別（年間収入五分位階級）の可処分所得の変化を追うと，最も低所得の第Ⅰ階級の可処分所得は，2019年から2021年の2年間で2.6%低下している．一方，それ以上の所得階級（第Ⅱ階級〜第Ⅴ階級）では，2019年から2021年の2年間で，可処分所得はいずれも上昇している．すなわちコロナ禍が家計の所得水準に及ぼした負の影響は低所得に集中していた．したがって，同期間のジニ係数を年間収入十分位階級別の可処分所得データから算出してみると，2019年は0.227，2020年は0.232，2021年は0.236と拡大した（田中 2022: 41-2）．

　コロナ禍において，富める者はより富み，貧しい者はより貧しくなったのである．

　総務省統計局「労働力調査（基本集計）」で失業者数の推移を追うと，2021年1月時点で2020年3月比（コロナ蔓延初期）より33万人多い203万人．なかでも女性の非正規雇用者数が大幅に減少し，2021年第1四半期は，前年同期に比して55万人減少し，とりわけ35〜54歳の女性非正規労働者の雇用の減少幅が最も大きかった．女性が4分の3を占めるパートタイム労働者の所定内労働時間は，2021年1月は前年比で3.8%減少し，特に飲食サービス業などでは，12.7%縮減した．シングルマザー・シングルファザーは，育児に供する時間の関係からパート従業員として働く例が多いが，彼女ら彼らはコロナの影響をまともに受け，失職や所得の減少という苦境に立たされた．

　自殺者数も，2010年以降低下傾向にあったが，2020年は11年ぶりに増加し，男性の自殺者数は引き続き減少するなかで，女性の自殺者は935人増加した．特に深刻なのは20歳代以下の女性や子どもの増加だった．2021年の総数は2020年から減少したものの，女性の自殺者数は増加し，小中高生の自殺者数は過去2番目の水準となった（厚生労働省 2022: 2）．

　新型コロナ感染症のまん延防止のため，ステイホームが推奨されたが，ホームは誰にとっても安全な場所とは限らないことも明白となった．

　厚生労働省は2022年9月9日，全国の児童相談所が2021年度に児童虐待として対応した件数は20万7,659件（速報値）で，1990年度の統計開始以来，31年連続で最多を更新したと発表した．配偶者などからの暴力（DV）の相談件数は，内閣府男女共同参画局調べによると，2020年度の相談件数が18万

2,188 件で 2019 年度の約 1.5 倍，2021 年度の相談件数は 17 万 7,110 件（暫定値）であり，2020 年度と比較すると減少しているものの，毎月 1 万 4,000 〜1 万 6,000 件程度の相談が寄せられている．コロナ禍に伴う生活への不安やストレスは，ステイホームで逃げ場を失った家庭内でより弱い者に暴力という形でむかった．家族以外との接触機会の減少で暴力は潜在化し，より深刻な事態が進行し，これが若い世代の自殺者増につながっていると考えられている．

　社会全体を覆うコロナ禍．だがコロナが蔓延したから社会が危機になったのではない．危機の状態にある社会をコロナが襲い，危機が露呈し，日本社会で最も脆弱な部分を悲劇に陥れたのである．

　少子高齢化が急速に進行し，人口減少社会に直面するとともに，単身世帯の増加など家族の在り方や地域のつながりの希薄化など地域社会も変化し，「無縁社会」と呼ばれるようになっている．そのようななかで，いわゆる「8050問題」[1]やダブルケア[2]など個人や世帯が抱える課題は複雑化・複合化してきた．また，安定就労に就くことができず，さりとて福祉の受給にも至っていない制度の狭間にいる人々＝新しい生活困難層（宮本 2021: 15）も増大している．これらの問題は，孤立を生み出し，個人や家族だけでは解決できない課題も自己責任の下で放置され，その結果，児童虐待や DV の増大，自殺者の増加を招いてきた．

　ところがこのような複雑化・複合化した課題に対し，現行の子ども，高齢者，障害者といった属性別の縦割りの福祉サービスと，属性別に区分けされた相談支援体制では，必ずしも十分な支援ができるとは限らない．

　こうしたなか，画期的な法律が制定した．それが地域共生社会の実現のための社会福祉法等の一部を改正する法律である．地域共生社会一括法は，孤立が深まった社会の治癒のために，市町村を基盤にして何らかの困難を有する住民からの相談に応じ，地域の資源を活用して相談内容に相応しい支援を提供して「自立」を促すことを目的としている．その趣旨を端的に表現するとすれば，市町村自治体をして「包括的な相談支援と支援の場づくりをめざすもの」（宮本 2021: 16）といえよう．ここに至り，長い歴史がありながらも，これまで自治体行政において周辺に位置づけられてきた相談支援業務は，メインストリーム[3]へと浮上することになった．

　だがここで重要な問題が顕在化してきた．地方自治体の相談支援業務は，非
正規公務員を主たる担い手としてきたのである．1990 年代以降今日に至るま
で，「小さな政府」への志向性が高まるなかで公務員定数は削減されつづけ，
相談支援業務を専門的に担う職員の確保が覚束なかったがために，地方自治体
は，非正規公務員を大量に採用し，増大する相談支援業務にあたらせてきたの
である．

　相談支援を包括化し，メインストリームにしようとする今日の状況下で，は
たして官製ワーキングプアと揶揄される非正規公務員に依存した実施体制のま
までよいのか，どこに歪みが生じているのか，このような相談支援体制に持続
可能性はあるのか，問題があるとすればどこを見直すべきなのか．本稿はこの
ような問題意識のもとに記述される．

2　社会の危機と相談支援

　「相談」そのものは，税務相談や年金相談，福祉事務所における生活保護受
給相談など，正規の課業に付随して実施されてきたものである．それが社会の
病理の進行という環境変化と，行政組織の官僚化にともなう住民との接点の後
退により，独立した課業と位置づけられ（今村 1978：190），相談支援という
形態をとるようになった．とりわけバブルが崩壊した 1990 年代以降に，相談
支援は爆発的に地方自治体の業務として拡大してきた．いうなれば，相談支援
という業務は，社会が変動期に入り，人々がそれに対応できず危機を迎えた時
に生じる．社会変動と相談支援業務は連動する．

　図 1 は，現行法規において，条文中に相談という用語を使用している法律
の制定数を，ほぼ 10 年ごとにまとめたものである．

　敗戦後の混乱・復興期を含む 1945～59 年には，相談を条文中に記載する法
律は 68 本を数える．その後，高度成長期の 1960 年代，低成長期といわれる
1970 年代，そしてバブル期を含む 1980 年代は，それぞれ 27 本，14 本，15
本と，他の時期に比べて少ない．ところがバブルが崩壊し，アジア通貨危機が
起こり（1997 年），自殺者が初めて 3 万人を超え（1998 年），就職氷河期を迎
えた 1990 年代には 33 本と一気に増加し，その後も，失われた 30 年という

時代の中で，貧困と格差が同時進行する分断の時代を迎えると，相談という用語を条文中に記載する法律制定数はさらに増加し，2000 年代に 57 本，2010 年代に 60 本となる．

　戦後 77 年間に制定公布され，現在も効力がある相談を規定する法律本数は，2022 年 6 月現在合計 281 本．このうち 4 割超の 118 本は 2000 年以降の 22 年間に制定されている．

　また 281 本のうち市区町村に相談の役割を義務付ける法律は 190 本で約 7 割，2000 年以降に制定された法律では半数に上る．すなわち市区町村は，社会の危機の時代において相談支援の前線機能を果たす法的義務を負ってきたのである．

　2000 年代に入り，DV 相談，高齢者・障害者・児童虐待，自殺対策，ホームレス支援，生活困窮者支援，地域共生など，地方自治体に相談支援業務の設置を義務付ける法律が多数制定されてきたのは，バブル崩壊後の日本社会が貧困化・困窮化する一方，新自由主義思想とともに広まった自己責任感覚のなかで，何らかの支援を必要とする者の孤立が深まったからである．

　だが「小さな政府」が尊ばれ，公務員数の削減が優先されるなかでは，法律

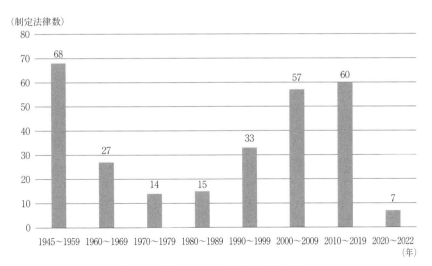

図 1　「相談」を含む法律制定数推移

出所：e-Gov 法令検索より筆者作成

で義務付けられたとしても，新たな行政需要に正規公務員を配置する余裕はない．しかも，相談支援は自治体行政において周辺に位置付けられている．そのため，相談支援業務は職員の非正規化とアウトソーシング化を伴って進展してきた．

3　増加する非正規公務員

　「相談」を条文に規定する法律数が増え始めた1990年代は，正規の地方公務員数が減少する時期に一致する．正規の地方公務員数のピークは1994年で，そこから2020年までの26年間で約50万人減少する．ところがこの26年の間に，行政需要は高まっていた．たとえば少子化なのに待機児童が発生し，社会全体の貧困化に伴い生活保護利用者も増えた．そして相談支援のような新規行政需要も拡大した．

　正規公務員が増やせないなか，地方自治体が依存したのが，臨時的任用職員や非常勤職員と呼ばれた任期付きまたはパートの非正規公務員だったのである．

　正規の地方公務員数のピークは1994年で，全自治体で328万2,492人を数えた．一方，非正規の地方公務員数に関わる国の調査は行われていなかったが，唯一，全日本自治団体労働組合（自治労）の組織基本調査があり，1994年時点では，全国の臨時・非常勤職員数を23万4,567人と報告している．両調査を対比させると，1994年の正規と非正規の割合はおよそ93対7となる．

　1994年から2020年までの26年間で正規の地方公務員数は52万人余が減少する一方，1回の任期が6か月以上，週勤務時間が常勤職員の半分以上の臨時・非常勤職員は約46万人増加し，正規と非正規の比率は71対29となった．臨時・非常勤職員は正規公務員の削減を補ってきたわけだが，増加要因はそれだけではない．筆者は非正規公務員の増加タイプを以下の3つに分類している．
①代替型

　第一に，正規から非正規への置き換えが進んでいる．ここでは代替型と呼ぶこととする．代替型の背景には，自治体の財政ひっ迫の影響から公務員を削減し続けてきたという問題がある．職種としては，事務職員，保育士，教員・講師，図書館員等が該当する．

②補充型

　第二に，既存の公共サービスに係る行政需要が増えたという問題がある．増加する行政需要に対し，正規ではなく非正規で充当する方法を，ここでは補充型と呼ぶこととする．

　たとえば保育サービスでは，少子化なのに認可保育園に入れない待機児童が大量に発生してきた．待機児童発生のもとで保育所と保育士が足りなくなり，正規職の保育士ではなく，非正規の保育士を配置するという方法が取られてきた．

　さらに生活保護のケースワーカー（以下，CW）に関し，社会の貧困化の中で生活保護受給者が急増した．法律上は，CW 1 人が担当する生活保護世帯数は福祉事務所設置市では 80 世帯が標準だが，それで済ませられる自治体はほとんどない．まずは生活保護の決定・廃止に関与しない面接相談業務を非正規化し，正規職員を訪問調査にあたる地域担当 CW に充ててきた．専任の生活保護面接相談員の 57％はいまや非正規である（厚生労働省 2017: 表 3−1）．それでも人員が不足する場合は，地域担当 CW そのものも非正規で補充するようになる．たとえば北海道釧路市は，「地域生活支援員」という名称の非常勤CW を採用し，軽易なケースに該当する高齢保護世帯を中心に 250〜280 ケースを受け持っている．

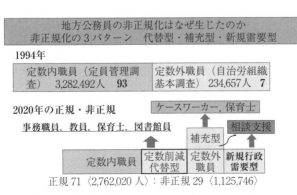

図 2　非正規化の 3 パターン　代替型・補充型・新規需要型

出所：自治省，1995；総務省，2020；総務省，2021；全日本自治団体労働組合，1994，より筆者作成

③新規需要型

　第三に新規需要型と呼んでいるもので，新たな公共サービス需要に対し，正規公務員を配置するのではなく，端から非正規公務員を配置する場合である．この典型例が相談支援業務である．たとえば，2020年4月1日時点で全国の消費生活センターに配置されている3,324人の消費生活相談員のうち，「定数内職員」といわれる正規公務員は68人に過ぎない．ピーク時の134人（2013年）から6年で約半分になり，全体の2.0％になっている．一方，「定数外職員」といわれる非正規の相談員は2,753人で82.8％を占める．つまり，消費生活相談行政は当初から，圧倒的に非正規公務員によって担われてきたのである．

4　専門職非正規公務員と「素人」一般行政職員による相談支援業務の運営

　仕事が増えるのに職員は減らされる．これに対処するためには，正規公務員が担う仕事の領域を拡大しなければならなくなり，正規公務員を何でもできるジェネラリストとしていくためのジョブ・ローテーションが強化された．正規公務員数が減少に転じた1994年から3年後の1997年に，旧自治省は「個々の職員の持つ能力を最大限に発揮させることを人事管理の目的の一つとして明確に位置づけ」，「ジョブ・ローテーションを通じて様々な職場をバランスよく経験することで，視野や知識・技術を幅広く深いものとしていく」ことを地方自治体に通知する（自治省 1997）．そして，福祉職や司書職という専門職採用枠は，少なくとも一般市においては廃止されていき，本来，長期間の業務経験を要する専門職にも，汎用性のある一般行政職採用の正規公務員の異動で配置するようになる．この結果，「福祉行政の体制を構築するうえでは，地域住民のニーズを正確に把握していることが重要」「そうしたニーズには地域特性が深く関わってくるため，なるべく長く同じ人物が福祉行政に関わった方が，持続性，効率性の観点からは好ましいと直感的には考えられるし，現場でもそのように認められている．にもかかわらず，異動が制度化されていることで，そうした福祉行政を敷くことが難しくなって」しまったのである（西村・藤間 2018: 98）．

　一方で，長い業務経験を要し，資格さえも要求される専門職は異動を前提と

する人事制度と相容れないものとなり，畢竟，異動することのない非正規職となっていく．同時に，内部で育成するより，労働市場からスポット的に調達するほうが，即戦力としての期待にも適うということになる（上林 2021: 108-11）.

まさしく，非正規公務員問題はじめ公務員制度をめぐる諸問題の根源に，「様々な公務需要に対応すべき公務員モデルとして徹底的にメンバーシップ型の何でもできるが何もできない総合職モデルしか用意されていないこと」があったのである（濱口 2022: 39）.

以下に，いくつか事例を紹介しよう.

4.1 婦人相談員

厚生労働省のワーキングチームが策定した「婦人相談員相談・支援指針（2015年3月）」では，婦人相談員を「対人援助を担う専門職」と位置づける．この婦人相談員は，2022年に制定された困難な問題を抱える女性への支援に関する法律では，女性相談支援員と改称し，女性支援・援助の役割が強化されている．だがその採用実態は，現状では任期1年で不安定雇用の非正規職が大半を占める.

2017年における婦人相談員の委嘱状況をみると8割の婦人相談員は非常勤職員である（表1参照）．DV防止法全面施行の2012年4月1日現在と比較すると，この5年間で婦人相談員は230人，1.2倍に増加しているものの，ほとんどが非常勤職員である（185人増）.

また，常勤職員の配置は特定の都道府県に偏っており，和歌山県，福岡県はすべて，東京都，新潟県，京都府，大阪府は一部の婦人相談員が常勤であるも

表1　婦人相談員の委嘱状況　（2017年4月1日現在）

	常勤	％	非常勤	％	合計
都道府県	75（ 82）	16（18）	391（381）	84（82）	466（ 463）
市区	220（168）	22（22）	761（586）	78（78）	981（ 754）
合計	295（250）	20（21）	1,152（967）	80（79）	1,447（1,217）

注）カッコ内は，2012年4月1日現在の状況
出所：「婦人保護事業の現況について」（2018年7月30日「第1回困難な問題を抱える女性への支援のあり方に関する検討会」資料6・1）から筆者作成

のの，他の道県は全員が非常勤である．さらに常勤職員の内実も，そのほとんどが母子及び父子並びに寡婦福祉法に規定する自立支援員で，DV 被害相談が拡大するなかにあって，これら兼務職が本来の母子及び父子自立支援の職をまっとうできないという問題も発生している．

　非常勤職員はほとんどの場合，任期は 1 年以内だが，2017 年 4 月 1 日現在の在職年数状況（厚生労働省 2018：資料 6・1）をみると，この間の採用数増で 3 年未満の相談員が都道府県で 48.9％，市区では 47.0％を占めているものの，労働契約法（公務員には非適用）に基づく無期転換申入権が発生する 5 年以上のキャリアを有する婦人（女性）相談員は，都道府県 91 人（34.6％），市区 288 人（29.3％）で，繰り返し任用されてきたことが明らかになっている．

4.2　家庭児童相談員

　児童虐待を含めた児童相談の第一義の窓口は，児童相談所ではなく市区町村である．2004 年の改正児童福祉法で，児童相談は市区町村の業務と位置づけられている．

　市区町村は子育てに関する全般的な相談に対応するとともに，虐待の未然防止や早期発見につとめ，虐待されまたは虐待のおそれがある要保護児童の状況を調査し，要保護児童ならびに保護者に対する援助を実施する．一時保護所等を退所した児童については，関係機関と連絡を取りながらアフターケアを進めるなど，児童相談全般への対応も進めなければならない第一線職員と位置づけられた．

　ところが市区町村では，公務員削減が進むなかで専門職の確保も難しく，児童虐待などの困難な事例への対応を非正規職員である家庭児童相談員に依存して進めてきたのである．

　表2に示したように，市区町村の虐待対応窓口の職員9,309人中5,871人（63％），ほぼ 3 人中 2 人は業務経験 3 年未満で，正規職員に限ってみると，6,438 人中 4,292 人（67％）は業務経験 3 年未満の職員である．これは，正規公務員が 3 年程度で異動することが影響している．

　その一方で，業務経験は，任期 1 年で雇い止めの危機に常にさらされている非正規職員の方が長いという実態にある．児童相談所がある政令指定都市と

中核市を除くすべての市区で，10 年以上の業務経験を有する職員は，非正規が正規を人数で上回る．人口 10 万人未満の市区では，経験年数 3 年以上の職員の過半が，任期 1 年で雇われるベテランの非正規職員なのである．

　2004 年の児童福祉法改正の折の議員修正で，同法 10 条 4 項として「市町村は，この法律による事務を適切に行うために必要な体制の整備に努めるとともに，当該事務に従事する職員の人材の確保及び資質の向上のために必要な措置を講じなければならない」という条文が付加されていた．だが，専門的技術を要する職員は，職務限定の非正規職としての採用で済まされてきた．

　児童虐待は突然に起こるものではなく，ひとつひとつの家族に刻まれた歴史から生み出される．対症療法的措置では根本的解決に至らず，継続的な見守りや家族との信頼関係の構築が必要となる．したがって広域行政体の都道府県に置かれる児童相談所ではなく，基礎的自治体の市区町村が第一義的責任を担うこととなった．ところが，長期スパンで観察することを要する業務にあたる家

表 2　市区町村虐待担当窓口職員の正規・非正規別業務経験年数（2018 年度）

(単位：人，%)

| | 配置人数 | 正規・非正規別 | % | 業務経験3年未満計 | 割合 | 業務経験年数 3 年以上 | | | | |
						3〜5年未満	5〜10年未満	10年以上	3年以上計	割合
指定都市・児童相談所設置市	1,470	正規	1,118	76.1	705	80.0	185	150	78	413	70.1
		非正規	352	23.9	176	20.0	57	76	43	176	29.9
市・区人口30万人以上	1,021	正規	622	60.9	404	63.3	110	83	25	218	56.9
		非正規	399	39.1	234	36.7	61	76	28	165	43.1
市・区人口10万人以上30万人未満	1,670	正規	987	59.1	681	63.3	181	109	16	306	51.5
		非正規	683	40.9	395	36.7	105	120	63	288	48.5
市・区人口10万人未満	2,458	正規	1,325	53.9	972	62.7	203	132	18	353	38.9
		非正規	1,133	46.1	579	37.3	202	218	134	554	61.1
町	2,251	正規	1,985	88.2	1,308	88.6	301	207	169	677	87.4
		非正規	266	11.8	168	11.4	40	40	18	98	12.6
村	439	正規	401	91.3	222	89.2	52	60	67	179	94.2
		非正規	38	8.7	27	10.8	7	1	3	11	5.8
合計	9,309	正規	6,438	69.2	4,292	73.1	1,032	741	373	2,146	62.4
		非正規	2,871	30.8	1,579	26.9	472	531	289	1,292	37.6

出所：厚生労働省「平成 30 年度市町村の虐待対応担当窓口等の状況調査結果」から筆者作成

庭児童相談員は，雇用不安を惹起する細切れ雇用で，処遇もワーキングプア水準の非正規職員なのである．

4.3　児童相談所

　本来，長い業務経験の専門職の職員によって構成されるべき児童相談所も，公務員人事のジョブ・ローテーション化と専門職の非正規化から無縁ではなかった[4]．

　児童相談所に配置される職員の資格要件である児童福祉司は，国家資格ではなく，児童福祉法 13 条 3 項に列挙された要件を満たした職員の中から配置される任用資格である．

　2020 年度の全国の児童相談所に配置されている児童福祉司の任用状況をみると，「大学で関連科目の単位を取得（2 号）」（1,343 人，30％）や「社会福祉主事を 2 年以上経験（7 号）」（355 人，8％）が多い．「同等以上の能力を有すると認められる（8 号）」（463 人，10％）を含めて専門性があるとは言い難い者が，あわせて 2,161 人，48％である（図 3）．これら職員の多くは一般行政

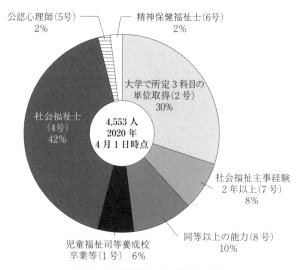

図 3　児童福祉司の任用区分

（注）3 号は医師で該当ゼロ
出所：各年度の厚生労働省「全国児童福祉主管課長・児童相談所長会議資料」から筆者作成

職として採用され，役所内の人事異動で配置された非専門職員である．それが児童福祉司の半数近くを占める．

　増加する児童虐待相談や虐待事例に対応するため，都道府県・政令市・児童相談所設置自治体は，児童相談所の人員確保に動いている．だがその結果，業務経験3年未満の児童福祉司が51％，5年未満では67％を占めるようになった（表3）．

　業務経験が浅いのには他にも原因がある．

　児童福祉司の半数以上が経験年数5年未満の非専門職員が占めているのは，ジョブ・ローテーションを前提とする公務員人事の弊害をまともに受けているからだ．

　先に述べた通り，公務員削減と増加する行政需要への対処を並立させるため，自治体の人事管理は異動で広範に職務を経験させるOJTを基本とするジェネラリスト養成型ジョブ・ローテーションとなった．正規職員は3年程度で異動する．その延長線上で，長期の業務経験を要し異動に適さない専門職の正規採用は敬遠され，専門資格職は非正規職員で賄われてきたのである．

　たとえばP県の児童相談所では，増加する児童虐待通告等に対処するため，非正規公務員を採用するなどして体制を拡充し，2020年度は県内児童相談所の職員約260人のうち4割が非正規となっていた．なかでも児童福祉司や児童心理司の資格要件を持つ非正規職員は，正規職員が非専門職として異動で配

表3　児童福祉司の業務経験年数　　　　　　　　　　　　　　　（%）

	2011年	2012年	2013年	2014年	2015年	2016年	2017年	2018年	2019年	2020年
1年未満	16	15	17	13	15	17	14	18	20	23
1〜3年未満	29	29	28	28	26	26	26	23	29	28
3〜5年未満	19	19	17	18	18	18	17	16	16	16
5〜10年未満	23	24	24	24	25	23	25	26	21	20
10年以上	13	14	14	16	17	17	17	14	15	13
0〜3年未満	45	44	45	41	41	43	40	41	49	51
0〜5年未満	64	63	62	59	59	61	57	57	65	67
5〜10年未満	23	24	24	24	25	23	25	26	21	20
10年以上	13	14	14	16	17	17	17	14	15	13

出所：各年度の厚生労働省「全国児童福祉主管課長・児童相談所長会議資料」から筆者作成

置されるなかにあって，即戦力として虐待相談への対応などに当たってきた．

しかし 2018 年頃から，非正規職員の求人を出しても応募が少なく人材を確保しきれなくなった．

そこで P 県は，虐待や障害への対応という責任の重い難しい仕事を非正規に頼るのは限界と判断し，2021 年度には専門資格を有する児童福祉司 6 人，児童指導員 5 人を含む 15 人を正規職員として採用した．

P 県に限らず，児童福祉司の非専門性の弊害に気付いた児童相談所設置自治体では，福祉専門職採用を復活するようになっている．2020 年度は①福祉全般に関する専門職採用　35 都道府県 20 政令市 3 中核市，②児童家庭福祉関係に限定した福祉専門職採用　6 県，③児童相談所に限定した専門職採用　10 都県 2 政令市 2 中核市である（厚生労働省 2020）．

5　相談支援業務はなぜ周辺に位置づけられてきたのか

相談支援業務は，福祉行政のなかでメインストリーム化しようとしている．

ではなぜ相談支援業務は，これまで自治体行政のなかで周辺に位置づけられてきたのか．それは，職員数が減少する中にあって，地方自治体は，どの職に正規公務員を配置するか，どの職を正規から非正規に代替するかの選択を迫られ，相談支援業務は正規公務員を配置するまでのものではないとされてきたからである．

5.1　行政法学の観点から

この選択基準に一役買ったのが伝統的な行政法学の考え方だった．

行政法学の一般的な理解に基づけば，国や地方自治体等が特定人を対象として実施する行政の行為形式は，行政行為と事実行為の 2 つに区分される．このうち行政行為とは，「行政庁が，行政目的を実現するために法律によって認められた権能に基づいて，一方的に国民の権利義務その他の法的地位を具体的に決定する行為」であり，一方，事実行為とは「たとえば国や地方公共団体の実施する道路の修築や清掃は，特定人の法的地位に変動を及ぼさない，単なる事実上の活動」とされている（原田尚彦 2011: 133-134）．

　行政行為を主要な対象としてきた行政法学において，相談・助言・情報提供活動等の相談支援は，事実行為の一種，あるいは行政指導の一種（助成的行政指導）とされ，ほとんど関心を集めてこなかった．その理由は，相談支援それ自体が権利義務に何らかの変動をもたらす場面が想定できず，法的な問題を惹起しない（原田大樹 2022: 31），「軽い仕事」と考えられてきたからである．ゆえに相談支援業務は非正規化するのだが，この典型例が生活保護担当面接相談員であった．

　CW の業務は大きく 2 つに区分され，第 1 は地区担当 CW と呼ばれるもので，生活保護制度利用者の生活実態を把握し，それに基づき生活全般の支援を行うとともに，適切な経済給付を行う業務に携わる．保護の決定・廃止処分という公権力行使にも携わる．そして第 2 が生活保護担当面接相談員と呼ばれるもので，生活に困窮し相談に訪れる要保護利用者に対し，生活保護制度の趣旨を説明するほか，生活保護法以外の法律の施策の活用を助言し，生活保護の申請書を交付・受理することを担務する [5]．

　生活保護行政の非正規化は，とりわけ生活保護担当面接相談員に顕著に表れている．専務的に生活保護担当面接相談に携わる専任の正規職員と非常勤職員の構成割合は，2016 年現在，全国で非正規率 57％となっており半数以上が非正規公務員である．とりわけ中核市と一般市の非正規割合は，それぞれ 64.6％，62.1％で 3 人に 2 人，郡部を管轄する都道府県では，97.0％が非正規公務員なのである（厚生労働省 2017）．

　生活保護担当面接相談員の非正規割合が高いのは，その業務が公権力の行使

図 4　生活保護業務の流れ

出所：筆者作成

表 4　生活保護担当職員数（総数），職種・資格・都道府県－指定都市－中核
　　　市別

	現業員		生活保護担当面接相談員		現業員	面接相談
	専任職員数	非常勤職員数	専任職員数	非常勤職員数	非正規率	非正規率
全国	16,667	407	560	743	2.4	57.0
政令市	5,356	105	212	129	1.9	37.8
中核市	2,480	90	69	126	3.5	64.6
郡部	1,218	35	1	32	2.8	97.0
市部	7,613	177	278	456	2.3	62.1

出所：厚生労働省（2017）「平成 28 年福祉事務所人員体制調査」より筆者作成

たる保護の決定処分ではない要保護利用者の相談支援や申請書の交付・受理と
いう事実行為の一種と考えられてきたからである．

　このように相談支援業務は，公務の中心軸で行政の本来業務と解される行政
行為ではなく，中心軸から外れ周辺的業務である事実行為に位置づけられてき
た．そのことが公務員定数の削減のなかで，正規職員の職として何を残すのか
という選択に迫られた時，中心軸たる行政行為関連業務が残され，それに従事
する職員が正規公務員であるとされる一方，事実行為に該当する相談支援とい
う業務は非正規化されてきたのである．

5.2　メンバーシップ型雇用という観点から

　相談支援業務は，なぜこれまで自治体行政のなかで周辺に位置づけられてき
たのか．

　この問いに対するもう一つの回答は，日本型雇用システムの特徴であるメン
バーシップ型雇用の下では，長い業務経験を要し，相対的に職務限定となる専
門職は，正規としてではなく，非正規としてしか採用されてこなかったという
ものとなる．

　これまで広く流布してきた正規と非正規の区分要素とは，正規＝「常勤」＋
「無期雇用」＋「直接雇用」の三要件を満たすものという理解だった．これに
対し，濱口桂一郎は，これらに「職務無限定」を加えるべきと指摘する．なぜ
なら日本型雇用システムでは，ジョブ（職務）ではなく，その会社や組織に所

属するというメンバーシップが重視され，それゆえ「正社員」とは，雇用主との間で「職務の限定のない雇用契約」を締結し，職務に関わりなく，本人の同意も必要なく，職務無限定に，配転・異動を命じられる者をいうからである（濱口 2021：24-33）．すなわち正規とは，「常勤」＋「無期雇用」＋「直接雇用」＋「職務無限定」という要件をすべて満たす者であり，一方，これらの正規の諸要件の一つでも欠ければ，その者は非正規ということになる．つまり非正規とは，「非常勤」or「有期雇用」or「間接雇用」（派遣，請負，委託）or「職務限定」のいずれかに該当する者なのである．

　日本の公務員の人事制度も，メンバーシップ型の日本型雇用システムのもとにある．そして職務無限定のメンバーシップ型人事制度の下では，相談員のように専門化し，そのことにより職務が限定される者は非正規化する．そしてメンバーシップを許されていないことから，重要な仕事には従事させられない周辺的な存在であるという意味合いが付加される（濱口 2014：208-9）．

5.3　統制されるケースワーカー　「異動」の隠された意図

　第一線の，ストリートレベルの「官僚」である CW 等の専門職員を支配し，コントロールする手段として，自治体行政官僚が用いた手段が，異動と相談窓口職員の非正規化であったとも考えられる．

　この点について，戸田典樹は，北九州市の事例から，次のように指摘している．「保護利用者の権利保障に意欲をもち，仕事の継続を望んでいる職員に対して，本人の希望が尊重されることなく突然『異動』（配置転換）が行われることが頻繁に起こっていた．これはケースワーカーが保護利用者の生活実態をつぶさに観察し，問題改善を図ろうとしたときに制度批判，管理体制批判を行うことになることが大きな原因だった」（戸田 2021：53）．

　自治体幹部が CW を異動させる動機について，関智弘は，同じく北九州市の事例から次のように指摘している．「行政組織の内部では，自治体幹部が組織管理によってケースワーカーを官僚制的に統制している．自治体幹部とは福祉事務所とそこに勤務する現場職員を管理する本庁部門のことであり，具体的には財政課・人事課・保護課・監査課を指している．これらの課はそれぞれ所掌事務では異なるが，安定的な自治体運営を確保しようとする点で一致してい

る．したがって，自治体幹部は財政の硬直化を防ぐために義務的経費である生
活保護費の膨張を抑制し，濫給の防止をケースワーカーに徹底するだろう…」
（関 2014: 88）．

　問題改善を図ろうとする前に異動させ，自治体幹部によって統制される．こ
うして CW は，「ストリートレベルの官僚制が主張するような現場で広範な裁
量を行使する」ものではなく，「厚労省のルールに従い，首長の政策方針に翻
弄され，自治体幹部の命令に服し，地方議員の口利きと民生委員の斡旋に対応
する官僚制的かつ民主的な官僚像」へと収斂し，「官僚制組織の一員として忠
実に行動しているという意味で，組織人としてのケースワーカー」（関
2014: 94）となっていった[6]．

　メンバーシップ型雇用におけるジョブ・ローテーションの隠された意図とい
えよう．

6 相談支援のメインストリーム化にむけて何が必要か

　2020 年の改正社会福祉法は，地域住民の複雑化・複合化した支援ニーズに
対応する市町村の包括的な支援体制＝重層的相談支援の構築を義務付けた．こ
の核となるのが社会福祉士等のソーシャルワーカーである．婦人相談員も，
2020 年の困難な問題を抱える女性への支援に関する法律により女性相談支援
員へとその性質が変わる．だが組織と業務は拡大するが，人は非正規のままだ．

　畑本裕介は，「社会福祉行政の本旨ともいえる相談業務の重要性を鑑みると，
正規職として雇用を確保し相談業務の専門性や技術の取得と継承のルートをき
ちんと整備していく必要があるのは当然」（畑本 2021: 261）とする．

　では，どのような整備が必要なのか．

　現行公務員人事制度は，正規は異動前提・職務無限定のメンバーシップ型雇
用，非正規は職務限定のジョブ型雇用である．このような人事管理システムが
拡大してきた結果，公共サービスは経験の浅い素人の正規の管理職が，経験豊
富だが不安定雇用の非正規を使って提供される姿となっている．

　この立て直しには，非正規を正規化するにとどまらず，一つの職務のエキス
パートをも重視した職務限定・異動限定の専門職型公務員（ジョブ型正規雇用）

と，メンバーシップ型正規雇用が併存するデュアル人事システムに転換すること，ジョブ型正規雇用の処遇は，職務評価結果に基づく仕事の価値に応じたものにしていくことが望まれる．

　福祉行政のなかでメインストリーム化する相談支援をより発展させるためには，専門的かつ継続的に従事する職務限定・異動限定のジョブ型雇用の専門職公務員という新たな類型の正規公務員が必要となっているのである．

[付記]
　本稿は，科研費研究（22K20203）の助成を受けて実施した研究成果の一部である。

注
1) 内閣府の調査によると，15〜39歳の若年ひきこもり者は54.1万人（内閣府「若者の生活に関する調査報告書」2016年9月），40〜64歳の中高年者のひきこもり者は推計61.3万人（内閣府「生活状況に関する調査（平成30年度）」2019年3月）とそれぞれ推計され，日本の人口の1%にあたる100万人有余が，ひきこもり状態にあることが明らかになっている．「8050問題」とは，親が80代，子どもが引きこもりで50代になって生活困窮に直面する家庭を表現したもの．
2) 晩婚化に伴い，親の介護と子の育児に同時に直面する世帯を表現したもの．
3) 畑本裕介は，これを「相談支援業務の主流化」と表現する．なぜ「主流化」なのかについて畑本は，「社会福祉行政の機能は金銭・サービス支給決定事務を中心としていたが，現在は相談支援（ソーシャルワーク）業務へとその業務の比重を移しつつある」からだとする．ところがこの「相談支援業務の主流化」は福祉部局への相談業務専門職員の配置で成し遂げられるはずだったが，当該専門職が社会福祉行政のなかに正当に位置付けられなかった結果，挫折するとしている（畑本 2021: 260-1）．この見解に筆者も同意するところである．
4) 千葉県野田市で当時10歳の女児が虐待により死亡した事件の千葉県検証委員会報告書（2019年11月公表）は，県と野田市の児童相談に関する組織体制に次のような問題があったと指摘した．
　「本事例を担当した児童相談所もA市も（急増する児童虐待通告への対応に追われて四苦八苦し），人員増を含む体制強化が追いつかず，人材育成は後手に回り，個々の職員は基礎的な知識を得る間もなく日々の対応に追われ，原則的な対応すら守られない状況があった」「所長をはじめ上司が本事例を含めて必要な事例に目配りすることに困難さがあり，人員は足らず，経験は不足がち，所内での時宜にかなった検討も不十分で，得られた情報が生かされず，組織としての適切な判断がなされない状態が続いていた」（千葉県児童虐待死亡事例等検証委員会 2019: 58）．
5) 行政の行為形式を3つに分類する考え方もある．生活保護業務の流れに沿って分類

すると，相談は事実行為，申請・受理，調査・判定会議・決定・訪問・停止・廃止は法律行為，このうち決定（却下）・停止・廃止は住民の権利関係に変動を与えるので行政行為である．これらを担い手の範囲で当てはめると，事実行為は誰でもできるという考えなので，たとえば，住民票の受け取りはコンビニでもできるが，法律行為は後の行政行為に直結するので公務員である必要，行政行為は正規公務員である必要があるというのが一般的な解釈である．ここで問題となるのは相談の位置づけで，はたして誰でもできる事実行為と位置づけてよいのかということであろう．

6) 桜井啓太も次のように指摘する（桜井 2021, 38）．「自立や就労に固執する行政官僚の専制的なふるまいが，指標化と目標設定によって加速する（実際は官僚こそが数値に支配されている）．国の関与が強まるほどに現場／当事者の規律は強化される．地方自治体（福祉事務所）やそこで働くケースワーカー（ストリートレベルの官僚）の裁量の余地を奪い（自律性の喪失），意欲を減退させる」．

文　献

千葉県児童虐待死亡事例等検証委員会，2019，『児童虐待死亡事例検証報告書（第5次答申）』．
濱口桂一郎，2014，『日本の雇用と中高年』ちくま新書．
─────，2021，『ジョブ型雇用社会とは何か──正社員体制の矛盾と転機』岩波新書．
─────，2022，「公務員とジョブ型のねじれにねじれた関係」『試験と研修』64: 37–41．
畑本裕介，2021，『新版社会福祉行政──福祉事務所論から新たな行政機構論へ』法律文化社．
原田大樹，2022，「行政法学からみた相談支援」『法律時報』1172: 31–7．
原田尚彦，2011，『行政法要論全訂第七版補訂版』学陽書房．
今村都南雄，1978，『組織と行政』東京大学出版会．
自治省，1995，「平成6年地方公共団体定員管理調査結果」．
─────，1997，「地方自治・新時代における人材育成基本方針策定指針について」（行政局公務員部長通知，自治能第78号，1997年11月28日）．
上林陽治，2021，『非正規公務員のリアル』日本評論社．
厚生労働省，2017，「平成28年福祉事務所人員体制調査」．
─────，2018，「婦人保護事業の現況について」2018年7月30日（「第1回困難な問題を抱える女性への支援のあり方に関する検討会」資料6・1）．
─────，2020，「令和2年度全国児童福祉主管課長・児童相談所長会議資料」．
─────，2022，「自殺総合対策大綱〜誰も自殺に追い込まれることのない社会の実現を目指して〜」．
宮本太郎，2021，「地域共生社会への自治体ガバナンス」『月刊ガバナンス』235: 14–6．
西村幸満・藤間公太，2018，「管理職の意思決定過程」国立社会保障・人口問題研究所編『地域で担う生活支援』東京大学出版会，81–103．
桜井啓太，2021，「生活保護における自立支援と統治」『大原社会問題研究雑誌』(753): 31–47．

関智弘, 2014,「組織人としてのケースワーカー——ストリートレベルの官僚制の再検討」『行政研究叢書』49: 81-98.

総務省, 2020,「地方公務員の会計年度任用職員等の臨時・非常勤職員に関する調査結果」

————, 2021,「令和 2 年地方公共団体・定員管理調査」.

田中聡一郎, 2022,「コロナ禍と所得格差——日本の動向と国際比較」『自治総研』524: 35-46.

戸田典樹, 2021,『公的扶助と自立論——最低生活保障に取り組む現場実践から』明石書店.

全日本自治団体労働組合, 1994,「組織基本調査」.

abstract

Relationship between Consultation Support of Local Governments and Non-typical Public Workers —Progress, current situation, and problems—

KAMBAYASHI, Yoji
Rikkyo University

The Act to Partially Amend the Social Welfare Act for the Realization of a Community Symbiotic Society, which came into effect on April 1, 2021, aims to establish a comprehensive support system in municipalities that responds to the support needs of local residents for complex and intransigent difficulties, while utilizing existing consultation support and other initiatives, and to establish a mechanism for new projects and their financial support.

Laws requiring local governments to establish consultation desks and provide support to those who seek consultation in municipalities, which are basic municipalities close to residents, continued in the 1990s after the burst of the bubble economy, and since the beginning of the 2000s, these have increased to the point where it is no exaggeration to describe it as a "big bang."

However, from the 1990s to the present day, the number of civil servants has continued to decline amid the growing orientation toward "small government," and it has not been possible to secure staff who specialize in the required consultation and support services. Therefore, local governments have hired a large number of non-regular civil servants to provide consultation and support services.

In other words, the consultation and support services of local governments have developed with non-regular civil servants as the main bearers.

In today's situation, where consultation support is being comprehensive-

ly integrated and brought into the mainstream in local government opera-
tions, is it appropriate to continue with the system implemented by
non-regular civil servants, who are derided as government-made working
poor, and where there are distortions? Is there sustainability in such a
consultation support system, and if there are problems, how should these
be reviewed?

Keywords：professional, job rotation, generalist, caseworker, Japanese employment
　　　　　　system

| 特集論文Ⅱ |

生活保護と非正規・委託問題

桜井　啓太

　生活保護ケースワーカー（現業員）の人員不足はよく知られる一方で，福祉事務所の人員体制の詳細についてはほとんど実態が知られていない．自立支援プログラム以降（2005～），福祉事務所の「機能強化」「質の向上」という名目で数多くの非常勤職員・委託職員が配置されている．本稿ではこの福祉事務所の非正規化の進行を明らかにする．47都道府県の市部福祉事務所（1,021か所）の人員体制に関わる行政資料を分析し，全国で7,000人を超える非常勤職員等が配置されている実態が明らかになった．次にケースワーカー（正規職員）の充足率と非正規化率に基づいて，全国の福祉事務所を「ハイブリッド型／非正規代替型／人手不足型／正規中心型」の4類型化し，地域による傾向の差異を比較分析した．
　以上の分析から生活保護において重用される「自立支援」や「適正化」という理念が，政策展開する上で供給主体（福祉事務所）の非正規化を招き寄せる構造を考察し（自立支援・適正化と非正規化の共犯関係），最後に生活保護ケースワーク論として有名な「統合・分離論争」に触れ，論争が見逃していた分離と統合の交錯が引き起こす官の拡大という事態を見通すため「複合体論」を提唱する．

キーワード：生活保護，福祉事務所，ケースワーカー，非正規・非常勤職員，自立支援プログラム

1　問題の所在（ある自治体を例に）

　ある自治体の福祉事務所には地区担当員（生活保護ケースワーカー）43名，面接相談員4名，査察指導員13名のあわせて60名が正規の常勤職員として配置されている（管理職を除く）．その上でこの福祉事務所の非正規・非常勤職員の状況を見てみよう．

さくらい けいた｜立命館大学産業社会学部・准教授｜sakuraik @ fc.ritsumei.ac.jp

　任期付短時間勤務職員の生活保護ケースワーカーが 20 名，再任用短時間勤務職員の生活保護ケースワーカーが 1 名，会計年度任用職員の生活保護ケースワーカーが 1 名，臨時職員の生活保護ケースワーカーが 1 名．会計年度任用職員の就労支援員が 5 名，会計年度任用職員の健康管理支援員が 2 名，会計年度任用職員の介護支援専門員が 2 名，会計年度任用職員の介護事務が 1 名．会計年度任用職員の年金等調査員が 3 名，会計年度任用職員の年金等調査事務が 1 名，会計年度任用職員のレセプト点検員が 2 名，会計年度任用職員のレセプト点検事務員が 6 名．さらに，会計年度任用職員の行政対象暴力対策員が 3 名，会計年度任用職員の面接相談員が 3 名，再任用短時間勤務職員の面接相談員が 1 名，会計年度任用職員の受付調査等事務員が 5 名，嘱託職員の嘱託医が 3 名，会計年度任用職員の生活援護資金貸付業務員が 2 名，会計年度任用職員の適正化推進員（債権管理）が 2 名，会計年度任用職員の生活保護関係事務員が 18 名，会計年度任用職員の生活保護関係事務員（第三者行為求償事務）が 1 名．ここまでの非正規・非常勤職員の合計は 83 名．単純な人数比で職員全体の 6 割が非正規・非常勤となっている．

　これがこの福祉事務所の職員構成となる（2020 年 4 月時点）[1]．この自治体の生活保護世帯数は約 7,500 世帯であり，標準数（都市部 80 世帯に 1CW）は 94 名．実配置の現業員は 47 名（面接相談員 4＋地区担当員 43：正規職員のみ）であるから基準の半分しか満たしておらず，1 ケースワーカーあたり 160 世帯を担当している換算になる（実際には非正規ケースワーカーが保護世帯の多くを担当しているが，国は常勤以外の現業員を換算対象と認めていないためケースワーカー充足率（以下，充足率）は 50％となる）．

　上の事例は大阪府豊中市の福祉事務所状況である．地域福祉の先進地域として有名な豊中市であるが，生活保護行政においては全国的にも稀に見るほどにケースワーカーの体制整備が脆弱であり，非正規・非常勤職員化が進行している．その種別の多さと雇用形態の多様さは目を見張るものがある（ケースワーカーだけでも常勤職員／任期付短時間勤務職員／再任用短時間勤務職員／会計年度任用職員／臨時職員の 5 種類の雇用形態がある）．この例を見る限り福祉事務所の非正規化というのはすでに十分に進んでいる．京極髙宣は 2006 年の著作のなかで，福祉事務所は「ケースワーカーの溜まり場」と揶揄したが（京極

2006：27），その後の「生活保護改革」の結果もあって，いまでは福祉事務所は人材派遣会社の委託職員や警察官 OB らも加えた「非正規・委託職員の溜まり場」と呼べる状況にある．

　本稿では生活保護の実施機関（福祉事務所）における①非正規化実態の把握と②非正規化の進行状況に基づく自治体の類型化を目的とし，供給主体の変化とその意味について過去のケースワーク論も絡めながら考察を行う．

2　研究方法

2.1　既存統計の問題点

　福祉事務所の非正規・非常勤（以下，非正規）や委託の状況を調べるのは簡単ではない．福祉事務所の人員体制は厚生労働省社会・援護局による「福祉事務所人員体制調査（前：福祉事務所現況調査）」があるが，①調査周期が定まっておらずきまぐれにしか実施されない [2]．②対象は福祉事務所長，現業員，面接相談員のみ（いずれも常勤職員）で非常勤職員は除外されている．③公表されている集計表は都道府県–政令市–中核市別のみであり特別区や一般市は把握できないという難点がある．

　他の公的統計として総務省が実施する「地方公共団体定員管理調査」がある．職種別職員数（第4表）の中で「生保担当ケースワーカー」があり，一般市単位での人数把握が可能であるがケースワーカー以外の非常勤職員（就労支援相談員など）は把握できない．そのためこれらの公的統計では「1.」で挙げた多様な非常勤職員が働く福祉事務所の実態のほとんどがあらわれてこない．

2.2　使用するデータ

　以上のとおり公表統計から福祉事務所の非正規化の実態を把握することはできない．しかし当然ながら各自治体は設置下の福祉事務所の人員体制を把握している．また厚生労働省は福祉事務所単位での人員体制の詳細が記された資料提出を毎年都道府県・政令市に集約させて提出を求めている（「生活保護法施行事務監査に基づく監査資料」（以下，監査資料）[3]）．

　同資料の「5.　本庁・実施機関の実施体制」の「(2)ア　査察指導員，現業員

等の配置状況」「(2)ウ　非常勤職員等の配置状況」は，実施機関（福祉事務所）
単位での標準数，正規職員の人員配置状況に加えて，非常勤職員について名
称・業務形態別にすべての職員を掲載する形式となっている（冒頭の豊中市の
人員体制状況はすべて監査資料から作成したものである）[4]．筆者は 47 都道府県・
20 政令市が作成した同資料の令和 2（2020）年度版を情報公開請求により入
手した[5]．

　本データで扱う福祉事務所の総数は 1021 実施機関となる（政令市・中核市・
一般市・特別区をすべて含む．支所を設置している場合は別カウントとしている）．
なお，町村設置の福祉事務所と都道府県設置の郡部事務所はケースワーカー（以
下，CW）の標準数の違い（市部 80 世帯，郡部 60 世帯）があることから本分析
データからは除外している．

2.3　分析枠組み

　収集した監査資料をもとに以下の指標を再集計した．①標準数（実施機関に
配置すべき現業員数の目安を指す[6]．管内保護世帯数を 1CW=80 世帯（市部基準）
換算で除して算出する）．②面接相談員数（正規・常勤職員のみ）．③地区担当員
数（正規・常勤ケースワーカーのみ）．④現業員数（②＋③）．⑤非常勤職員等（非
常勤職員，業務委託，派遣等を含む）の人員数（非常勤の面接相談員は⑤に含まれる）．

　上記の①〜⑤をもとに「⑥現業員充足率：（④÷①）」，「⑦非正規化率：⑤非
常勤職員等÷①標準数」として整理する．⑥現業員充足率 1.0 で 1CW あたり
80 世帯を担当し，0.8 であれば平均して 100 世帯を担当している形となる[7]．
⑦非正規化率の分母は福祉事務所の人員規模の適正数をとるために非正規職員
を含めた実配置数（④）ではなく標準数（①）とした（現行運用ではあくまで正
規ケースワーカーのみを充足率・配置基準の換算対象としているため）．数値はすべ
て 2020 年 4 月 1 日時点である．

3　分析

3.1　正規・常勤ケースワーカー数，非正規職員の状況

○現業員（正規ケースワーカー／面接相談員）の状況

　全国の市部福祉事務所では正規ケースワーカー（④現業員数：②面接相談員数＋③地区担当員数）が 17,483 人配置されている．①標準数 19,139 人に対して 1656 人不足している計算となる．なお，福祉事務所の規模（①標準数）のばらつきは非常に大きい（標準偏差 24.45）．社会福祉法上の市部福祉事務所の最小単位である標準数 3（管内被保護世帯数が 320 未満）が全国に 295 福祉事務所（全体の 28.9％）ある一方で，標準数 100 以上の大福祉事務所は 16 か所ある．なお，前者（295 福祉事務所）の標準数をすべて合わせても（合計 885 人），後者（16 福祉事務所）の標準数の合計（2,003 人）の半分以下である．

表 1　基本統計量

全国	N	最小値	最大値	合計	平均	中央値	標準偏差
①標準数	1,021	3	286	19,139	18.75	8.00	24.45
②面接相談員数	1,021	0	18	798	0.78	0.00	1.55
③地区担当員数	1,021	0	154	16,685	16.34	8.00	18.93
④現業員数	1,021	1	172	17,483	17.12	9.00	19.86
⑤非常勤職員等数	1,021	0	101	7,289	7.14	4.00	9.64
⑥現業員充足率	1,021	0.33	3.33	1,070.99	1.05	1.00	0.29
⑦非正規化率	1,021	0.00	8.17	499.44	0.49	0.39	0.42

大・中規模福祉事務所（標準数 10 以上）

全国	N	最小値	最大値	合計	平均	中央値	標準偏差
①標準数	467	10	286	16,676	35.71	28.00	27.80
②面接相談員数	467	0	18	687	1.47	1.00	1.95
③地区担当員数	467	6	154	13,960	29.89	23.00	20.96
④現業員数	467	6	172	14,647	31.36	24.00	21.95
⑤非常勤職員等数	467	0	101	5,908	12.65	10.00	11.77
⑥現業員充足率	467	0.42	1.77	430.36	0.92	0.94	0.15
⑦非正規化率	467	0.00	2.17	179.99	0.39	0.36	0.24

出所：令和 2 年度監査資料を基に筆者作成

傾向として小規模福祉事務所では，⑥現業員充足率が標準数を満たす 1.00 を上回ることが多いが，大・中規模福祉事務所では下回ることが多い．よく知られる「ケースワーカーの不足」というのは，大・中規模福祉事務所を有する都市部中心の問題であり，かつ地域差・自治体間格差が大きい（たとえば相対的に人員充足している首都圏に比べて，関西圏の状況は劣悪である）．また，国の資料でも指摘されているとおり，近年（少なくとも 2011-2020 年の間では）この充足率は全国的に若干の改善傾向にある[8]．

○非正規・非常勤職員の状況

⑤非常勤職員等数は全国で 7,289 人であることが明らかになった（この数字は従来の統計や公開資料の範囲では公表されていない）．これは正規ケースワーカー数（④）の 4 割強にあたり，1 福祉事務所あたり平均 7.14，中央値 4.00 の非常勤職員が配置されている．標準数に応じた福祉事務所の⑦非正規化率は平均 0.49，中央値 0.39．これは標準数（①）の少ない小規模福祉事務所が底上げしており，大・中規模福祉事務所に限定すると平均 0.39，中央値 0.36 となる．

生活保護の公務現場で働く非常勤職員はすでに相当数にのぼっており，多くの非正規・非常勤職員が福祉事務所に配置されていることがわかる．いわゆる社会福祉法に規定する「福祉事務所の長，査察指導員，現業員，事務所員」という区分のみではこの状況のほんの一部しか捉えられない．

3.2　正規職員×非正規職員

正規職員の人員配置状況として「⑥現業員充足率」を，福祉事務所の非正規化状況として「⑦非正規化率」を用いる．両指標を二軸にしたものが図 1 となる．目安として⑥現業員充足率 90％（x＝0.90），⑦非正規化率 35％（y＝0.35）に補助線をしている．この補助線によって以下の 4 類型に分類する．

Ⅰ型　ハイブリッド型（第一象限）：正規職員充足＋非正規職員多

Ⅱ型　非正規代替型（第二象限）：正規職員不足＋非正規職員多

Ⅲ型　人手不足型（第三象限）：正規職員不足＋非正規職員少

IV型　正規中心型（第四象限）：正規職員充足＋非正規職員少

「Ⅰハイブリッド型」は正規職員が比較的充足しており（充足率90％以上），なおかつ非正規職員も多い（非正規化率35％以上）福祉事務所である．現業員充足率90％を充足と表現すべきかどうかは判断が分かれるが，現時点の全国傾向からの相対的な評価として暫定的に設定している．「Ⅱ非正規代替型」は正規職員が不足しており（充足率90％未満），しかし非正規職員は多い福祉事務所である．これは非正規職員を配備することで正規職員の不足を補って（代替して）いる可能性を示唆する．「Ⅲ人手不足型」は正規職員が不足しており，かつ非正規職員も少ない（非正規化率35％未満）人手不足の福祉事務所である．「Ⅳ正規中心型」は正規職員が充足しており，非正規職員が少ないという正規職員中心型の福祉事務所である．Ⅰ・Ⅱ型のように非正規職員に業務を分担せず正規職員が中心となって福祉事務所の運営を担っていると想定される．

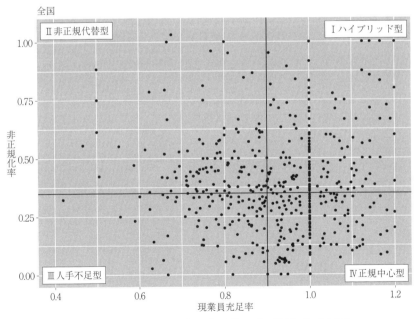

図1　福祉事務所の現業員充足率 × 非正規化率（全国）

出所：筆者作成

表 2　福祉事務所の 4 類型化（都道府県別）

	実施機関数				都道府県内割合			
	Iハイブリッド型	II非正規代替型	III人手不足型	IV正規中心型	I型	II型	III型	IV型
北海道	3	2	6	33	6.8%	4.5%	13.6%	75.0%
青森県	2	0	2	6	20.0%	0.0%	20.0%	60.0%
岩手県	7	1	2	4	50.0%	7.1%	14.3%	28.6%
宮城県	11	2	0	5	61.1%	11.1%	0.0%	27.8%
秋田県	7	0	2	4	53.8%	0.0%	15.4%	30.8%
山形県	2	2	1	8	15.4%	15.4%	7.7%	61.5%
福島県	3	0	4	12	15.8%	0.0%	21.1%	63.2%
茨城県	14	2	2	14	43.8%	6.3%	6.3%	43.8%
栃木県	2	2	0	10	14.3%	14.3%	0.0%	71.4%
群馬県	9	0	1	2	75.0%	0.0%	8.3%	16.7%
埼玉県	27	4	2	16	55.1%	8.2%	4.1%	32.7%
千葉県	14	2	3	23	33.3%	4.8%	7.1%	54.8%
東京都	31	17	5	20	42.5%	23.3%	6.8%	27.4%
神奈川県	30	7	3	6	65.2%	15.2%	6.5%	13.0%
新潟県	19	1	0	7	70.4%	3.7%	0.0%	25.9%
富山県	1	0	3	6	10.0%	0.0%	30.0%	60.0%
石川県	3	1	2	5	27.3%	9.1%	18.2%	45.5%
福井県	4	3	1	1	44.4%	33.3%	11.1%	11.1%
山梨県	6	1	1	5	46.2%	7.7%	7.7%	38.5%
長野県	7	1	3	8	36.8%	5.3%	15.8%	42.1%
岐阜県	7	3	7	4	33.3%	14.3%	33.3%	19.0%
静岡県	16	1	7	7	51.6%	3.2%	22.6%	22.6%
愛知県	19	23	3	14	32.2%	39.0%	5.1%	23.7%
三重県	5	0	3	6	35.7%	0.0%	21.4%	42.9%
滋賀県	9	2	0	2	69.2%	15.4%	0.0%	15.4%
京都府	11	0	1	16	39.3%	0.0%	3.6%	57.1%
大阪府	15	27	20	2	23.4%	42.2%	31.3%	3.1%
兵庫県	17	8	9	5	43.6%	20.5%	23.1%	12.8%
奈良県	3	1	2	6	25.0%	8.3%	16.7%	50.0%
和歌山県	3	0	1	5	33.3%	0.0%	11.1%	55.6%
鳥取県	4	0	0	0	100.0%	0.0%	0.0%	0.0%
島根県	8	0	0	0	100.0%	0.0%	0.0%	0.0%
岡山県	10	2	2	9	43.5%	8.7%	8.7%	39.1%
広島県	7	0	3	11	33.3%	0.0%	14.3%	52.4%
山口県	3	1	0	9	23.1%	7.7%	0.0%	69.2%
徳島県	6	0	1	1	75.0%	0.0%	12.5%	12.5%
香川県	5	2	0	1	62.5%	25.0%	0.0%	12.5%
愛媛県	4	0	0	7	36.4%	0.0%	0.0%	63.6%
高知県	7	1	1	2	63.6%	9.1%	9.1%	18.2%
福岡県	19	6	5	11	46.3%	14.6%	12.2%	26.8%
佐賀県	2	1	1	6	20.0%	10.0%	10.0%	60.0%
長崎県	12	0	1	0	92.3%	0.0%	7.7%	0.0%
熊本県	10	0	5	3	55.6%	0.0%	27.8%	16.7%
大分県	6	1	3	4	42.9%	7.1%	21.4%	28.6%
宮崎県	4	0	2	3	44.4%	0.0%	22.2%	33.3%
鹿児島県	13	2	1	4	65.0%	10.0%	5.0%	20.0%
沖縄県	3	8	0	0	27.3%	72.7%	0.0%	0.0%
合計	430	137	121	333	42.1%	13.4%	11.9%	32.6%

出所：令和 2 年度監査資料を基に筆者作成

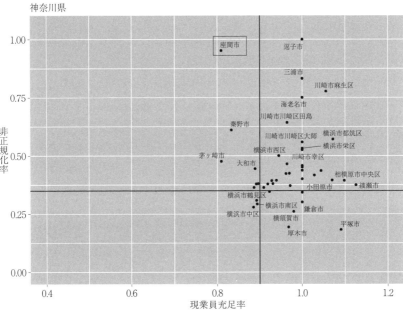

神奈川県

非正規化率

現業員充足率

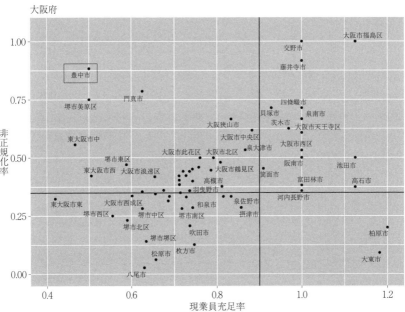

大阪府

非正規化率

現業員充足率

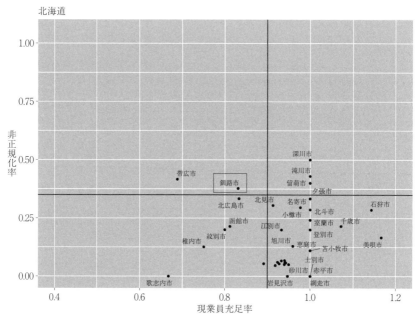

図2　福祉事務所の現業員充足率 × 非正規化率（神奈川県・大阪府・北海道）

出所：筆者作成

　全国の 1,021 福祉事務所のうち I 型 430（139）か所，II 型 137（102）か所，III 型 121（79）か所，IV 型 333（147）か所となる（カッコ内は標準数 10 以上の大・中規模福祉事務所 467 か所の場合）．次にこの類型を都道府県単位に分類した（表2）．自治体の施策や人員体制は地域性（地域による傾向の偏り）が存在する（①生活保護率やその他地域の経済指標（世帯所得など）が類似しやすい．②政策を近隣地域から参考にすることが多く政策移転が起きやすいなどの要因が考えられる）．

　地域ごとに大きな傾向があることがわかる．実施機関数が比較的多く，それぞれの類型のなかで特徴的な地域として「I ハイブリッド型」神奈川県，「II 非正規代替型＋III 人手不足型」大阪府，「IV 正規中心型」北海道をそれぞれ図示した（図2）．

　神奈川県や東京都の状況を見る限り，福祉事務所の非正規化の進行というの

は正規職員（現業員）の縮減を必ずしも意味しない．これらの地域ではケースワーカーの充足率を維持した上で上乗せとして多様な職種の非常勤職員が参入している自治体が多いといえる．一方，北海道のように相対的に充実した現業員（正規職員）を配置し，非常勤職員に依存しない自治体も存在する．おそらくこれは求めるケースワーカー像やケースワーク業務の実態にも影響を及ぼす．

　非正規化の進行は，現業員の充足状況の大小によって意味合いが大きく異なる．東京都や神奈川県で福祉事務所における非常勤職員の役割や機能，その是非について語ることと，大阪府で非常勤職員について語ることはおそらく同じではない．正規職員が充足している前者の地域にとってそれは「加配」や「機能強化」を意味するが，正規職員が常態的に不足する後者の地域にとっては正規→非正規の「代替」や業務の「すり替え」を意味する．

　興味深い点として自立支援プログラムの先進地域として有名な諸自治体の各地域における相対的位置づけがある．自立支援プログラム先進自治体として筆頭にあがる釧路市は，正規中心型の北海道地域においては帯広市とともに例外的に「Ⅱ非正規代替型」に位置する．また，同じく就労支援や雇用部局との連携が有名な豊中市は大阪府下のなかでもっとも顕著に「Ⅱ型」を体現する位置にある．近年，生活保護・生活困窮政策で有名な座間市も現業員充足率が高い神奈川県下（ハイブリッド型）のなかではもっとも充足率が低く，しかし非正規化率はもっとも高いというⅡ型の自治体である．例外として川崎市が挙げられる（現業員充足率も高い「ハイブリッド型」に位置する）．

4　考察

4.1　ケースワーク／ケースワーカーに求める像

　「Ⅰハイブリッド型」と「Ⅳ正規中心型」はともに現業員（正規ケースワーカー）の人員体制が整備されており，両者を分けるのは非常勤職員の多寡である．しかしそれはケースワークやケースワーカーに求める像にもかかわる．Ⅰ型は多種多様な非常勤職員が配置され業務の分業化がなされる（就労支援は就労支援相談員，不正受給対策は警察官 OB，退院支援は退院支援員，年金調査は年金管理支援員，扶養調査は扶養照会担当アルバイト，金銭管理や子どもの支援はそれぞれ専

門の支援員へ）．このなかでケースワーカーには対人援助技術というよりはコーディネーター的な役割が求められる（「つなぐ」役割）．

　一方で，非常勤職員に頼らない現業員中心の福祉事務所運営の場合，ケースワーカーには対人援助も含めたオールラウンダー的な役割が求められる．Ⅳ型はこれを非常勤職員ではなく，標準数をなるべく遵守することで果たそうとする．自立支援プログラム以降（2005 年〜）の国の施策方針は前者の立場で進められているが，必ずしも全国の福祉事務所が方針通りに選択しているわけではないことがわかる．なお，Ⅰ型とⅣ型の福祉事務所運営のあり方についてどちらが望ましいかを示唆することは本稿の主眼ではない．それを行うには本稿で提示した類型化を意識したうえでそれぞれの実施機関における実態を踏まえた深い質的な分析が必要となる．

4.2　自立支援・適正化と非正規化の共犯関係

　先行研究でも指摘が乏しいが，生活保護における「自立支援」や「適正化」の推進や充実は「福祉事務所の非正規化」を進行させる．「専門性の向上」や「支援の質の向上」という言葉で語られていても，そこで想定されるのは非常勤職員の雇用や外部委託である．生活保護の自立支援政策の転換点となった厚生労働省通知「平成 17 年度における自立支援プログラムの基本方針について」（2005 年 3 月 31 日　社援発第 0331003 号　厚生労働省社会・援護局長通知）に以下の記載がある．

　第 2-2-(3)　個別支援プログラムの整備方法
　　（前略）他の実施機関における取組事例等を積極的に参考とするほか，専門的知識を有する者の非常勤職員や嘱託職員等としての雇用，地域の適切な社会資源（民生委員，社会福祉協議会，社会福祉法人，民間事業者等）への外部委託（アウトソーシング）等により，実施体制の充実を積極的に図るとともに，セーフティネット支援対策等事業費補助金や生業扶助を積極的に活用する．

　通知によれば生活保護自立支援プログラムとは非常勤職員の雇用や外部委託によってなされる．そのため生活保護において「自立支援」を重視して政策展

開を目指す行為は，福祉事務所の非正規化を高めることを招き寄せる．これは
「生活保護の適正化」においても同様のことがいえる．たとえば適正化施策と
して有名な政策に警察官 OB の配置がある．この施策に積極的な大阪市は年間
1 億円以上の予算を投じて，全区に 68 名（2020 年度）の警察官 OB を配置し
ており，それらはすべて会計年度任用職員である（一方，大阪市全域で 420 人
以上のケースワーカーが不足している）．「自立支援」と「適正化」はしばしば対
立する理念として捉えられているが，政策展開の場においては「自立支援」も
「適正化」もともに福祉事務所の非正規化を推進する．

　自立支援プログラムの先進自治体の実践はしばしばその理念や支援実践とし
ての先駆性が高く評価されているものの（正木 2014），それを担う専門支援員
の雇用形態や福祉事務所のケースワーカーの人員整備は見落とされがちである．
たしかに「ケースワーカーの標準数を適正に充たしています」というのは本に
もニュースにもならないが，「他に例のない独自の支援員や支援制度を創設し
ました」というのであれば注目もされよう．

　しかし先進自治体（豊中市・釧路市など）の多くが「Ⅱ非正規代替型」に位
置する事実は看過されるべきでない．自立支援の理念を体現しているとされる
自治体が，実は非正規化が進行し，なおかつケースワーカーの充足率が低い．
その理由が，積極的なプログラムの予算確保によって現業員の体制整備に回せ
ないのか，従来の人員不足下での試行錯誤の結果だったのか（その苦肉の策が
たまたま世間に受けたのか），または他の理由か．それら雇用体制や人員体制に
も目を向けた包括的な議論と分析が必要であろう．

　更に検討すべきは非正規化の推進と正規職員の不足状況が交錯する「Ⅱ 非
正規代替型」の実態であろう．仮に「Ⅰ ハイブリッド型」が自立支援や機能強
化に資するものであったとしても[9]，「Ⅱ型」は現業員の不足は改善されずに
非正規化が展開している事態でありこれは質の向上以前の問題である．

　2019 年 12 月に閣議決定「令和元年の地方からの提案等に関する対応方針」
のなかで「生活保護におけるケースワーク業務の外部委託化」が提案されたが，
これは遡れば 2017 年「生活保護制度に関する国と地方の協議」における大阪
府提案がある[10]．大阪府提案は「現業員の配置基準緩和」として，常勤職員
のみを換算対象とする現行の仕組みを改めて非常勤職員や外部委託で代用可と

するものであった（現行ではケースワーク業務そのものを外部委託することは認められていない）．現業員の正規職規制を緩和することで一層の非正規化を進めるというこのような提案が「Ⅱ非正規代替型」の特徴が色濃い大阪府から出されているということの意味は大きい．

4.3　複合体という視点

　生活保護ケースワークに関する著名な論争として「統合（一体）・分離論争」がある．戦後の「岸・仲村論争」を一部引き継ぐ形で 2000 年代に行われたこの論争は，金銭給付（≒最低生活保障）とケースワーク（≒自立助長）の担い手（または部門）を分離することを提案した清水浩一に対して（清水 2003, 2004），金銭給付とケースワークが一体的に実施されることで真の最低生活保障（自立）が実現するとした吉永純（吉永 2004）らの主張が対立する形で展開された．清水はのちに当時の論争を振り返り，運動や学問上では統合論が優勢であったが自立支援プログラム以降の現実の福祉事務所の状況は分離論が一部実現したと肯定的な評価をしている（清水 2019）．

　たしかに専門分化した多様な非常勤職員の存在は，ケースワーカーがそれ以前に担っていた業務の分離であり，それ単体でみればケースワーカーの裁量の幅は少なくなったようにも見える（図 3 左）．

　しかしこれをもって分離がなされたという判断は早計であろう．自立支援プ

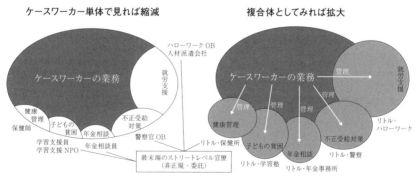

図 3　ケースワークの複合体論

出所：筆者作成

ログラムとともに福祉事務所の支援メニューは増大し，不正受給のバッシング報道のたびに適正化目的の業務は増えている．これらを代替する新しいプログラムや専門員の存在は単にケースワーカーの仕事を代替する以上の役割を持つ．厚労省自身が「質の向上」というように，そして「Ｉハイブリッド型」としてあらわれているように，それは福祉事務所の「機能強化」である．

　自立支援プログラム以降に導入された専門支援員の業務の多くの機能は，すでに社会制度のなかに存在している．就労支援員はハローワークや民間の職業紹介事業の代替であるし，警察官 OB は警察機能を限定的に福祉事務所に組み込む．年金相談や健康管理は年金事務所や保健所の代わりである（実際に福祉事務所のプログラムの多くが，元の○○ OB・OG（ハローワーク，警察官，年金事務所の元職員など）によって担われている）．自立支援プログラムとは，既存の社会制度にすでに在るものを，福祉事務所のなかにリトル・○○として実装して生活保護受給者だけをターゲットにするといった政策群といえる．すでに同種の機能が社会の中にあるにもかかわらず，生活保護者だけを対象にした独自世界を築き上げる．だからそこで起きているのは縮減ではなくむしろ官の拡大化のロジックといえよう（図 3 右）．仮にそれらの担い手がケースワーカー外の存在（専門機関もどきのリトル・○○）であったとして，それが非正規・非常勤職員や委託であったとしても，それをマネジメント（管理）するのがケースワーカーや福祉事務所である以上，その担い手は最末端のストリートレベル官僚に他ならない．

　福祉事務所のなかにそのようなリトル・○○を増やすことは，利便性の向上や福祉事務所の機能強化につながる一方で，生活保護受給世帯を特定の集団と強く意味付けし，特別の支援という名の管理を強める側面ももちあわせる．その時の尖兵を非常勤職員や委託先に担わせる仕組みであり，非正規化をさらに展開させて委託化に至った現状を桜井は「産福複合体（貧困-産業複合体）」と呼んでいる（桜井 2021）．後退しているかにみえる（公的）責任は，実際には転嫁され変質するなかで肥大するのであってこれが同時に起きているから厄介なのである．分離と統合が絡み合って統治が進むのであってこの視点がケースワーカー論に留まった統合・分離論には欠けている．ゆえに「統合か分離か」ではなく，「複合体による統治の拡大」（複合体論）として現状を捉え直さなけ

ればならない．

4.4　むすびに代えて

　アクティベーション，支援国家，条件整備国家といった従来の給付保障中心の福祉国家から転換して労働への包摂を政策レベルで進めようとする潮流は，正規公務員を雇わないという日本の文脈（前田 2014）では，支援現場に非正規職員を増やして民間委託を増やすという経路で発露せざるをえない．労働への包摂を謳った政策群が，支援現場では一層の非正規化を推し進めるという逆説——自立支援の担い手（供給主体）の労働条件や雇用形態については従来の研究でも見落とされていたようにみえる——．生活保護行政に限らず福祉行政全般において「相談支援の主流化」（畑本 2021）が進展していくなか，その供給主体（担い手）が非正規化・委託化へ回収されるという事態について今後問われる必要があるだろう．

　　［付記］
　本研究は，JSPS 科研費 JP19K13979（若手研究），JP22K02081（基盤研究(C)）による研究成果の一部である．

注

1) 生活保護法関係の職員のみであり，福祉五法担当や六法以外の事務を所管する職員は含めていない．
2) 直近実施は 2016 年．それ以前は 2004 年・2009 年に実施している．直近の 2016 年調査はある新聞記者（読売新聞　原昌平記者）によってこの調査が長年行われていない点を指摘した記事が書かれた 3 か月後に突然実施された．実は福祉事務所現況調査は調査の時期を「毎年 10 月 1 日現在の状況」と定めている（福祉事務所現況調査の「調査の概要」に記載）．しかし実際には毎年どころか散発的にしか実施されていない．原が毎年実施されない理由を社会・援護局総務課に尋ねたところ，「基本情報として必要と思っているが，自治体の事務負担もあるので……．実施については検討する」とあいまいな答えが返ってきたという．記事内で原も指摘しているとおり，厚生労働省は調査に必要なすべての項目を他の報告資料で自治体に毎年提出させているためこの理由は正当性をもたない（原 2016）．公表が必要な統計法に基づく一般統計調査としては実施せず，内部資料として収集するのみである．
3)「厚生労働省による都道府県・指定都市に対する生活保護法施行事務監査にかかる資料の提出について（平成 12 年 10 月 25 日社援監第 18 号厚生省社会・援護局監査

指導課長通知)」.

4) 本稿での「非常勤職員」の業務内容は多岐にわたる. 非常勤の生活保護ケースワーカー, 面接相談員のほかに就労支援相談員, 年金調査員, 警察官 OB, 退院促進コーディネーター, 債務管理支援員, 医療レセプト点検員など (これらの名称も自治体によって異同がある). 本来であれば業務内容ごとに分類しての分析が理想であるが本稿の範囲を超えるため, ここではすべてひっくるめて正規職員以外の非常勤職員として, 非正規化の基礎データと視座の共有に留めている.

5) 本稿と同様の調査方法 (監査資料の情報公開請求による実態把握) で行われた調査報道について朝日新聞 (2020) がある. これは政令市・特別区・県庁所在地・中核市の全国 107 市区を対象にケースワーカー配置標準を調査したものである. 記事の中では 107 市区のうち 71％ にあたる 77 市区が標準数を下回っており, 全国で 4,500 人の不足が確認された. 同時に非常勤・嘱託職員が戸籍確認や, 年金・資産調査, 就労支援などの補助業務を担っており, 八王子市, 名古屋市, 大阪市, 那覇市など 20 以上の自治体では高齢者世帯の訪問・支援業務 (ケースワーク業務) を非常勤職員が担っている点が明らかにされた.

6) 社会福祉法第 16 条 2 項では「市の設置する事務所にあつては, 被保護世帯の数が二百四十以下であるときは, 三とし, 被保護世帯数が八十を増すごとに, これに一を加えた数」とあり, 最低でも 3 人以上の現業員の配置が目安となっている. しかし監査資料には標準数 1 や 2 の実施機関が出てくる (合計 165 か所 (2020 年 4 月 1 日時点), 標準数 1 が 60 か所, 2 が 105 か所). この監査資料はエクセル形式で保管されており, ⑤現業員の標準数は実施機関や都道府県・政令市本庁が管内被保護世帯数を入れると厚生労働省保護課が作成したエクセル関数で自動計算される. このエクセル関数は最低数を避ける形で組まれており, たとえば管内保護世帯数 200 と入れると標準数が「2」と出力される. 理由について保護課自立推進・指導監査室に確認したところ (2022 年 11 月 1 日), 社会福祉法上は「3 以上」が正しいが, 監査的観点から実態に合わせて最低数を設定しないようにしている (管内世帯数 240 未満の実施機関においては標準数が 1, 2 になるようにしている) との回答があった. これは法を根拠にした適切な方法とはいえず, 正規職員の配置数を過小評価するため, 本分析においては標準数が 1・2 と変換された市部福祉事務所 (165 か所) はすべて社会福祉法上の最低数「3」におきかえている.

7) 生活保護ケースワーカー／現業員の業務の過重負担と担当世帯数についての先行研究は多い. 一例として森川ほか (2006) など.

8) 第 14 回社会保障審議会「生活困窮者自立支援及び生活保護部会」(2022 年 6 月 3 日：厚生労働省作成) の資料 5「生活保護制度の現状について」の「生活保護ケースワーカー数等の状況」(47 頁) によると「生活保護の実務を担うケースワーカーについては, 平成 21 年から約 5 千人増, また, 1 人当たり担当世帯数は減少」と言及されており, 人員不足の改善傾向が強調されている. 改善傾向は事実であるが, しかしこれは平成 21 年起点であるところがポイントであり, リーマンショック後の被保護世帯数増加のなかでもっとも現業員充足率が落ち込んでいた時期である. なお, 審議会資料と同じ時期に出された民間シンクタンクによる報告書ではまったく逆の記載 (都市部におけるケースワーカー不足が課題) が見られる.

　近年，ケースワーカーの充足率の低下が顕著となっていることが注目される．（中略）高度経済成長期から平成景気にかけては，被保護世帯数も低くとどまっていたことから，生活保護に関連する業務を担う現業員の充足率も高く100％を超えていた．しかし，被保護世帯の増加が進んだ2000年代後半からは充足率が100％を割り，ここ10年は90％前半で推移している．

　さらに市部と郡部とに分けてみると，特に市部での充足率が低く，直近10年間は80％台の充足率が続いている．このことから，都市部におけるケースワーカーの不足が顕著であり，課題となっている（PwCコンサルティング合同会社 2022: 3, 付 -34）．

9) 本稿では論じていないが，福祉事務所の機能強化自体や自立支援というアイデアそのものの是非については議論が必要である．政策的な自立支援の展開に関する研究として桜井（2017）参照．

10) 生活保護ケースワーク業務の外部委託化提案の経緯については桜井（2020）参照．

文　献

朝日新聞, 2020,「ケースワーカー配置標準, 7割満たさず――主要107市区」朝日新聞デジタル（2020年12月18日）.

原昌平, 2016,「原記者の『医療・福祉のツボ』: 貧困と生活保護（35）――ケースワーカーの数と質が足りない」（2016年7月22日），（2022年10月24日取得，https://yomidr.yomiuri.co.jp/article/20160721-OYTET50024/?catname＝column_hara-shohei）.

畑本裕介, 2021,『新版 社会福祉行政――福祉事務所論から新たな行政機構論へ』法律文化社.

京極髙宣, 2006,『生活保護改革の視点――三位一体と生活保護制度の見直し』全国社会福協議会.

前田健太郎, 2014,『市民を雇わない国家――日本が公務員の少ない国へと至った道』東京大学出版会.

正木浩司, 2014,「釧路市の生活保護自立支援プログラムの特徴と意義」『自治総研』40(433): 1-36.

森川美絵・増田雅暢・栗田仁子ほか, 2006,「生活保護現業員の困難経験とその改善に関する研究――負担感・自立支援の自己評価を中心に」『厚生の指標』53(5): 15-22.

PwCコンサルティング合同会社, 2022,『今後の福祉事務所における生活保護業務の業務負担軽減に関する調査研究報告書』.

桜井啓太, 2017,『〈自立支援〉の社会保障を問う――生活保護・最低賃金・ワーキングプア』法律文化社.

————, 2020,「生活保護ケースワーク業務の外部委託化提案の経緯とこれから」『賃金と社会保障』1754: 4-22.

————, 2021,「生活保護における自立支援と統治――インセンティブ, コンディショナリティ, 産福複合体（貧困–産業複合体）」『法政大学大原社会問題研究所雑誌』753: 31-47.

清水浩一，2003，「社会福祉改革と生活保護法『改正』の展望——新しいソーシャル
　　ワーク像を求めて」『賃金と社会保障』1355：4-14.
————，2004，「生活保護改革をめぐる論点整理——経済給付とケースワークの分
　　離についての再論」『賃金と社会保障』1369：4-14.
————，2019，「善意と権力—生活保護とソーシャルワークの不幸な関係」『明治学
　　院大学社会学・社会福祉学研究』152：163-77.
吉永純，2004，「利用者本位の生活保護改革を——福祉現場からの問題提起③」『賃金
　　と社会保障』1365：29-41.

abstract

Non-regular Employment in Welfare Offices

SAKURAI, Keita

Ritsumeikan University

While the problem of understaffing of caseworkers (regular staff) is well known, there is little published information on the details of non-regular staff in welfare offices. This paper investigates the reality of the informalization of the welfare office. Since the Self-support Program for public assistance (2005–), several non-regular staff and outsourced staff have been assigned to welfare offices for the purpose of strengthening the functions of casework.

The administrative data of welfare offices collected from 47 prefectures (1021 offices) revealed that there are more than 7,000 non-regular employees assigned nationwide. Next, based on the staffing status of caseworkers and non-regular staff, welfare offices nationwide were categorized into four types: "hybrid type/non-regular replacement type/under-staffed type/regular staff type," and differences in trends by region were compared and analyzed.

The principal theoretical implication of this study is that the ideology of "Support for self-support" and "Appropriate" that is emphasized in public assistance causes the informalization of welfare offices. Next, by examining the famous "integration/separation controversy" about casework theory, we examine the issues of the controversy and propose a new "complex theory".

Keywords : public assistance, welfare office, caseworker, non-regular employment, Independence Support for Public Assistance

| 特集論文Ⅱ |

非正規女性を支え手とする
福祉現場の実像
——公務非正規女性全国ネットワークの調査から

瀬山　紀子

　本稿は，社会福祉領域を含む公務分野で広がる非正規公務員の実態とその経験を，当事者による実態調査を用いて明らかにすることを目的とした．本稿が用いるデータは，筆者も立ち上げに関わった，公務非正規女性全国ネットワークが，発足当初の 2021 年と 2022 年に行ったインターネットによる調査をもとにしている．

　非正規公務員は，国家公務員の非常勤職員が約 16 万人，地方自治体に直接任用されている人が短時間の人を含めると，約 112 万人いる．そのうち，国家公務員の"事務補助職員"に占める女性の割合は 88.9％，地方自治体の会計年度任用職員は 76.6％となっている．国は，2020 年度，増加した地方自治体の非正規職員を位置づける新たな法律を施行し，会計年度任用職員制度が開始された．相談支援などに関わる社会福祉領域の専門職なども，多くが，会計年度任用職員に位置づけられた．

　公務非正規女性全国ネットワークが行った調査では，会計年度任用職員等として働く公務非正規労働従事者の多くが，単年度任用という不安定な任用形態で，低賃金で，低い待遇のもと，不安を抱えながら働いている現状が明らかとなった．論考では，市民からの相談などに対応する相談員自身が，不安を抱えながら相談支援に当たっている実態を，当事者による自由記述によって記した．

　本稿では，公務領域の福祉専門職のあり様の実態を元に，その職のあり方の将来への問いを示した．

キーワード：公務労働，非正規公務員，会計年度任用職員制度，相談員，女性労働問題

1　はじめに　社会福祉領域で働く人たちの声から

　社会福祉・社会保障の最前で働いているのに，仕事がなくなって，生活困

せやま のりこ｜公務非正規女性全国ネットワーク／埼玉大学ダイバーシティ推進センター・准教授｜nseyama@mail.saitama-u.ac.jp

窮におちいるのは，明日は自分かもしれない．公共サービスの担い手が，不
安定雇用＆低賃金であることを，もっと皆さんに知って欲しい．（女性，40
代，社会福祉士）

　相談員はみな会計年度任用職員で，新人もベテランもほぼ変わらない給料
です．自立して生活していける月給ではありませんし，1年更新という不安
定さもあるなかで，専門性とやる気のあるベテランの会計年度任用職員がな
んとか支援体制を維持しているのが現状です．これは，言い換えると，この
ようなベテラン会計年度任用職員がひとたびいなくなれば，支援を必要とし
ている人たち（市民）に必要な支援が行き届かなくなるということでもあり
ます．／市民の人生を左右するこの仕事がどれだけ重要なものであるか毎日
ヒリヒリと感じています．その一方で，その重要さや相談を受けることで発
生する緊張や精神的疲労に見合わない給料などの労働条件により，「自分た
ちの仕事は自治体や国にとって重要だと認識されていない」と感じざるを得
ません．それは「＝相談者（被害者）の人生も重要だと認識されていない」
ということなのでないかとすら思います．大変悲しいことですが，このよう
な労働条件下で働くということは，自尊感情が低下し，仕事に対するモチベ
ーションも大きく削がれます．／DV相談で実感するのは，経済的自立して
いない立場にいる人（多くは女性）が被支配関係から抜け出すのがどれだけ
難しいか，ということです．経済的自立をしていればすべてがうまくいくわ
けではありませんが，加害者との関係を解消する大きな後押しになります．
そのようなことを相談員として実感しながら，相談員の月給だけでは自立で
きないという現実があります．このように非人間的で矛盾した制度の一刻も
早い見直しを求めます．（女性，30代，婦人相談員）

　昨年度コロナに感染し時給で働く不安定さを実感．低賃金で蓄えはなく安
心して休めない．スキルアップの研修に自費参加，そして研修のために休め
ば無給．自分が苦しいのに公共"サービス"なんて無理．（女性，50代，婦
人相談員）

　　なんら権限もないなかで外部機関との連携を求められること．処遇面で正
規職員との開きが大きい．何かあった場合の保障や自分を守ってくれるとこ
ろが何処なのか，不確実であり安心感が持てない．（女性，60 代，スクールソ
ーシャルワーカー）

　　公の仕事に真面目に取り組めば取り組むほど，正規の公務員との待遇の差
に虚しさを感じる．あえて考えない様に自らのことを思考停止して，取り組
むミッションとの矛盾がつらい．この国の本音と建前に無力感を感じる．（女
性，40 代，女性関連施設職員）

　ここに記したのは，2021 年，2022 年に，筆者も立ち上げやその後の活動
に関わっている公務非正規女性全国ネットワーク（通称：はむねっと，以下「は
むねっと」）が行った，インターネットによる公務非正規労働従事者を対象と
したアンケートの自由記述に寄せられた声だ[1]．
　公的な福祉の領域は，現在，多くの非正規労働従事者が働く領域となってい
る．そしてその担い手の多くが女性であることも特徴だ．ただ，その実態は，
担い手が非正規であることも関係して，公的統計等でも捉えられてきたとは言
えず，そこで働く人たちの思いも知られてきたとは言えないだろう．
　筆者は，DV 被害者支援の拠点機関としても位置づけられている相談支援部
門をもつ公的機関（県の男女共同参画センター）で働き，児童相談所や婦人相談
センターなどの行政機関とも連携した仕事を進めるなかで，その職場の主たる
業務に当たっている相談員をはじめとする，少なくない人たちが，非正規職員
として，不安定で低い待遇のもとで働いている現状を見てきた．そして，ベテ
ラン相談員が非正規であることが常態化している現場で働く人たちと，そのこ
とへの嘆きや憂い，この先の職の存続に対する不安感を共有してきた．
　本稿では，そうした，研究者という立ち位置とは異なる，自身も，非正規公
務員を経験してきた当事者に近い立場から，文章を記していく．その意味で，
本稿は，一般の学術論文とは異なる，現場からの報告に属するものだという点
をはじめに記しておきたい．ただし，筆者は，現在，大学に所属する研究者の
立場でもあるため，自分自身の経験を踏まえながら，現在の立場で，この先，

どのような問いを立て，課題に取り組んでいけばよいのかを，本稿を記すなかで考えていきたい．

その待遇の如何とは別に，行政のなかで，現に，「専門職」[2] として位置づけられ働いている人たちが，現在，どのような状況の下にあるのか，また，そこで働いている人たちがどのような思いを抱えているのかを，働いている／働いてきた人たちの側の視点で明らかにしていくことは，現在の社会福祉行政の内実を捉え，この先のあり方を考える上で，重要なことなのではないかと考えている．

私は，2020年3月末に，それまで20年ほど身を置いてきた行政の男女共同参画センターを離れ，それまでも続けていた非常勤講師などの仕事を経て，現在は，大学で社会学／ジェンダー論などをベースにした教育・研究に携わる仕事に就いた．公務非正規の現場からは離れた立場だ．ただ，公務非正規の現場で働いてきた経験や，今も，そうした人たちとのつながりがある立場から，この間，はむねっとの立ち上げに関わり，調査や提言活動など，さまざまな活動を行ってきた．

本稿では，そうした，公務非正規の現場で働いてきた，そして現在，公務非正規の人たちと作っている活動を担う立場から，公務現場でいま起きていることを，現に公務現場で働いている人や働いてきた人たちの声によって明らかにし，その課題を提示していくことを目的としたい．そして，広い意味で福祉の専門職を送り出す側である大学等の教育機関にいる人たちと，この先の福祉領域の専門職のあり方を，働き方の課題を含め，長期的な視野に立って考え合っていくきっかけを作れたらと考えている．

2 公務非正規女性全国ネットワークの調査活動から

2.1 はむねっと発足の経緯と活動

はむねっとは，地方自治体で，新たに「会計年度任用職員制度」がはじまり，同時にコロナ禍がはじまった2020年度末の，2021年3月20日に，筆者も関わって開いた「緊急集会 官製ワーキングプアの女性たち コロナ後のリアル」をきっかけに生まれた．

　この集会は，前年に出版されたブックレット『官製ワーキングプアの女性た
ち　あなたを支える人たちのリアル』[3] の執筆者等が中心になり，コロナ禍と
共に，地方自治体で働く非正規公務員に関する新たな制度がはじまった 1 年
目に見えてきたさまざまな課題を出し合い，この先の公共サービスやその担い
手のあり方について考えようと開いた集会だった．
　集会には，さまざまな職種・職場で，非正規公務員として働く多くの人たち
と，公務非正規労働の問題を解いていきたいと願う人たちからの応援メッセー
ジが寄せられた [4]．
　その一つである，児童相談所で非正規職員として働いている人の声を，はむ
ねっとのホームページから紹介したい．

　　非常勤で虐待対応の専門職をしています．他の職場で専門性を磨いている
　ため，非常勤という形を取っています．10 年以上勤務しているため，ベテ
　ランと同じようにケース数も多く，正規職員と同等に仕事をし，指導者の役
　割も担っていますが，月収は新採以下です．年間，500 時間程の時間外労働
　が発生していますが，手当は全く出ていません．年休も取り切れない状況で
　す．現場の職員は理解がありますが，人事が全くこの状況を把握しようとせ
　ず，放置され続けています．改善されなければ，虐待対応に必要な人材は集
　まらず，支援は行き詰まるだろうと考えています．仕事に見合った月収と時
　間外手当の支給があるべきだと感じます．（児童相談所職員）

　専門職として，児童虐待への対応をする現場で，更新を繰返しながら，10
年以上働いている福祉専門職からの切実な訴えだ．コロナ禍以前から，公務現
場では，専門職として働く人たちの非正規化が進んでいた．加えて，やはりこ
の時に寄せられたメッセージから，婦人相談員の言葉も紹介したい．

　　判断や支援計画や連携など責任が発生するハイリスクケースに正規職員が
　対応できず，会計年度任用職員が対応しており，相談員の心理的な負担は莫
　大ですが，業務内容を管理職が理解していないため改善もありません．3〜
　5 年で異動になる職員は，専門研修もせず万年新人と同様です．他の部署に

行っても，虐待や DV 対策に生かすこともできなければ，行政の質が向上しないのは当然ではないでしょうか．虐待，DV，性暴力など，いつ誰でも当事者になるかもしれず，災害もいつ起こるかわかりません．今回のコロナも災害と同様にたくさんの被害が起きていますが，対応が後手後手となり，各地で事件が起きています．「困ったときの行政」が機能していないのです．（婦人相談員）

相談支援の現場にいながら，足元の，相談支援の体制に問題があることを感じている，苛立ちの声．集会には，こうした苛立ちを感じながら働いている全国の公務非正規の当事者から声が集まってきた．図書館司書や学芸員，消費生活相談員，ハローワーク相談員，公民館，男女共同参画センター職員などからも，待遇の低さや身分の不安定さ，正規職員との格差，非正規へのハラスメントが存在していることなどを訴える声が寄せられた．コロナ禍によって，職場のなかでの正規との格差がより深刻化したという声も少なくなかった[5]．
　また，集会では，自分たちの状況が十分知られていないと感じているという発言も目立った．はむねっとのホームページに掲載している集会に寄せられた声に下記がある．

　　これだけ痛ましい虐待や貧困が社会問題になっているにもかかわらず，過酷な現場対応をしているのは非正規公務員であることは，一般市民には知られていません．
　　職場で声を上げても，組合に加入しても，市会議員に訴えても，一向に何も改善されません．どうか，オンラインの全国ネットワークで，私たちの声が届きますように！

こうした声を受け，集会終了後，集まったメンバーで立ち上げ，継続していくことになったのが，はむねっとだ．
　はむねっとは，ゆるやかな個人のつながりをベースにしながら，現在までに，公務非正規労働従事者を対象とした 2 回のインターネット調査，それに基づく要望書の提出，職種を超えた当事者の語り場の開催，メーリングリストの運

営，団体ホームページ，ツイッター，フェイスブックなどを通じた情報発信，
マスメディアへの情報提供等を行ってきた．

　現在，運営メンバーのメーリングリストには約 20 名が，全体のメーリング
リストには，地域や職種を超えた約 130 名が登録をしており，情報交換をし
ながら活動を進めている．

2.2　はむねっと調査の背景と概要

　公務非正規労働従事者は，国で働いている人が約 16 万人，地方自治体に直
接任用されている人が短時間の人を含めると，約 112 万人いる[6]．そのうち，
国家公務員の「事務補助職員」に占める女性の割合は 88.9%，地方自治体の
会計年度任用職員も 76.6% が女性となっている．さらには，公務の民間委託
化や指定管理者制度の導入に伴い，非正規として公務労働に従事している人の
数は，上述した数には収まらない膨大な数に上ることが予想される．その数は
把握されておらず，実態として，公務労働に非正規として従事している人の数
や全体に占める女性の割合は，不明という状況にある．また，公的な統計でも，
非正規で公務労働に就いている人の職種，職名の詳細は明らかではなく，そう
した点からも，公務非正規労働の広がりや実態は，統計からは十分には見えて
こないのが現状だ[7]．

　はむねっとでは，そうした現状のなかで，公務非正規労働の広がりや実態，
またその声を明らかにする必要があると考え，これまでに 2021 年，2022 年
と 2 回のインターネット調査を実施してきた．

　以下では，そのうち，2022 年に行った第 2 回目のインターネット調査の概
要を中心に，そこで見えてきたことを明らかにしたい．

2.3　調査概要

調査名：公務非正規女性全国ネットワーク（はむねっと）2022 年調査　集め
る．伝える．届けるプロジェクト　〜あなたの声を集め，社会へ伝え，国と自
治体へ届けます！
調査実施主体：公務非正規女性全国ネットワーク（はむねっと）
調査期間：2022 年 5 月 2 日（月）〜6 月 4 日（土）

対象者：性別を問わず，現在，非正規で公務労働に従事している方（既に退職された場合でも，2020年4月から2022年3月の間に在職されていた方を含む．大学・独立行政法人は対象外としている）．

方法：インターネット（グーグルフォーム）を使用した無記名アンケート

有効回答：705件（回答数　715件）

2.4　調査結果

　調査は，インターネット（グーグルフォーム）を通じて行ったもので，有効回答が705件（回答数715件：2021年有効回答数1,252件・回答数1,305件），性別は，女性647人（92%），男性56人（8%），その他2人で，2021年に続き，9割以上が女性からの回答となった．内，2021年のアンケートに回答し

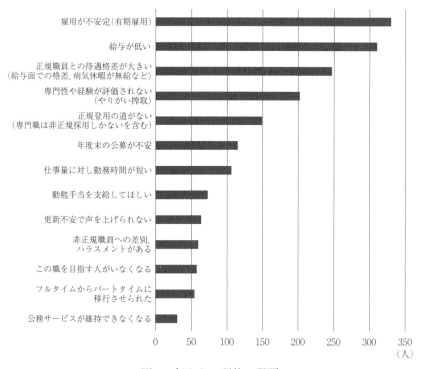

図1　伝えたい現状の課題

た人は 2 割で，8 割は新たな回答だった．

　アンケートのはじめに設けた，いま，伝えたいことを 3 つ選んでください，という設問では，「雇用が不安定」がもっとも多く，次いで，「給与が低い」，「正規職員との待遇格差が大きい」，「専門性や経験が評価されない」の順となった（図 1）．

　年齢は，18 歳以上から 66 歳以上までばらつきがあったが，40 歳代，50 歳代が合わせて 6 割以上を占めた．在職状況は 9 割が現職だった．勤務地については，首都圏を含む関東が 66％と多くを占めたが，47 全ての都道府県で働く人から回答があった．

　職種は，21 種の選択肢を提示したが，それに留まらない，さまざまな職種，職名での回答が寄せられた．もっとも多くの回答があったのは，一般事務職となり，続いて図書館司書，学校に関わる相談・支援業務となった．また，職種を超えて，相談・支援の業務に携わる職に就く人からの回答も多く寄せられた（表 1）．

　雇用主は 9 割が地方自治体で，残りが，民間事業者と国となった．

　就業形態は，9 割が「会計年度任用職員」で，8 割を超える人が「パートタ

表 1　アンケート回答者の職種

一般事務職員（その他事務職を含む）	260（人）	36.9（%）
図書館職員	77	10.9
学校に関わる相談・支援業務	73	10.4
学校司書	53	7.5
学童保育員	37	5.2
保育士・保育補助	31	4.4
公民館及び類似施設職員	29	4.1
女性関連施設職員（男女共同参画センターなど）	24	3.4
技能労務職員	24	3.4
婦人相談員	14	2.0
ハローワーク関連	11	1.6
その他：教員，博物館など施設職員，医療専門職，各種相談員など	70	9.9
NA	2	0.3
合計	705	

イム会計年度任用職員」となった.

　雇用契約期間は,1年が96％で,1年以下を合わせると,98％と,多くが1年か,それ以下の有期雇用で働いていた.

　所定労働時間は,30時間以上が半数を超え,30時間以上35時間未満が27％,35時間以上38時間45分未満が19％,38時間45分以上,40時間未満が10％となった.

　回答者の非正規公務員は,「パートタイム」とはいえ,週30時間(週5で一日6時間)と,一定の時間数を公務労働に費やす人たちだったということになる.

　続いて,就労収入についての回答では,2021年とほぼ同様,200万円未満が約半数で,8割が250万円未満となり,フルタイム会計年度任用職員でも,6割が250万円未満という結果になった(2021年調査:52％　200万円未満.76.6％　250万円未満)(図2).

　生計維持者の有無と,世帯収入の状況については,約3人に1人が生計維持者と回答しており,その約4割は200万円未満だった.

　加えて,回答者の4割を超える人は,「自分の就労収入がなくなると,家計が非常に厳しい」と答えていることも確認できた.

　次に勤務年数をみると,回答者は,通算16年以上の勤務歴を持つ人が3割,現在の仕事場の在職年数も,最も回答が多かったのは,6年〜10年で,5年

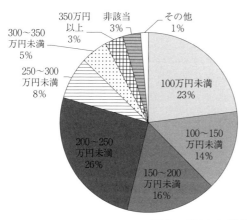

		(%)
100万円未満	162	23
100〜150万円未満	102	14
150〜200万円未満	115	16
200〜250万円未満	181	26
250〜300万円未満	54	8
300〜350万円未満	34	5
350万円以上	24	3
非該当	23	3
その他	10	1

図2　2021年就労収入

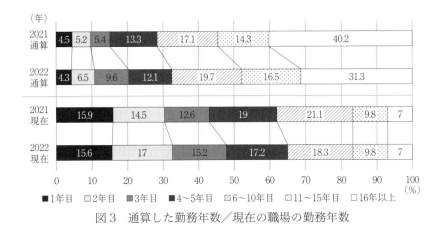

図3　通算した勤務年数／現在の職場の勤務年数

以上，同じ職場で働いている／働くことができている人たちが回答を寄せていることがわかった．11年以上の人も，16.8％となっていた．

　ただ，昨年調査との比較でみると，在職年数，現在の職場の勤務年数とも，短くなる傾向がみられた（図3）．

　さらに，ここ1か月の体調についての設問では，昨年と同じく，3割を超える人が身体面での不調を，4割を超える人がメンタル面での不調を感じていると答えた．また，将来への不安についても，やはり昨年と同じく，9割が，将来の不安を感じると答えた．

3　会計年度任用職員制度

　ここで，はむねっと立上げのきっかけにもなり，調査でも回答者の多数を占めた「会計年度任用職員」とその制度について簡単に触れておきたい[8]．

　会計年度任用職員制度とは，2017年に改正された地方公務員法・地方自治法に基づく制度で，この制度が施行されたのが2020年4月からだ．現在，非正規で地方自治体に直接任用されて働く人たちの多くは，この制度に位置づけられた「会計年度任用職員」となった．この職名で働いている人は，総務省が2020年に行った調査で，全国に62.2万人おり，うち，フルタイムの会計年度任用職員は6.9万人，パートタイムは55.2万人となっている[9]．性別では，

その約 4 分の 3 （76.6％）を女性が占める．

　国が地方自治体の非正規職員について統計を取り始めたのは 2005 年で，以来，その数は増え続けてきた．そのなかには，必ずしも任用根拠が明確ではなく，曖昧な状況に置かれている人がいたこと，また，自治体によって，その扱いが大きく異なることが指摘されてきた．

　そうしたなかで，国は，2016 年 7 月に「地方公務員の臨時・非常勤職員及び任期付職員の任用等の在り方に関する研究会」を設置した．研究会は，2017 年 2 月に，臨時・非常勤職員の適正な任用・勤務条件の確保が図られるよう，可能な限り立法的な対応で制度改正を検討すべき，とする内容の報告書を公表した．この報告書の提案を受け，2017 年 5 月に，地方公務員法及び地方自治法が改正され，「会計年度任用職員」制度が作られた．

　制度が定めるのは，名称にあるように，1 年毎に任用する非正規職員になる．法律の施行に伴うマニュアルには，「会計年度任用の職に就いていた者が，任期の終了後，再度，同一の職務内容の職に任用されることはあり得るものですが，『同じ職の任期が延長された』あるいは『同一の職に再度任用された』という意味ではなく，あくまで新たな職に改めて任用されたものと整理されるべきものであり，当該職員に対してもその旨説明が必要です」という説明が示された[10]．

　制度改正前も，臨時・非常勤職員は 1 年といった任用期間の区切りが設けられるなかで，更新をしながら働いていた．しかし，現実には，1 年毎の更新というかたちを取りながら，一つの職場に同じ人が長期継続的に働いていた実態があった．

　2016 年に総務省が行った調査では，同じ職場で 10 年以上働いている人がいるとした自治体が，保育所保育士で41％，消費生活相談員，事務補助職員，給食調理員で 31％となっていた[11]．また，この統計にはないが，相談機関を伴う男女共同参画センターの職員や，配偶者暴力相談支援センター業務を担う都道府県の婦人／女性相談所，児童相談所などでも，同様の実態が一定程度広がっていたのではないかと考えられる．

　公務の職場には異動をしていく少数の正規職員と，1 年毎任用といった不安定任用でありながら，継続的に職場を支えてきた "ベテラン非正規" が存在してきた．そして現場では，経験を持つ非正規職員の働きに負うことで，職務が

回ってきたという側面があった．

　しかし，法改正は，そうした職場の実態を踏まえた非正規職員の適正な任用条件の整備には踏み込まず，1年毎任用という側面に着目し，職の整理を図った．そして，1年毎採用を明確にするために，会計年度任用職員制度には，毎年，1か月の条件付採用期間（＝試用期間）も設けられた．

　自身の経験に照らしても，実際には，年度当初，新たに異動してきた正規職員に対して，非正規の職員が，業務の説明を行っている例は少なくないものと考えられる．しかし，法律上は，年度当初の非正規職員は，あくまで，新たな職に改めて任用された，条件付採用の人員と位置づけられている．法制度と実態との間に矛盾が生じている．

　加えて，会計年度任用職員制度は，フルタイムとパートタイムの区分を設け，フルタイム会計年度任用職員であれば退職金を支給できるものとするなど，その区分の間に大きな待遇格差を設けた．その結果，制度移行期に，総務省の調査で，約20万人いたフルタイムの非正規公務員が，制度改正後の2020年の調査では，6万9千人に激減するという事態も起きた．これについても，実態としては，職務内容は変わらず，時間数を減らされ，フルタイムからパートタイム職員に置き換えられたという声や，時間数が減らされてしまったため，残業が増えたといった声が上がっている．

　会計年度任用職員制度は，実際には長期継続的に必要とされる職を，単年度任用の職に位置づける結果をもたらし，その意味での不安定任用の固定化や，単年度で入れ替え可能な職とされたことでの職務の過小評価をもたらすものだ．また，それにより，福祉領域を含む専門職領域で働く人たちの不安定化が進むことが予想される．

4　現実と制度の乖離のなかで

　最後に，もう一度，はむねっと調査に寄せられた公務非正規で働く人たちの声を紹介しながら，いま，現場で起きていることを考えてみたい．

　　県の福祉事務所勤務．社会福祉士，精神保健福祉士．自立相談支援機関で

の困窮者支援は非正規職員で構成され，主任相談支援員のみ課長が兼任している．必要な機関，支援なのに正職員を配置していないし，外部委託もしていない．限られた時間（時間外勤務予算なし）でパート職員が必死になって仕事をしている．特に昨年からの福祉資金特例貸付の支援業務が半端なく増大している．そのうえ，昇給もない．その理由は，職員の補助業務をする高卒事務補助であるからと伝え聞いた．報酬表も公開していない．これはおかしいのではないか．（女性，60代，2021年調査自由記述）

福祉の専門職として位置づけられながら，同時に，職位は，職員の補助業務をする高卒事務補助に位置づいているという矛盾．

　子どもの教育や福祉に関わる分野で専門職として働いています．専門業務は安く使える非常勤が担っており，正規職員に非常勤が業務や雑務を教えて成り立つ職場です．／子ども子育て支援の充実をうたっておきながら，買い手市場であり専門性は安く買い叩かれ，業務の負担ばかり重くなっています．しかし安い給料から自腹でセミナーや研究会に参加しているものも多く，個人の研さんにただ乗りされている現状があります．行政として支援しているはずの，将来の納税者である子どもたちに対して間接的に虐待を行っているのとかわりません．（女性，40代，2022年調査自由記述）

行政の施策である「子ども支援の充実」を，低賃金の不安定な非正規専門職が，結果的に「支えて」しまっているということへの苛立ち．

　心理の専門職です．同じ仕事をしていても，残業代が出ない，昇給がない，人材育成対象ではないなど，正規職員と待遇の差があります．年数を重ねるにつれ一番モチベーションを奪われるのは，利用者の方々に少しでも良いサービスを提供しようと専門性の維持向上に勤め，経験を積み，成果をいくら出しても待遇が変わらないことです．心理職はもともと非正規雇用が多く待遇も恵まれない中，今の職場は相対的には良い条件なので我慢しています．雇う側にとって非常勤専門職は，コストをかけなくても勝手に頑張ってパフ

ォーマンスを出してくれる都合の良い働き手なのだろうと思うとやるせない気持ちです．（女性，40 代，2021 年調査自由記述）

待遇がよいとは言えないなかで，それでも，他の職場より相対的に良い条件だという現実．

いずれも，公務非正規として働く，女性たちの声だ．

公務非正規は，法律や条例，行政計画上の理念やミッションと，実際の運用実態との間にある矛盾を，自らの立場の脆弱性をもって知る立場だ．その意味で，行政の形の上での「支援策」に，加担させられている立場だとも言える．加えて，会計年度任用職員制度によって，さらに，制度と実態との乖離が進んだ．そうした実態は，担い手の多数が女性であることによってもたらされ，また，見過ごされてきたと言えるのではないか．

5　今後に向けて

本稿では，はむねっとの調査をもとに，社会福祉の領域で働く専門職を含む，公務非正規の人たちの置かれている現状や，働き手の思いを記してきた．そこからは，公務の多くの職場で，恒常的に必要で，基幹的な仕事を，多くは女性の，単年度任用の非正規が，低い待遇のもと，不安を抱えながら担っている現状が見えてくる．見てきたように，こうした実態は，公的な社会福祉領域の現場にも広がっている．

「相談支援」の必要が言われ，「相談支援」に関わる仕事が増え，この先も，さらに増えていくことが見込まれるなかで，その担い手の労働条件の課題やあり方を考えていくことは法制度の理念の内実をつくり，それをかたちだけのものにしないためにも，急務の課題だと言える．民間の労働法制には適用される無期転換ルールなどの安定雇用政策も適用がない公務領域において，この先，いかに，基幹的な職務の担い手となっている非正規の働き手の「雇用」の安定と，職務に見合った待遇を確保していけるのかを，短時間公務員制度等の創設や公務非正規への無期転換ルールの適用等の検討を含め，今後，さらに議論していく必要がある．

注

1）本稿では，公務非正規女性全国ネットワーク（はむねっと）が定めるデータの利用
誓約に基づき，調査から得られたデータを利用していく．はむねっとの 2021 年，
2022 年の調査報告書は，団体のホームページ（http://www.nrwwu.com）で公開し
ている．

2）本稿では，主に，福祉領域の職場で，相談員，保育士等の名称で働く人たちのこと
を「専門職」と位置づけ記述していく．同様に，社会教育行政でも，司書や学芸員，
社会教育指導員などの「専門職」がいる．ただし，専門職を，狭義の資格保持者と
は捉えず，公共サービスの現場において，何を「専門性」として捉えるかについて
は議論が必要だと考えている．

3）集会のきっかけとなった岩波ブックレット，『官製ワーキングプアの女性たち　あ
なたを支える人たちのリアル』は，2019 年 9 月 22 日に開いたシンポジウム「『女性』
から考える非正規公務員問題」をもとに作られたもの．

4）このときに寄せられた声は，はむねっとのホームページに掲載している．

5）はむねっとの 2021 年調査では，コロナで何らかの影響を受けたと回答した人は，
67.5％で，うち，「正職員との待遇の差があった」とした人が 20.4％となっている（池
橋 2022: 26）．

6）国家公務員については，一般職国家公務員在職状況統計表（令和 3 年 7 月 1 日現在）
https://www.cas.go.jp/jp/gaiyou/jimu/jinjikyoku/files/hijoukin_toukei.pdf（2022
年 10 月 1 日アクセス）による．地方公務員については，地方公務員の会計年度任用
職員等の臨時・非常勤職員に関する調査結果（令和 2 年 4 月 1 日現在）（2022 年 10
月 1 日取得，https://www.soumu.go.jp/main_content/000724456.pdf）による．

7）民間化された公務の現場で労働者として業務に従事した経験や，その枠組みの課題
については，渋谷（2022）が参照できる．

8）なお，会計年度任用職員制度移行期に起きた問題について，瀬山（2022b）に記し
た．会計年度任用職員の現状については，上林（2021）に詳しい．また，2022 年 5
〜9 月には，日本自治体労働組合総連合が，全国の会計年度任用職員を対象にした
調査を行い，13,000 件の回答についての中間報告を公表している（佐賀 2022）．

9）ここでは，総務省の『地方公務員の会計年度任用職員等の臨時・非常勤職員に関す
る調査結果』（2020 年）のうち，任用期間 6 か月未満，又は勤務時間が 19 時間 25
分／週未満の参考数字を抜いた数を記している．参考数字を入れると，901,469 人
となる．

10）出典は，総務省自治行政局公務員部，2019，『会計年度任用職員制度の導入等に
向けた事務処理マニュアル（第 2 版）』（2022 年 10 月 1 日取得，https://www.sou-
mu.go.jp/main_content/000579717.pdf）41 頁．

11）『地方公務員の臨時・非常勤職員に関する実態調査結果』（2016 年）に，「同一任
命権者において 10 年以上同一人を繰り返し任用する事例のある団体」についての記
載がある．

文　献

池橋みどり，2022，「公務非正規労働従事者が経験したコロナ災害への対応について」

　　『月刊社会教育』66 (3): 25-9.

上林陽治，2021，「会計年度任用職員白書 2020」『自治総研』514: 26-56.

佐賀達也，2022，「会計年度任用職員制度の改善は急務——全国実態調査から」『議会と自治体』295: 41-9

瀬山紀子，2020，「非正規公務員の現場で起きていること——働き手の視点から」『生活経済政策』283: 21-5.

————，2022a，「公共サービスを支える非正規公務員の現状と課題(1)——当事者による実態調査の試みから」『労働法学研究会報』73 (5): 4-7.

————，2022b，「公共サービスを支える非正規公務員の現状と課題(2)——会計年度任用職員制度改正の実情」『労働法学研究会報』73 (7): 4-7.

————，2022c，「公共サービスを支える非正規公務員の現状と課題(3)——格差是正・状況改善に向けて」『労働法学研究会報』73 (9): 4-7.

渋谷典子，2022，「公共サービスを支える『公務非正規』の女性たち——ポスト・コロナ期に向けて公共サービスの持続可能性を考える」『NWEC 実践研究』12: 81-99.

竹信三恵子・戒能民江・瀬山紀子，2020，『官製ワーキングプアの女性たち』岩波書店.

abstract

The Real Image of Welfare Sites Supported by Non-regular Women Employees : Based on a Survey by The National Women's Network on Non-regular Government Employees

SEYAMA, Noriko

The National Women's Network on Non-regular Government Employees, Saitama University

The aim of this paper is to clarify the actual situation and experiences of non-regular public employees, now increasing in the public service field, using a fact-finding survey by the concerned parties. The data used in this paper is based on internet surveys conducted by The National Women's Network on Non-regular Government Employees in 2021 and 2022, which the author was involved in launching.

There are about 160,000 non-regular national public employees and about 1,120,000 non-regular local government employees, including those directly appointed to local governments for short periods. Among them, women account for 88.9% of administrative assistants among national public servants, and 76.6 % of those appointed by local governments during the fiscal year. In fiscal 2020, the national government enacted a new law to position the increased number of non-regular employees in local governments and initiated the fiscal year appointment staff system. Many social welfare specialists involved in counseling and support were also appointed as fiscal year staff.

According to a survey conducted by The National Women's Network on Non-regular Government Employees, many of the non-regular workers in public service who work as fiscal year appointments are single-year appointments, which is unstable, pays only low wages, and consists of poor treatment. The current situation of working with anxiety has become clear. In the paper, the actual situation of the counselors themselves, who respond to consultations from citizens, providing consultation support while feeling anxiety, was written in the free description section in the survey.

In this paper, based on the actual state of the welfare profession in the public domain, questions about the future of that profession are presented.

Keywords : public service, non-regular public employees, fiscal year appointment staff system, consultants' services, gender inequality in the workplace

┃自由論文┃

| 自由論文 |

ひきこもり現象を
めぐる包摂と排除
——ひきこもり傾向の概念分析

桑原　啓

　本稿では，状態としてのひきこもりを伴いつつも，必ずしもひきこもりと同定されないひきこもり傾向概念の使用法の分析を行う．そして，最終的に，ひきこもり現象に立ち返り，どのようにして多様化するそれを対象化すべきか明らかにすることを目的とする．

　本稿は分析方法として，エスノメソドロジーに基づいた概念分析を用いた．ここで，概念分析とは，カテゴリカルな概念が，行為者によっていかにして参照され，実践的（戦略的）に用いられているかにかんする記述・分析の方針である．また，本稿の主な対象は，『読売新聞』と『朝日新聞』における記事である．それらとは別に，専門家や当事者による記述や発信もまた参照した．

　結果として，次の3点が見出された．①ひきこもり傾向とその理由の説明は不可分であること．②「迷惑をかけないためにひきこもり傾向に至る」（論理A），「ひきこもり傾向にあることで，他者や社会に迷惑をかけている」（論理B）という両義的側面．③論理Aが前景化することで，論理Bが隠蔽されるという二重の排除図式（排除の曖昧化）．

　以上より，特に論理Aは，社会的孤立にかんする言説と不可分であるため，ひきこもり現象は社会的孤立として扱われるべきではない．むしろ，ひきこもりというカテゴリー内部の差異の記述を徹底すべきである．

キーワード：ひきこもり，ひきこもり傾向，概念分析，社会的孤立，社会的排除

1　はじめに

1.1　本稿の目的

　現代日本の社会現象のひとつに，ひきこもり現象がある．後述するように，近年，ひきこもり現象は社会的孤立の文脈で論じられるなど，その内部は多様

くわばら ひろむ｜京都大学大学院・人間・環境学研究科・博士後期課程｜kuwabara.hiromu.77r@st.kyoto-u.ac.jp

化している．その一因として，ひきこもりが元来日常語であり，多様な行為主体と結びつくことがある．中でも特に多くの行為主体と結びつく概念が，ひきこもり傾向である．

　本稿では，状態としてのひきこもりを伴いつつも，必ずしもひきこもりと同定されないひきこもり傾向概念がどのように用いられ，どのような理解のありようが示されてきたかの分析を行う．そして，最終的に，ひきこもり現象に立ち返り，どのようにして多様化するそれを対象化すべきか明らかにすることを目的とする．

1.2　ひきこもりの変遷と社会的孤立の文脈

　まずは，社会現象としてのひきこもりについて，先行研究を参照する．高山（2008）によると，1990年代から，不登校経験者の一部が卒業や中退後もひきこもり状態を継続していたことが指摘され，不登校の延長線上にひきこもりを位置づける問題の立て方（以降，「不登校のその後」と記す）に発展した．また，2000年前後に複数の事件がひきこもりと関連して報じられたのを機に，「思春期危機」の問題として精神医学的な理解の枠組みが形成された（工藤2013）．そして，2004年以後は，ニートの社会問題化に伴い，ひきこもりが就労問題化した（工藤2008）．

　近年では，8050問題（ひきこもり当事者と親の高齢化）の顕在化を契機に，ひきこもり現象は社会的孤立の文脈で論じられるようになる．8050問題を主題とした著書にて川北は国勢調査の結果から，「40代・50代の単身者や親同居者，65歳以上の高齢者はいずれも増加し，それぞれが孤立のリスクを抱えている」（川北2019：74）とする．特に川北は孤立のリスクとして孤立死（孤独死）を挙げ，単身で高齢化したひきこもり者には孤立死のリスクがあり，親同居のひきこもり者には，親の病気や死亡を通じた親子共倒れのリスクがあるとする．こうして孤立死を通じ，青少年の問題のひきこもりと，主に高齢者の問題の社会的孤立の両現象が接近する．

　また，足立は，承認論の立場から，ひきこもりという言葉に社会的孤立という観点を取り入れるべきだとする（足立2019, 2020）．具体的には，失業やいじめ，病気といった第一次的な承認の毀損に対し，首尾良く対処できなかった

個人には，さらなる承認の毀損（家族内不和，病気，対人関係の問題等）が生じ，承認喪失の悪循環に陥る．こうして，自己や他者に対する承認の維持が困難になると，自宅や自室への社会的孤立という形でひきこもり状態に至る（足立 2020: 105-6）．このように足立がひきこもりを社会的孤立の一形態とみなすのは，「承認論的観点から考えると，『ひきこもり』は承認の毀損によって至りうる社会的孤立の一形態であり，他の社会的孤立の様態——ホームレス，高齢者の閉じこもり，自殺企図など——と根本問題を同じくする」という前提に彼が立っているためである（足立 2019: 273）．

　もっとも，ひきこもりという言葉が，社会的孤立で表されることへの懸念を表明した論考も僅かながら存在する（例えば，高塚（2019））が，ひきこもりと社会的孤立の両現象が，近年接近しつつあることには相違ない．しかし，その差異については，必ずしも明示されていないため，両者の間の線引きや境界について実証的に検討する必要がある．

1.3　ひきこもり傾向概念

　そもそも，ひきこもりなるものが多様な文脈で用いられるのは，もともとその動詞形（ひきこもる）が日常知（日常語）だったことに起因すると考える．しかし，先行研究は，ひきこもり現象の社会問題化の様相については分析の射程とするが，ひきこもりの周縁の概念にかんする理解の基盤の検討を行っていない．その最たるものとして，『朝日新聞』を対象に，ひきこもり現象の言説分析を行った石川は「『ひきこもりがちの生活を送っている』など『ひきこもる』という動詞形の一部がヒットしたものは無関連記事として除外し」ている（石川 2015: 122）．

　だが，むしろこの「ひきこもりがち」こそ，厳密にはひきこもりとは区別されるという意味でひきこもり現象の境界を示す語であり，かつ日常的に使用され得る語ではないか．確かに，状態像という観点から「ひきこもりがち」をひきこもりと同定することは困難だが，「ひきこもり」という言葉を含む以上，「ひきこもりがち」もまたひきこもり現象をめぐる理解を構成すると言えるはずだ．また，先行研究で触れたように，ひきこもり現象はマスメディアの報道（特に事件報道）の影響を強く受けてきた．そこで本稿では，記者が新聞記事を書い

たり，識者がマスメディアを媒介してコメントをすることでなにをしていることになるのかというマスメディア実践的文脈の分析を中心に行う（後述するように，本稿がエスノメソドロジーに基づく概念分析という方法を採用するのは，この実践的文脈に着目しているためである）．

　なお，「ひきこもりがち」については，工藤（2008）が，2000 年頃の事件報道の際に，「ひきこもりがち」という語が用いられたと述べるが，ひきこもり傾向自体は主題化されていない．心理学的研究では，大学生を対象とした研究において，ひきこもり当事者とは区別されつつ，ひきこもり傾向が用いられている [1]．だが，そこで述べられているひきこもり傾向とは，あくまで研究者によって導き出された定義であり，ひきこもり傾向を通じ，いかなる実践がなされたのかの分析は心理学的研究の範囲外である．

　以上より本稿では，ひきこもり現象の境界（＝ひきこもり傾向）に分析を焦点化し，そのマスメディア実践的文脈の分析を行う．

2　方　法

2.1　ひきこもり傾向概念の設定

　本稿では，ひきこもり傾向概念（ひきこもり傾向を表す言葉）に着目し，それがいかにして用いられているのか分析を行う．

　言語学上，傾向には，頻度傾向と状態傾向の下位分類があり，「がち（○○がちだ）」は，事態の頻度（類似した事態が頻発する様）と接続し，「ぎみ（○○ぎみだ）」は，状態に接続する（井上 1998；八尾 2006；趙 2016）．このように，言語学上，傾向を表す語は体系化されており，傾向概念は独自の位置づけを獲得している．そのため，ひきこもり傾向概念もまた，独自の意味世界を構成すると思われる．よって，本稿では，ひきこもり傾向概念として，「ひ（引）きこもりがち」と「ひ（引）きこもり気味（ぎみ）」に加えて，「ひ（引）きこもり傾向」という 3 つの語を対象とした分析を行うこととする．

2.2　概念分析

　本稿の主要な分析方法は，エスノメソドロジーに基づいた概念分析である．

西阪は Coulter（1979＝1998）を参照しつつ，概念分析を，概念同士の連関の検討と，具体的状況下における概念の用いられ方の分析であると述べている（西阪 1998: 204-5）．また，小宮によると，概念分析（の社会学）とは，「ある概念のもとで人々がさまざまな知識や能力や義務や権利を帰属しながら，行為や行為者を分節化して理解しているその実際のありようを描こうとする研究」（小宮 2017: 140-1）である．すなわち，概念分析とは，カテゴリカルな概念が，行為者によっていかにして参照され，実践的（戦略的）に用いられているかにかんする記述・分析の方針だと言える．

　本稿では，こうした関心から，ひきこもり傾向概念の日常知と医療・臨床的専門知に着目する際に，Hacking の「ループ効果」（専門的知識を通じて人々が新たに分類され，分類された人々の認識や行動が変わり，その変更が分類への（再）修正を迫るという相互作用）（Hacking 1995a: 370, 1995b＝1998: 84）を参照している．そして，概念分析上，ループ効果は，「新しい概念が私たちの経験や行為の理解の仕方をどのように変えていくのか，そうした私たちの変化がどのように概念の位置づけ自体を変えていくのか，といったことを注目すべき現象」と位置づけられている（前田 2009: 4）．

　概念分析を用いた研究としては，「モラトリアム」概念の若者言説上での使用法について論じた小川（2014）が挙げられる．小川は，「モラトリアム」という語を日本に定着させたとされる小此木啓吾のテキストを中心に検討し，臨床に基づく心理学的用語としての「モラトリアム」が，小此木によって，批評的言説としても用いられるようになった過程を分析した．また，小川は「わたしたちが若者言説に一定の信憑性を抱き，それに基づき日々のさまざまな活動をしていること，それ自体の社会性」（小川 2014: 37）を検討されるべきものとしており，ひきこもり傾向の理解を扱う本稿もこうした関心を共有する．

2.3　分析対象

　本稿では，『読売新聞』と『朝日新聞』における記事を対象とし，両紙のデータベースである「ヨミダス歴史館」と「朝日新聞クロスサーチ」を活用した．検索語は「ひ（引）きこもりがち・ひ（引）きこもり気味（ぎみ）・ひ（引）きこもり傾向」で設定し，全国の朝夕刊を検索した（以降，引用箇所を除き，ひき

こもりやひきこもり傾向概念における「ひきこもり」の箇所については，原則平仮名表記を優先する）．

　なお，「ひ（引）きこもりぎみ」（平仮名の「ぎみ」の場合）という表記は『読売新聞』の記事上には存在しなかった．また，期間については，『読売新聞』がデータベースを電子化した 1986 年から 2021 年までとした．累計記事数は『読売新聞』が 956 件，『朝日新聞』が 907 件だった（このうち，「ひきこもりがち」を含む記事は『読売新聞』で 888 件，『朝日新聞』で 822 件を占めた）．

　ちなみに，新聞を主な分析対象とした理由は，他の媒体と比較して，通時的な量的推移の検討が容易なためであり，また，データの明示性を高めることで，後の研究による検証可能性を高めるためでもある．ただし，新聞記事を対象としただけでは，分析が不十分になる場合が想定される（その点，小宮（2017）は対象の横断的な分析を認めている）．よって，適宜，専門家や当事者による記述や発信もまた参照する．

3　分　析

3.1　記事件数の量的推移

　まずは，ひきこもり傾向の概念分析を行う前に，検索語の記事件数の推移を確認する（図 1）．

　図 1 の記事件数は，1986 年から 1996 年までの間は低水準で推移していた（1986 年は 0 件）．これはまだ，ひきこもりが社会問題化されていなかったた

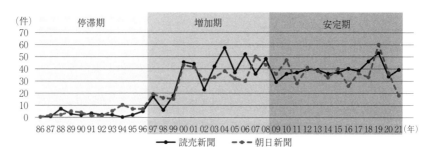

図 1　ひきこもり傾向の記事数の推移

めだと思われる.

1997 年に記事数が 10 件を大きく上回ると, 2000 年に記事数が急増している. 先述したように, これは 2000 年前後の事件の容疑者が「ひきこもりがち」とされたためである. その後,『読売新聞』は 2004 年に最大値 (57 件) に達するまで概ね増加傾向にあり, 2008 年まで 40 件以上を保っている. 一方,『朝日新聞』は 2007 年まで概ね増加傾向にある.

そして, 両紙の 2009 年以後の記事件数は, 2019 年を除き, 概ね 30 件から 40 件の間で安定的に推移している. 2019 年は, 川崎殺傷事件や農林水産省の元事務次官が息子を殺害した事件が発生した年であり, 事件を契機に再びひきこもり現象 (特に 8050 問題に代表されるひきこもりの高齢化) が注目されたことから, 記事が増加したものと思われる.

以上より, 本稿では, 1986 年から 1996 年までを「停滞期」, 1997 年から 2008 年までを「増加期」, 2009 年から 2021 年までを「安定期」と呼ぶ[2]. 以降ではこれらの時期で区分し, 分析を行いたい.

3.2　ひきこもり傾向概念の分析

以降では, ひきこもり傾向の理解をめぐる概念分析を行う. 各項の区分や着眼点は, 計量テキスト分析の結果を参照している. なお, 記事の引用における (略) は, 記事の中略を意味する.

3.2.1　停滞期：日常知としてのひきこもり傾向

停滞期では,「ひきこもりがち」という語が高齢者 (お年寄り) や障害者, 患者, 子ども, 専業主婦などのカテゴリーと結びつき, 使用されている (次の記事以外も同様の傾向が見られる).

　　体があまり丈夫でないために, 家に引きこもりがちなお年寄りのためのデイ・ホームサービスもある. 独り暮らしのお年寄りには配食サービスも. 集会室, 図書室も一般に開放する. 教養講座も開かれる.(『読売新聞』1988.07.18 朝刊「[シルバー] 高齢化社会の核づくり」)

アトピーは幼児期の病気，と思われがちだが，最近は成人患者も増加．病気への無理解からくる人間関係のもつれで会社を辞めたり，湿疹が気になって引きこもりがちになるなど，悩みを抱えている．（『朝日新聞』1994.11.19朝刊「『成人アトピーの会』発足　あす静岡で初会合を開催／静岡」）

　登校・就職拒否問題とかかわって十数年の富田さんが「フレンドスペース」を開いてから，この10月でまる2年．スタッフ10人のこの施設に，「ひきこもり」がちな小学3年から30歳までの青少年80人が会員登録し，毎日20人前後が遊びや勉強に通ってくる．（略）
　富田さんは「本当は，百人のカウンセラーより一人の母親，父親なんです．子供に夢を持たせ，持続させること．自立，責任，仕事といった言葉は，ひきこもりがちな子供には禁句です．決して彼らを追い詰めないでほしい」と話す．（『読売新聞』1992.09.29夕刊「ひきこもり克服へ　心のホットライン開設　亡き青年の遺志生かす／千葉・松戸」）

　1つ目の記事では，「体があまり丈夫でない」という身体機能低下のために，高齢者が「引きこもりがち」になると記されている．2つ目の記事の患者の例も同様に，「湿疹が気になって」という病状が，ひきこもり傾向に至ることを説明可能にする．よって，これらの記事（記者）は，高齢者や患者が，身体機能低下や病状を理由にしてひきこもり傾向に至ることを説明しつつ，そうした状態を解消すべきものと位置づける．記者（記事）はそのような実践，つまり実際に記事を書くことで，読者にひきこもり傾向に至る理由を示している．
　そして，3つ目のフレンドスペース代表（当時）の富田富士也にかんする記事は，富田を「登校・就職拒否問題」の支援者と位置づけている．ここでの「ひきこもりがちな子供」は富田による発言であり，ひきこもり傾向概念が富田によって，「不登校のその後の問題」として分類されたと言える．この場合，不登校や就職をめぐる挫折の経験をもって，ひきこもり傾向に至るという理解（理由の説明）がなされる．
　また，この頃はひきこもりの有力な定義がなく，施設利用者全員が必ずしもひきこもり当事者であると断定できなかったことから，記者や富田によって，

戦略的にひきこもり傾向概念が使用されていたと言える．その姿勢は，「『ひきこもり』がち」という，敢えて「ひきこもり」を鍵括弧で括った後に，「がち」を付け足した記述に顕著である（記事タイトルが「ひきこもり」となっていることから，わざわざここで傾向概念を使用することの合理的な理由は他にない）．

　以上より，停滞期のひきこもり傾向概念は，一般的な日常知として新聞記事上に登場し，不登校のその後という文脈においても，不登校や就職をめぐる挫折の経験を理由に，ひきこもり傾向概念が用いられた．そして，いずれの場合も，ひきこもり傾向にあると，それだけで理由の説明が求められることを意味した．

3.2.2　増加期①：事件報道と医療・臨床的知識による包摂

　増加期では，2000 年に記事数が急増していた．これは，この年に発生した刑事事件において，犯人（容疑者）がひきこもり傾向と関連づけて論じられたためである．次の引用は，2000 年 5 月 3 日に発生した「西鉄バスジャック事件」をめぐる報道の一部である．

　　高校生活はわずか 9 日間．以後はほとんど自宅に引きこもっていた．（略）
　　入院が原因で成績が下がったため，第一志望を断念，4 月に別の県立高校へ進んだが，9 日間で登校拒否に陥った．以後，引きこもりがちになり，少年は翌年 5 月，「大検を受ける」と，高校に退学届を持参した．（『読売新聞』2000.05.05 朝刊「高速バス乗っ取り事件　逮捕の少年，精神科"外泊日"の凶行」）

　この記事を始め事件報道の多くは，不登校後にひきこもり傾向に至った経緯を記しており，「ひきこもり傾向＝不登校のその後の問題」という図式を見出せる．また，「自宅に引きこもっていた」という行為の記述を含め，ひきこもり傾向については，当事者の自認を必要としないこともまた，停滞期と共通する．ひきこもり傾向は，ひきこもりであるかの厳密な同定を必要としないため，特に事件報道では，排除的に用いられやすかったのだと言える．

　こうした社会状況を受けてか，この事件の翌月に，ひきこもり現象を世間に広めたとされる精神科医の斎藤環のインタビュー記事が掲載されている．その

記事の中で，斎藤は精神科医の立場から，自らにひきこもり傾向概念を適用している（ただし，2つ目の引用は，斎藤の著作）．

　　社会問題となった「ひきこもり」を始め，思春期の若者たちが抱える心の病の治療に当たりながら，鋭い社会分析も手がける医師の口をついた言葉は，何とも意外なものだった．
　　「ぼくにも，ひきこもり傾向があったんですよ」
　　大学の一時期，他人とのコミュニケーションがうまくとれずに苦労した経験があったという．そしてそれが，精神分析という道を選ぶきっかけにもなる．「人間のことがよく分からないからこそ，興味を持ったんです」（略）
　　学生生活の終盤は，あまり授業に出ず，部屋で本ばかり読んでいた．「数日ぶりに外に出ると，周りから変に思われているのではないかという『被害感』を持ってしまう」．ひきこもればひきこもるほど，その感覚が強くなり，外に出られなくなることが，自らの経験に照らして分かるという．（『読売新聞』2000.06.02夕刊「［気鋭・新鋭］斎藤環さん38　心が映す時代の病理にメス」）

　　本書では「社会的ひきこもり」について，次のように定義します．
　　「20代後半までに問題化し，6カ月以上，自宅にひきこもって社会参加をしない状態が持続しており，ほかの精神障害がその第一の原因とは考えにくいもの」（斎藤1998: 25）

　精神科医として斎藤がひきこもり傾向概念を用いる時，それは単に一般人が自らにその概念を適用するのとは，明らかに意味合いが異なる．それは，「ぼくにも，ひきこもり傾向があったんですよ」という自己診断に対する記者の「何とも意外なものだった」という反応にも表れている．すなわち，記事では「思春期の若者たち」の「心の病」を治療する側の「医師」（あるいは，「社会分析を手がける」専門家）と，治療される側との間の区分が前提とされている．だが，一見して連関しない両者は，斎藤の発言により結びつく．これは言わば，斎藤によるひきこもり傾向概念を用いた自己診断的同化戦略であり，彼自身がひきこもり現象の専門家であるがゆえに正当化される．

　この自己診断的同化戦略について，詳細に分析したい．記事上では，斎藤の大学生時代の経験が語られているが，それは斎藤自身の定義（2つ目の引用）に必ずしも当てはまるとは言えず，ひきこもりという自己診断を下すのは困難である．しかし，「ひきこもり傾向」という自己診断（分類）によって，ひきこもりとその傾向概念が医療・臨床的知識として資源化されることで，記事中の「被害感」や「外に出られなくなること」という日常経験の記述が可能になる．こうした日常経験をめぐる論理を，斎藤が「分かる」とすることで，ひきこもり（傾向）とされた人々は異質な他者ではなくなる．すなわち，彼の戦略により，若者は誰でもひきこもり傾向になり得るという包摂が試みられたのである．

　さらに，ひきこもり傾向概念のうち，頻繁に使われた「ひきこもりがち」ではなく，「ひきこもり傾向」という語がこの戦略に使用されたことも，特筆すべき点であろう．「ひきこもり傾向」が初めて『読売新聞』の記事上に出現したのは，この記事の直前（『読売新聞』2000.03.14 朝刊「98年度児童相談所 『乱暴』相談 62 件，4年間で倍増＝群馬」）であり，斎藤の記事は2例目である．また，『朝日新聞』では，この斎藤の記事以降に使われている（『朝日新聞』2000.09.25「ランダム通信」）．そのため，「ひきこもり傾向」という言葉は，「ひきこもりがち」のように日常的に使用されてきた語とはみなせず，単なる日常知であるとは言い難い．したがって，斎藤は非専門的な日常知と差異化し，自らの専門家（精神科医）としての立場を保持しながらも，（一部の）若者を包摂する語として「ひきこもり傾向」を選択したのだと思われる．

　以上，斎藤は専門家としての立場性を保持し，社会問題化したひきこもりと自身の経験とを厳密には区別しつつも，排除された若者の包摂を試みる必要があった．その点，「ひきこもり傾向」という言葉は，いずれの条件も満たす医療・臨床的知識として，絶妙な位置価を有していた．こうして，高齢者・患者・障害者，あるいは不登校のその後のいずれにも当てはまらない対象にも，専門家による「お墨付き」を経て，ひきこもり傾向概念の適用範囲は広がっていくのである．

3.2.3　増加期②：高齢者の社会的孤立

　停滞期の頃から，老化による体力や身体機能の低下はひきこもり傾向に至る理由とされてきた．増加期でも，その点は共通しているが，高齢者のひきこもり傾向は，その深刻化から，次の記事のように行政を中心に対処すべき問題として報じられる．

　　ひとり暮らしのお年寄りの孤独死を防ぐために，桐生市は新年度，お年寄りの望みや悩みを聞く「生きがい活動援助員」を設ける．ベテランのホームヘルパー4人を充て，自宅に引きこもりがちなお年寄りが，気軽に町内の集会所に出向けるムードをつくり，集まりを楽しく盛り上げる催しを企画する．（『朝日新聞』2001.02.17朝刊「お年寄り孤独死追放へ『生きがい活動援助員』制度　桐生市／群馬」）

　　大阪府は，他府県からの人口流入や移転で地域の交流が薄れたことなどから，65歳以上の府民約82万人のうち約1割が「引きこもりがち」と推定．外出しない状態が長く続くと健康に影響が出るうえ，独り暮らしのケースが多いため孤独死も想定されるとして支援策を検討していた．（『読売新聞』2002.02.06夕刊「お年寄り，もっと地域と交流を　引きこもり防止に大阪府がボランティア養成」）

　孤独死にかんしては，特に『読売新聞』上では，停滞期にもそれとひきこもり傾向概念とを結びつける記事が存在した[3]．その上で，これらの記事を引用したのは，ひきこもり傾向にある高齢者が，行政による介入の対象とされた点にある．
　例えば，1つ目の記事では，「生きがい活動援助員」という制度を設け，「お年寄りの望みや悩みを聞く」ことが，その介入の手段となっている．また，2つ目の記事では，65歳以上の府民のうちの1割が「引きこもりがち」であるという行政の分類が報じられている．こうして記事（記者）が，行政によって，「引きこもりがち」という分類が行われたと記すことで，ひきこもり傾向なるものは，公的に対処すべき社会問題として呈示される（行政による福祉化）．

　また，増加期に入って，次のように，ひきこもり傾向に至る理由を明確に記した記事が出現する．

　　安藤君が 3 歳の時，会計事務所で働いていた父・進さん（61）が倒れた．脳梗塞（こうそく）．体と言葉に障害が残った．家の中をつえをついて歩き，「周囲に迷惑をかけるから」と引きこもりがちになった．（『朝日新聞』2003.07.09 朝刊「車いすの父に初めて見せた雄姿（夏へがんばる：5）高校野球」）

　この記事は，父親が障害によって，家族や職場などの他者に「迷惑をかける」ため，ひきこもり傾向に至ったと説明している．ここで，記事（記者）は父親をひきこもり傾向に分類しているが，一見して，迷惑をかけないことが合理的な理由であるため，そこにサンクションを見出すことはできない．換言すると，他者に迷惑をかけることの回避戦略として，ひきこもり傾向概念が参照されている．
　上記のひきこもり傾向の理由は，病気による障害だったが，『読売新聞』と『朝日新聞』の両紙ともに，高齢者や認知症患者の場合も同様の論理が用いられ，安定期にかけてもその論理は継続している[4]．自ら孤立を望んだ場合でも，その多くが「迷惑をかけたくない」という消極的な理由であることは，石田（2018: 10-1）によって論じられているが，記事（記者）は他者に迷惑をかけてはならないことの記述により，読者に対して理解可能な論理図式を呈示していたと言える．
　以上のマスメディアの実践を通じ，他者に迷惑をかけてはならないという規範は，特に社会的孤立や孤独死（孤立死）をめぐって，ひきこもり傾向に至るまでのひとつの論理を形成する．

3.2.4　安定期：2019 年の事件と社会的孤立
　安定期のひきこもり傾向概念は，増加期を通じて拡張したひきこもり傾向概念の包摂範囲を概ね踏襲している．しかし，図 1 を参照すると，川崎殺傷事件や農林水産省元事務次官が息子を殺害した事件のあった 2019 年の記事数は突出している．特に『朝日新聞』は全期間を通じて最大である．また，事件と

関連して，中高年のひきこもりが焦点化された．下記は事件直後にラベリングを行った典型的な報道と，それへの反省的な記事である．

　　川崎市多摩区で私立カリタス小学校の児童ら 19 人が殺傷された事件で，（略）引きこもり傾向だった岩崎容疑者が，大半の時間を過ごした万年床の自室には，漫画本やゲーム機が残されていた．（『読売新聞』2019.05.31 朝刊「川崎殺傷　事件前　突然丸刈り　容疑者　凶行に執念か」）

　　根本匠厚生労働相は 4 日の閣議後記者会見で，川崎市の 20 人殺傷事件や元農林水産事務次官が長男（44）を殺害したとされる事件について，「事実関係が明らかではないが，安易にひきこもりなどと結び付けるのは慎むべきだ」と述べた．
　　川崎市の事件直後に自殺した容疑者（51）と，元農水次官の長男はいずれも，ひきこもり傾向にあったと報じられている．（略）
　　根本氏は，80 代の親とひきこもる 50 代の子が同居する「8050（はちまるごーまる）問題」にも言及し，「社会的孤立や家庭での様々な問題が複合化，複雑化している」と指摘．包括的な相談体制の構築や，自ら声を上げるのが難しい人や家庭に気づき，相談につなげられる地域づくりを進める考えを示した．（『朝日新聞』2019.06.04 夕刊「『ひきこもりと結び付けないで』　根本厚労相，川崎などの事件受け」）

　斎藤によって，増加期に医療化したひきこもり傾向概念の中でも「ひきこもり傾向」は，皮肉にも同じ『読売新聞』内で，2019 年に斎藤の自己診断的同化による包摂とは真逆の排除的な形で用いられた（1 つ目の記事）．この記事には，「大半の時間を過ごした万年床の自室」というひきこもり当事者としては同定できないが，それに近い状態を想起させる記述が存在する．特に「万年床」という記述は，部屋が整頓されていない怠惰な印象を読者に与える．また，日用品や洋服などの所有物が部屋にはあったと思われるが，記事（記者）は「漫画やゲーム機」を取り出している．では，なぜこれらが記述されたのか．
　先述の斎藤の自己診断を含め，それまでひきこもり現象は若年世代と結びつ

けられてきた．そのため，容疑者の 51 歳という年齢は「ひきこもり傾向」から乖離している（引用の 2 文前に容疑者の年齢が記載されている）．そこで，中高年の容疑者の「ひきこもり傾向」を読者に想像させやすくするために，記事（記者）は「漫画やゲーム機」というひきこもりを連想させる言葉を用いたと言える．すなわち，中高年になっても，自室で「漫画やゲーム」に耽っていた容疑者という異常さを際立たせた理解枠組みが呈示されている．こうした記述は，ひきこもりを連想させる描写と凶悪殺人を結びつけるような実践である．

　一方で，こうした事件報道に異を唱えたのが，2 つ目の『朝日新聞』の記事である．この記事（記者）は「安易にひきこもりなどと結び付けるのは慎むべきだ」という当時の厚労相の発言を引用し，それをタイトルにして，ひきこもりと事件を結びつけることを控えるべきだというメッセージを読者に示している．このタイトル通りであれば，大臣発言の引用と事件の概要説明で十分である．だが，続けて記事（記者）は，8050 問題や社会的孤立にかんする当時の厚労相の発言も報じており，若年層のみならず中高年を含む幅広い年代を対象とした問題設定が行われている．その中で，「包括的な相談体制の構築や，自ら声を上げるのが難しい人や家庭に気づき，相談につなげられる地域づくりを進める」とあり，関係性から撤退しているために，「気づ」かれない個人や家庭が存在することを示している．そのため，「相談につなげられる地域づくり」が包摂のひとつの目標とされている．

　関係性からの撤退への着目については，先述したように，斎藤が「コミュニケーション」という他者との関係性からの撤退に問題の位相を移すことで，ひきこもり傾向とされた人々の包摂を図ったことと共通している．よって，この記事（記者）は，ひきこもり傾向を犯罪と結びつけずに，社会的孤立として対処すべき課題だと示したと言える．ひきこもり傾向とされ，排除された人々の再包摂の枠組みが呈示されたのである．その包摂範囲は，斎藤による包摂戦略の頃と比べ，年齢層という点で確実に拡大している．それと関連して，『朝日新聞』はこの記事の前から，ひきこもり傾向概念を社会的孤立の事案として報じていた[5]．よって，『朝日新聞』には，社会的孤立と組み合わせて記者会見の模様を報じる意図があったと思われる．

　以上より，2019 年の事件をめぐっては，当初，増加期に医療化された「ひ

きこもり傾向」が排除的文脈で参照されたが，その後は，ひきこもり傾向概念が社会的孤立の一形態とみなされ，ひきこもり傾向とされた人々の再包摂が実践された．

だが，こうした包摂に陥穽はないと言い切れるだろうか．そこで，次項では，社会的孤立の主な理由となっていた「迷惑」に着目した分析を行いたい．

3.2.5　増加期〜安定期：ひきこもり傾向と迷惑の論理

前項では，2019年の事件を契機に，ひきこもり傾向と社会的孤立という両概念が接近したことを記した．また，これまでに社会的孤立と関連して，他者に迷惑をかけることの回避戦略として，ひきこもり傾向概念が参照されたことも論じてきた．

しかし，こうした迷惑をめぐる規範を理由にしたひきこもり傾向を，そのカテゴリー全般に当てはまるものとして捉えてはならない．なぜなら，それは下記のように，別の形で迷惑をめぐる規範といった自己否定が表出することがあるためである．

　池田被告は仕事がなく，家に引きこもりがちだったことから，妻に迷惑がかかると思い，自殺を決意，長女を道連れにしようとした．川島裁判長は「精神的に追いつめられていた心境は理解できる」などとして執行猶予付き判決を言い渡した．（『読売新聞』2005.09.29朝刊「長女道連れ無理心中図った男に猶予判決　甲府地裁＝山梨」）

　「ひきこもり」という現象がお茶の間レベルにまで知られるようになったのは，今から20年ほど前のことです．あのときも，ひきこもりは犯罪と結びつけた形で語られました．新潟県柏崎市の少女監禁事件や，西鉄バスジャック事件などが起き，「犯人はひきこもり傾向のある人物だった」とされたのです．（略）

　ひきこもりの当事者は，いわば自分自身を社会から排除している人々です．自己否定的で，自身を「価値のない人間」と思い込んでいます．今回の事件を受け，ある当事者は「私は社会に要らない存在だから死んだほうがいい」

と言いました．「私も親に殺されるかもしれない」とおびえる人もいます．
いま社会に必要なのは「死ぬな」というメッセージだと思います．（『朝日新
聞』2019.06.14 朝刊「（耕論）絶望に追い込まぬため　藤田孝典さん，小田嶋隆
さん，斎藤環さん」）

　1 つ目の記事では，被告（夫）が「仕事がなく，家に引きこもりがちだった
ことから，妻に迷惑がかかる」とあり，ひきこもり傾向にあることによって，
周囲の人間に対する迷惑になるとされている．これは，判決に執行猶予がつけ
られたことを限られた紙幅で説明するために，「仕事がなく，家に引きこもり
がちだったことから，妻に迷惑がかかる」という理由が記者によって呈示され
たのだと理解できる．
　2 つ目の記事は，2019 年の事件直後のものである．ここで斎藤は，ひきこ
もりが犯罪と結びつけられた構図が以前と同様だと述べる．増加期では，ひき
こもり傾向概念の使用を戦略的に行っていた斎藤だが，この記事では，ひきこ
もりとひきこもり傾向は区別されず，ひきこもり傾向が「『ひきこもり』とい
う現象」の一環であるように論じる．そして，彼は読者に馴染みの薄い「自己
否定的」な当事者像を，彼らの声とともに呈示する．こうした当事者像の呈示
は，ひきこもり当事者の排除を防ぐ実践だと言える．
　この当事者像に着目すると，迷惑などの言葉に代表される自己否定の経験は，
下記のように当事者によって強く訴えられてきた．

　　　ただ，「親の頭の中が子どもの問題でいっぱいになっている」というのは，
　　悪い影響しか持たない気がします．私はそうでしたが，当事者は，案外，家
　　族に対して自分がかけている負担や迷惑のために，罪悪感でいっぱいになっ
　　ている．「加害者感情」でものすごく苦しんでいたりする．そういうジレン
　　マから，少し解放してくれるのではないでしょうか，「親が勝手に自分の人
　　生をはじめる」というのは．（上山 2001：167）

　この手記で，上山は家族に「迷惑」をかけていることを当事者が理解してお
り，その自覚が自身を追い込むという当事者心理（「罪悪感」）を記すことで，

家族や社会の誤解や偏見を解こうと試みている．「負担や迷惑」「罪悪感」は，彼が当事者の規範性を説明するのに不可欠な言葉と言える．だからこそ，同じ文で彼は「私はそうでしたが」と断りを入れつつも，「（ひきこもり）当事者」というカテゴリーを自身に適用し，彼の主張が当事者を代弁し得ることを示したと理解できる．

　以上より，ひきこもり傾向にあることが，当事者にとって，自己否定や迷惑の論拠となるが，その理解の得にくさゆえに，当事者や識者（精神科医）によって強調されてきた事柄だと言える．

　ここで，先述した他者に迷惑をかけてはならないという規範に鑑みると，確かに，これらの引用からは，日常知としてのひきこもり傾向概念と迷惑との間の連関を見出せるものの，論理の内部構造が逆転している．すなわち，社会的孤立・孤独死の文脈では，迷惑の回避戦略的側面（論理A：迷惑→ひきこもり傾向）となっていたのに対し，本項では，ひきこもり傾向が迷惑を構成する側面（論理B：ひきこもり傾向→迷惑）が見出されたのである．

　そこで，本節の最後にこれらの差異について考察してから，結論へと移る．

3.3　考察

　これまで分析してきた通り，ひきこもり傾向については，記者や識者（あるいは当事者）によって，常にそれに至る理由の説明が行われてきた．論理A・Bはその実践の副産物である．

　論理A・Bはともに，関係性からの撤退という意味で，社会的排除を被った状態を示す．さらに，論理Aの場合，他人に迷惑をかけてはいけないという規範に抵触しないが，論理Bの場合は，ひきこもり傾向にあること自体が規範からの逸脱として認識される．そのため，同じひきこもり傾向であっても，論理Aの場合は，その傾向にあることは免責され，逸脱に対する負のサンクションは生じないか最小限に留められる（例：「高齢で体が弱いのだから，ひきこもりがちでも仕方がない」）．だが，論理Bにおいては，その傾向にあることは免責されず，逸脱に対する負のサンクションが課せられる（例：「ひきこもり気味になることで，親や周囲（世間）に迷惑をかけるのは悪いことだ」）．よって，論理Bは「他者に迷惑をかけている／いない」という線引きのもと，さらなる

排除の対象となる．つまり，論理Bのひきこもり傾向は，二重の排除を被っている．

　この二重の排除について，一部のひきこもり傾向が社会的孤立問題として捉えられることへの懸念を，「過剰包摂」（Young 2007＝2008）の議論を補助線にして論じたい．過剰包摂型社会（bulimic society）とは，「包摂と排除の両方が一斉に起きていて，大規模な文化的包摂と系統的かつ構造的な排除が同時に起きている」（Young 2007＝2008: 69）ような社会状況を指す．したがって，Young（2007＝2008）は，後期近代における包摂と排除の二項対立的な捉え方を不十分とし，両者の境界の曖昧化を論じている．

　さて，近年の一部の研究では，社会的孤立の観点からひきこもり現象を論じるべきだとされてきた．社会的孤立の文脈の論理Aと，（個人・社会）病理としてのひきこもりと分類されてきた論理Bという2つの論理の存在については先述した通りである．

　しかし，それらの論理を含めて，様々なひきこもり傾向が社会的孤立問題として包摂されると，関係性からの撤退という第一の排除が焦点化され，従来の社会的孤立問題上積極的に議論されてきた論理Aが前景化する．すると，論理Bが背景化し，第二の排除という回路の隠蔽が生じる．すなわち，社会的孤立という社会問題の内部に，ひきこもり傾向とされた人々が包摂されることで，その解決が試みられているが，実はそれは多様化した当事者の一部を排除している（図2）．

　図2にもあるように，これは明確な排除ではなく包摂の一環であり，一見して排除的機能を認識しづらい（＝包摂と排除の境界の曖昧化）．そのため，ひきこもり（傾向）の社会的孤立化への疑問や反論は少なかったのだと思われる．社会的孤立をコロナ禍の巣ごもりに置き換えると，包摂の過剰さが浮彫になる

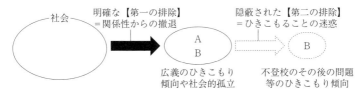

図2　ひきこもり傾向と二重の排除図式

だろう．ひきこもり傾向をめぐる包摂と排除は，問題化した当初と比べ，近年ではその境界が曖昧化している．

　以上より，社会的孤立をひきこもり（傾向）に無条件に適用することは過剰包摂であり，彼らの意味世界の不可視化をもたらす[6]．

4　結　論

　本稿では，『読売新聞』と『朝日新聞』を主な対象とし，ひきこもり傾向概念がどのように用いられてきたのか，分析を行ってきた．その結果，次の3点が見出された．

① ひきこもり傾向とその理由の説明は不可分であること．
②「迷惑をかけないためにひきこもり傾向に至る」（論理A），「ひきこもり傾向にあることで，他者や社会に迷惑をかけている」（論理B）という両義的側面．
③ ②をめぐる二重の排除図式と排除の曖昧化．

　さて，本稿の目的は，ひきこもり傾向概念の用いられ方とその理解のありようの分析から逆照射して，ひきこもり現象をどのように対象化すべきかを明示することにあった．そこで本稿では，社会的孤立の内部にひきこもり現象を位置づけ，他の孤立形態と通底する問題だと強調する戦略よりも，ひきこもりというカテゴリー内部の差異の記述を徹底すべきだと述べたい．例えば，関水（2018）は，ひきこもり経験者による当事者活動を，自己のポジショナリティに向き合うことと，不可能性（動けなさ）への配慮という観点から整理している．このような多様性に基づいた記述こそ，模索すべき方向性と言えないだろうか．

　もっとも，本稿は，ひきこもり現象を社会的孤立として扱うべきだとした研究が多様性に敏感ではないと言いたいのではない．むしろ，その認識があったからこそ，社会的孤立という焦点化しやすい言葉を用いて，対象となる問題群を強調したと推察できる．そこからは真摯な問題解決の姿勢を読み取ることが

でき，その点は尊重されるべきだろう．しかし，こうした言説実践上の戦略は，意図せざる結果として，上述した第二の排除の隠蔽をもたらし得る．それは，ひきこもり現象のみならず，社会的孤立の研究や支援に対しても良い影響をもたらさない．ひきこもり現象を社会的孤立の一形態とまなざすことで漏れ落ちる人々がどうしていないと言えようか．

　最後に，本稿の限界としては，あくまで新聞記事を対象とした分析であることが挙げられる．よって，インタビューを含めた当事者による認識の検討を今後の課題としたい．

[付記]
　本研究は，JSPS 科研費 JP22J10413 の助成を受けたものです．

注
　1）例えば草野（2012）は，「他者からの評価への過敏さ」「自己否定・不全感」「孤立傾向」という 3 因子（松本 2003）をもとに，ひきこもり傾向尺度を操作的に定義している．
　2）図 1 の作成や時期の区切り方については，一部，御旅屋（2012）を参照した．
　3）例えば，『読売新聞』1996.04.06 夕刊「リポート震災の街から　無事を伝える黄色いサイン　『孤独な死』防げ！」がある．
　4）例えば，『読売新聞』2009.06.20 朝刊「ヘルパーと外出，9 割補助　杉並区負担　高齢者引きこもり防ぐ＝東京」がある．
　5）例えば，『朝日新聞』2017.05.15 朝刊「民生委員，広がる担い手支援　制度 100 年，増える担当業務」がある．
　6）ただし，本人以外からのひきこもり状態の同定の困難さゆえに，特に量的調査や制度を設計する場合は，社会的孤立によって広く対象を定義し，段階的にひきこもり状態の者を絞り込むほうが好ましいということも考えられる．

文　献
足立弦也，2019，「社会的孤立における居場所の関係性がもたらす承認機能についての考察——ひきこもり当事者・支援者へのインタビュー分析から」『立命館産業社会論集』55(1)：273-92.
————，2020，「日本社会の承認状況における社会的孤立の誘因——ホネットの承認論と個人化論による『ひきこもり』現象の分析から」『季報唯物論研究』(150)：104-14.
趙海城，2016，「傾向を表す接尾辞『〜がち』『〜ぎみ』について」『明星国際コミュニケーション研究』(8)：31-49.

Coulter, Jeff, 1979, *The Social Construction of Mind: Studies in Ethnomethodology and Linguistic Philosophy*, London: Macmillan.（西阪仰訳, 1998,『心の社会的構成——ヴィトゲンシュタイン派エスノメソドロジーの視点』新曜社.）

Hacking, Ian, 1995a, "The Looping Effects of Human Kinds", Sperber, D., D. Premack, and A. J. Premack eds., *Causal Cognition: A Multidisciplinary Debate*, Oxford: Oxford University Press, 351–83.

————, Ian, 1995b, *Rewriting the Soul: Multiple Personality and the Sciences of Memory*, Princeton: Princeton University Press.（北沢格訳, 1998,『記憶を書きかえる——多重人格と心のメカニズム』早川書房.）

井上次夫, 1998,「傾向を表す表現について——〜がちだ・〜ぎみだ・〜やすい」『奈良教育大学国文：研究と教育』21: 62-74.

石田光規, 2018,『孤立不安社会——つながりの格差, 承認の追求, ぼっちの恐怖』勁草書房.

石川良子, 2015,「社会問題としての『ひきこもり』(1)——『朝日新聞』記事データベースを用いての検討」『松山大学論集』27(3): 121-35.

川北稔, 2019,『8050問題の深層——「限界家族」をどう救うか』NHK出版.

小宮友根, 2017,「構築主義と概念分析の社会学」『社会学評論』68(1): 134-49.

工藤宏司, 2008,「ゆれ動く『ひきこもり』——『問題化』の過程」荻野達史ほか編『「ひきこもり」への社会学的アプローチ——メディア・当事者・支援活動』ミネルヴァ書房, 48-75.

————, 2013,「『ひきこもり』社会問題化における精神医学」中河伸俊・赤川学編『方法としての構築主義』勁草書房, 17-35.

草野智洋, 2012,「大学生におけるひきこもり傾向と人生の意味・目的意識との関連」『カウンセリング研究』45(1): 11-9.

前田泰樹, 2009,「ナビゲーション〈1〉」酒井泰斗ほか編『概念分析の社会学——社会的経験と人間の科学』ナカニシヤ出版, 3-9.

松本剛, 2003,「大学生のひきこもりに関連する心理的特性に関する研究」『カウンセリング研究』36(1): 38-46.

西阪仰, 1998,「概念分析とエスノメソドロジー——『記憶』の用法」山田富秋・好井裕明編『エスノメソドロジーの想像力』せりか書房, 204-23.

小川豊武, 2014,「若者言説はいかにして可能になっているのか——心理学的知としての『モラトリアム』の概念分析」『年報社会学論集』(27): 37-48.

御旅屋達, 2012,「子ども・若者をめぐる社会問題としての『居場所のなさ』」『年報社会学論集』(25): 13-24.

斎藤環, 1998,『社会的ひきこもり——終わらない思春期』PHP新書.

関水徹平, 2018,「ひきこもり経験者による当事者活動の課題と可能性」『福祉社会学研究』15: 69-91.

高塚雄介, 2019,「高年齢者のひきこもりについて——孤立化はひきこもりとは違う」『心と社会』50(4): 52-63.

高山龍太郎, 2008,「不登校から『ひきこもり』へ」荻野達史ほか編『「ひきこもり」への社会学的アプローチ——メディア・当事者・支援活動』ミネルヴァ書房,

24-47.

上山和樹，2001，『「ひきこもり」だった僕から』講談社.

八尾由子，2006，「傾向を表す接辞 ガチ，ギミ，ヤスイ」『岡山大学大学院文化科学研究科紀要』21 (1): 127-39.

Young, Jock, 2007, *The Vertigo of Late Modernity*, London: Sage.（木下ちがや・中村好孝・丸山真央訳，2008，『後期近代の眩暈——排除から過剰包摂へ』青土社.）

abstract

Inclusion and Exclusion in the Hikikomori Phenomenon: A Conceptual Analysis of the Hikikomori Tendency

KUWABARA, Hiromu

Kyoto University, JSPS Research Fellow DC

In this paper, we analyze the usage of the concept of the Hikikomori (social withdrawal) tendency, which is not necessarily identified as Hikikomori, although it is accompanied by Hikikomori as a state. This paper aims to return to the Hikikomori phenomenon and clarify how it should be described in its diversification.

A conceptual analysis, based on ethnomethodology, is employed as the analytical method. Conceptual analysis is a plan of action regarding the description and analysis of how categorical concepts are referred to and practically (strategically) used by actors. The main analysis subjects are articles from the Yomiuri Shimbun and the Asahi Shimbun (Japanese newspapers). In addition to these, descriptions and communications by experts and the parties concerned are also referred to.

Consequently, the following three points were found: (1) The Hikikomori tendency and the explanation for its reason are inseparable; (2) There are ambivalent aspects; a Hikikomori tendency does not cause trouble for others (Logic A), and a Hikikomori tendency causes trouble for others and society (Logic B); (3) There exists a double exclusion scheme in which the foregrounding of Logic A conceals Logic B (ambiguating exclusion).

From the above, particularly, because Logic A is inseparable from the discourse on social isolation, we should refrain from completely identifying the Hikikomori phenomenon with social isolation. The differences within the category of Hikikomori should be thoroughly described.

Keywords：Hikikomori, Hikikomori tendency, conceptual analysis, social isolation, social exclusion

| 自由論文 |

老親介護と子の意向
——関係性と規範に着目して

牧　陽子・山本菜月

　家族の変容や社会環境の変化に伴い，介護をめぐる規範に大きな揺れが生じている今日，介護を行う前の世代の人たちは，将来の親の介護について，どのような意向をもっているのだろうか．本稿は，成人子の介護意向について，関係性と規範という二つの要素に焦点をあて，介護意向の男女別・親別の分布状況の検証と，介護意向に作用する要因について二項ロジスティック回帰分析を行った．

　その結果，関係性，規範という二つの異なる要因が併存して現代の30〜40歳代の介護意向に影響しているという示唆が得られた．介護意向の分布では，女性はいずれの親に対しても，男性より有意に介護意向が高く，女性が介護するものというジェンダー規範の存在が考えられる．二項ロジスティック回帰分析では，実親に関して女性は父との関係良好度が，男性は父母との関係良好度と，子による介護規範の影響が推測された．義理親に対しては男女とも関係良好度の影響が大きいと考えられる一方，長男の妻であることは介護意向を有意に高めることが示唆された．親との関係性が重要である一方，規範も効力を失っていないことがうかがえる結果となった．

キーワード：老親，成人子，介護意向，関係性，規範

1　はじめに

　本稿は，高齢化が急速に進むなか，やがて介護責任を負うことになる子世代の意向は現在，どうあるのかについて，親子関係と規範に着目して分析を試みようとするものである．

　日本の高齢化率は 2005 年以来，先進国で最高水準にあり，老齢期の親への援助や介護が深刻な社会問題になっている．かつては同居家族による介護が日

まき ようこ｜上智大学外国語学部・准教授｜maki-yoko@sophia.ac.jp
やまもと なつき｜お茶の水女子大学・アソシエイトフェロー｜yamamoto.natsuki@ocha.ac.jp

本の伝統的価値であると考えられ，同居する長男，とりわけその妻が主に介護を担うという「長男の嫁規範」が強かった．しかし現在では，女性の就業が進んだほか三世代同居率は低下するなど，家族の多様化や個人化が進行している．このような状況のなか，家族関係は一つのライフスタイルになったとし，家族成員の主体的な選択を重視する見方もある（野々山 2007；春日井・片岡 2001）．

「介護の社会化」が叫ばれた 1990 年代の議論を経て，2000 年には介護保険制度が導入され，様々な在宅介護サービスの整備や量的拡大が進んだ．一方で近年，介護施設の増設も急速に進んでいる．特別養護老人ホーム（以下，特養）と有料老人ホームを合わせた定員数は，2005 年の 48 万人から，2016 年には 101 万人と，わずか 11 年で 2.1 倍に増えた[1]．特養への入居を待つ待機高齢者が特に多い首都圏でも，施設は，郊外の民間を選べば利用可能な選択肢になりつつある．

家族の変容や社会環境の整備が進む一方で，介護をめぐり家族の役割が依然として大きいのも事実である．介護保険制度は，曲がりなりにも「個人単位」として設計されたが，在宅での療養には家族介護が前提とされるなど，現実との齟齬も指摘されている（藤崎 2013 等）．また老親への支援について，社会規範がまったく存在しなくなったわけでもない．薄れる規範と家族や価値観の変容，社会環境の整備が進むなかで，誰が介護を担うのか，そもそも家族で介護するかについて，判断を迫られているのが日本社会の現状と言えるだろう．このような状況のなか，これから介護責任を負うことになる世代の人たちは，介護についてどのような意向を持っているのだろうか．主体性が重要になったとされる今，親との関係性と，伝統的な子による介護規範は，子の介護意向にどのように影響しているのだろうか．

本稿では，このような問題関心から，子と親との関係性，および子における介護規範に着目し，これまで十分に検討されていない，介護前にある世代の子の介護意向について考察を加えることを目的とする．具体的には，「家族についての全国調査」を用い，第 4 回調査（NFRJ18）で初めて加わった設問である，父，母，義父，義母に対する介護意向についての回答から，今後予想される親の介護について，子の性別・対象の親ごとの介護意向分布を検討したのち，介護意向に影響する要因について，ロジスティック回帰分析により検証する．

2 分析対象と介護をめぐる現状

2.1 「介護」概念の範囲と分析対象

　ここまで「介護」という用語を用いてきたが，年老いて助けが必要になった親に対する援助には様々な種類があり，これまでもそれらを区別して論じることが試みられてきた．例えば，染谷（2003: 105-7）は老親と子どもの関係について，社会老年学の先駆者である那須（1974）を引用しつつ，「経済的扶養」「身体的（介護）扶養」「精神的扶養」の三つの側面に分けて論じている．このほか，森岡（1976: 4）も老親が必要とする援助として「経済的安定のための援助」「保健のための身体的介護」「情緒的満足のための援助」の三つを挙げている．用語の違いはみられるものの，「経済的（＝金銭的な援助）」「身体的（＝介助等，日常生活の手助け）」「情緒的（＝精神面な安定のためのコミュニケーション）」の三つの側面に分けて考察している点は共通しており，現実には，「介護」という言葉だけでは表現しきれない，老親への援助の多面性を考える上で重要な視点である[2]．

　一方海外では，ケアの倫理研究で知られる J. トロントが，ケアを密接に結びついた以下の四つの活動プロセスであると論じている（Tronto 1993: 105-8）．

　一つ目は，'Caring about' とトロントが呼ぶケアの必要性を認識する，最初の段階である．二つ目は，必要になったケアについて責任を負い，どのようなケアを選ぶのか決定する 'Taking care of' という段階であり，三つ目は実際にケアを与える 'Care-giving'，四つ目はケアを受ける 'Care-receiving' である．ここでは，実践として行われるケアのプロセスを時系列に分けて考察しているが，一つ目の 'Caring about' は那須らが提唱する「精神的」，二つ目の 'Taking care of' は「経済的」，三つ目の 'Care-giving' は「身体的」な援助に通じる点があると言えるだろう[3]．日本の概念の，「経済的」「身体的」「情緒的」分類では担い手である「子」と受け手の「親」の二者関係が想定されているのに対し，トロントの分類は三つ目の 'Care-giving' に第三者によるケアサービスも含みうるなど，アクターの複数性を考えるのに有用である．

　本稿では，老親への援助の中でも「身体的」な援助を「介護」と呼び，ここでの分析対象とする．誰がどのように介護を行っているのかという統計や研究は豊富にあるため（小山 2016; 木下 2019; 西野 2021 等），実際にはまだ介護を行っていない世代の人が，親・義理の親の介護に関してどのような意向を持っているのかに特に着目する．トロントの 4 段階でいうと，ケアの必要性を認識する最初の‘Caring about’に該当し，ケアを行う段階である‘Care-giving’には，ヘルパーなどによる介護サービスや施設という選択肢も含んでいる．十分に解明されていないこの世代の介護意向を分析して一つの知見を提供することにより，高齢者支援の未来を考える上での手がかりにしたい．10 年後，20 年後に，高齢者とその家族はどのような支援を必要とするのか．私たちが備えるための何らかの示唆が得られるのではないだろうか．

2.2　介護をめぐる現状

　平成 28 年国民生活基礎調査（厚生労働省 2017）によると，要支援・要介護認定を受けた在宅高齢者の「主な介護者」は「同居」の親族等が 58.7％で最も多く，その内訳は「配偶者」が 25.2％，「子」が 21.8％である．「子の配偶者」は 9.7％であり，そのほとんどが「嫁」であると考えられるが [4]，1987 年の厚生省人口動態社会経済面調査時に「嫁」が介護者であると回答した人の割合 41.7％から大きく変化している [5]．同居の「子」と「子の配偶者」，子どもであることがほとんどと考えられる「別居の家族」を合わせて計 43.7％になり，「配偶者」の 25.2％を大きく超える実質的な介護の担い手となっている．一方で，かつて敬遠された「部外者」であるヘルパーなど「事業者」も 13％を占めている．

　一方，これから介護が必要になる世代（55 歳以上）の人の介護期待は，『平成 30 年版高齢社会白書』（内閣府 2018）によると，子（男性 12.2％，女性 31.7％）や介護サービス（男性 22.2％，女性 39.5％）への期待の方がはるかに高く [6]，子の配偶者に介護を依頼したいと答える人は，男性 0.5％，女性 3％と極めて少ない．「嫁」への介護期待は，もはやほとんど存在しないと言えるほどである．

3　先行研究と分析課題

3.1　理論的考察

　家族の多様化，個人化など家族の変容と，介護の社会化のための制度の整備
から生じた社会環境の変化を前に，現在の子世代は将来の介護についてどのよ
うに考えているのだろうか．ここでは，関係性と規範という二つの要素に本稿
が着目する理由について，「ライフスタイルとしての家族」を提唱する「家族
ライフスタイル論」と，依然として存在する規範を論じる「介護規範論」とに
先行研究を分けて検討する．

　まず家族ライフスタイル論であるが，野々山（2007: 113-24）は，20 世紀
から 21 世紀への家族の変容について，イエ制度に拘束された戦前の「直系制
家族」から，夫婦が稼ぎ手・専業主婦役割に拘束された戦後の「夫婦制家族」
を経て，21 世紀には新たに，家族が一つの「ライフスタイル」になった「合
意制家族」が登場しつつあると論じている．そこでは，嫁・妻など従来の規範
から離れ，家族成員が個人的な選好に基づき，交渉を通して合意を形成する，
任意に選択する主体であると論じている．

　野々山のこの家族ライフスタイル論を，介護に援用したのが春日井（[2004]
2014）である．個々の成員が選好に基づき主体的に選択する家族が登場しつ
つあるとする野々山に対し，春日井は，介護においては性別役割規範により，
息子より「嫁」や娘が介護をするのが順当だとする意識が依然として存在する
という．そして個人化が進む今日，介護に関わる人々の自己実現を保障するた
め，家族成員の選好や主体性を尊重しつつ，交渉により介護の在り方について
合意に至る「介護ライフスタイル」を唱えている（春日井 [2004] 2014: 54-
63）．

　家族ライフスタイル論に依ると，個人化や家族の多様化が進んだ今日，子は
それぞれの選好と主体性を持つ行為者である．そこでは，それぞれの子どもが
置かれた状況のほか，親との関係性が，介護意向に影響を持つ重要な要素であ
ることが考えられる．なぜなら介護は，対面で時間と空間を共有し，身体接触
も伴う親密な営みであるからである．

　一方，介護規範に関して，子は親に対して経済的な扶養義務を法律上，負うものの，身体的援助をする責任はない．このように現行民法では子は親の介護義務を負わないが，家族の変容が進んだ今日でも，伝統的規範や慣習は完全に効力を失ったわけではなく，人々に多かれ少なかれ内面化されている．上野（2013: 33-9）は，誰が家族介護者になるかについて，規範，選好，資源の三つの要因があるとし，そのうち規範についてさらに，長男規範（長男とその妻），同居規範（同居子），ジェンダー規範（息子より娘），愛情規範という複数の規範の集合から成るとしている．その優先順位は社会的に変動しており，近年は長男規範が衰退し，同居規範とジェンダー規範が優位になったと論じている．

　このように，子の介護意向に関して近年，家族がライフスタイル化したとする説が登場し，親子の関係性がより重要になったと考えられる一方，伝統的な規範に関しては流動化しつつあることが論じられている．そのため，本稿では実親，義理親の続柄ごとの介護意向を，関係性と介護規範の二つの変数に特に着目して分析する．

3.2　先行研究にみる親子関係の現状

　このような理論的考察がなされるなか，子と親の関係は現実には，どのようにあるのだろうか．成人期の親子関係については，多くの実証的分析が蓄積されており，野々山が主張するように，かつての直系家族規範を離れたことは共通して指摘されている．そしてその結果，妻方の親も重視する双系化の傾向や（三谷・盛山 1985; 三谷 1991），それぞれが自分の親を重視する「個人化」（大和 2017 等）が進んだとみられている．

　夫方の親を重視する伝統が薄れ，双系化・個人化の傾向が指摘されるなか，親子関係では特に母娘関係の緊密さを指摘する研究が複数存在する．親子関係においては親・子のそれぞれの性別や続柄による違いが確認されており，白波瀬（2005）は有配偶女性の親・義理の親への援助に関する分析で，妻方・夫方いずれも母親への支援，とりわけ実の母への支援程度が高いことを見出している．同居は息子，特に長男としつつも，より親密なつきあいを娘と行う現象も指摘されている（施 2006; 春日 2010 等）．女性の方が，付き合いが親密なのは実親に限ったことではなく，田渕（2009）も，NFRJ 03 年調査から，金銭的・

非金銭的援助のいずれも，男性より女性の方が義理の親と強くかかわっていることを指摘している．男性より女性の方が，実親，義理親のいずれに対しても関係が強く，実・義理とも父より母，そして義理の母より実の母の順に関係が強い傾向が存在することが，こうした研究成果からうかがえる．

　このように成人期の親子関係について豊富な研究がなされる一方で，介護が目の前に迫られた現実ではない世代の，将来についての介護意向や意識についての研究は，これまで十分になされてきたとは言い難い．例外として大学生や成人子の老親扶養意識について中西（2009）や杉山（2010）が行っているが，対象が限定的であるなど課題も有する．中西（2009）は 2 都市で行った 20 代未婚男女や，大学生への調査結果から，女性の方が男性より父母に対して介護志向が高く，母娘の情緒的なつながりが性別分業を生み出していると結論付けている [7]．杉山（2010）は愛知県内の教員を中心とする 83 人への調査結果から，親子関係得点が高い方が実の親に対しては情緒的支援志向が，義理親に対しては必要時の扶養意識が強いことや，長男において実親への必要時の扶養意識が高いことを指摘している [8]．いずれも介護意識に影響する要因や男女差に関心を持つ貴重な知見であるが，対象が杉山は教員中心，中西は 20 代の未婚男女や大学生と若年層に集中しており，本稿とは分析対象が異なる．また，両分析とも親子関係との関連に着目しているものの，父母別には分析していないという限界も併せ持っている．

　本稿は，このようにこれまで必ずしも十分着目されてきたとは言えず，経験的分析も途上にある老親介護に対する子の意向について，全国を対象とし，標本サイズもより大きい全国家族調査（NFRJ18）の最新調査で追加された設問を用いることにより，新たな知見を提供することを目的とする [9]．

3.3　本研究の仮説

　このように，家族が多様化し，介護をめぐる社会環境も変化した今，子世代の将来の介護意向はどのようにあるのか．本稿では先に述べた理論的考察に基づき，子と親の関係性と介護規範に焦点をあて，以下の二つの仮説を検証する．

①　**関係性仮説**——良い関係にあると認識している親に対して，介護意向は高

まる.

「家族ライフスタイル論」で指摘されるような選好や主体性をもった新しい家族観が登場しているならば,対象となる親との関係性が介護意向に影響すると推測される.先に述べたように,介護は対面で時間と空間を共にし,身体接触を伴う親密な行為だからである.子は法的に経済的扶養義務を負うものの,身体介護という行為自体は,介護サービスや施設という選択肢が整いつつある.そのため,良い関係にある親に対しては,自分自身が介護するという意向は高いと考えられる.

② **規範仮説**——子が介護するのは当然という規範意識が強いほど,介護意向は高まる.

伝統的な介護規範が強ければ,親への介護意向は高まると考えられる.

本稿では規範仮説として「子が介護するのは当然」という意識に主に着目するが,上野(2013)が指摘するように,介護に関する規範には,「長男」「ジェンダー」「同居」など複数の要素が絡み合っていると考えられる[10].また中西(2009: 56-64)や杉山(2010: 464-5)などの先行研究から,女性や長男であることも介護意向を高めると推察される.そのため,性別や,長男・長男の妻であること,同近居などの属性と,介護意向との関連にも注目する.

4 方 法

4.1 利用するデータと分析方法

日本家族社会学会・全国家族調査委員会による「第4回家族についての全国調査(NFRJ18)」(2019年1月〜4月実施)で得られたデータを利用する.この調査は,全国の28歳から72歳の人を対象に,層化2段無作為抽出法により住民基本台帳から抽出した5,500人を対象に訪問留め置き法で実施しており,有効回答標本数は3,033(回収率55.15%)である.

ここでの関心は介護前の世代であるため,介護を常時必要としていない,父母・義父母の4人の親がそろっている30〜40歳代の回答者を対象とする[11].

二項ロジスティック回帰分析の全変数に欠損がない 382 人（男性 171 人，女性 211 人）の標本を用いた．関係良好度が主な関心の一つであるため，対象の親別（父・母・義父・義母）に分析を行う．まず，回答者の父母・義父母それぞれに対する現在の介護意向の分布を男女別に検討したのち，二項ロジスティック回帰分析を行い，対象者との関係良好度と子の介護規範を中心に，どの変数が介護意向に関係しているのかを分析する．

4.2　変　数

　介護意向分布と二項ロジスティック回帰分析における従属変数には，NFRJ 18 調査で初めて追加された将来の介護についての設問である，父・母もしくは義理の父・母について「この方に日常生活の介護が必要になった場合，あなたご自身が身の回りの介護をすることになると思いますか」への回答を用いる．なお，二項ロジスティック回帰分析では，回答の「1．自分が主に介護をすると思う」と「2．主ではないが介護を手伝うと思う」を「介護をすると思う」として 1 に，回答「3．自分以外の家族で介護をすると思う」と「4．施設等にまかせると思う」は「他者に任せると思う」として 0 に値を変換したダミー変数を用いる．

　二項ロジスティック回帰分析に用いる独立変数は，関係良好度（良い順に 4 〜1）と [12]，介護規範（「親が寝たきりなどになった時，子どもが介護するのは当たり前のことだ」と思う順に 4〜1）のほか，規範に関係する変数「性別」「住居距離（移動にかかる時間：0〜3）」[13]，男性は「長男」，女性は「長男の妻」か否かのダミー変数を投入する．「長男の妻」という地位が持つ効果については，これまで中西（2009）や杉山（2010）では検討されていない．統制変数には先行研究で影響が指摘されている年齢，教育年数，就業日数（月あたり），子ども数，きょうだい数（義父母については配偶者きょうだい数），世帯収入（約 100 万円ごとに 0〜14）を入れる [14]．

4.3　記述統計

　表 1 は，分析対象者の記述統計量である．年齢，教育年数や世帯年収などは男女で違いが少なく，平均すると年齢は男女とも 39 歳，教育年数は 14 年

表1　父母・義父母が健在の 30〜40 歳代回答者の記述統計（男女別）

	男性 (n=171)		女性 (n=211)	
	平均値	標準偏差	平均値	標準偏差
父介護意向ダミー（する 1，しない 0）	0.50	0.50	0.70	0.46
母介護意向ダミー（する 1，しない 0）	0.52	0.50	0.77	0.42
義父介護意向ダミー（する 1，しない 0）	0.44	0.50	0.55	0.50
義母介護意向ダミー（する 1，しない 0）	0.46	0.50	0.60	0.49
父関係良好度（1〜4）	3.51	0.75	3.49	0.77
母関係良好度（1〜4）	3.60	0.66	3.69	0.54
義父関係良好度（1〜4）	3.51	0.67	3.34	0.71
義母関係良好度（1〜4）	3.60	0.55	3.36	0.70
介護規範（1〜4）	2.53	0.84	2.37	0.92
長男ダミー（長男 1，非長男 0）	0.67	0.47		
長男の妻ダミー（該当 1，その他 0）			0.73	0.45
父居住距離（0〜3）	1.35	1.09	1.37	0.96
母居住距離（0〜3）	1.33	1.08	1.31	0.94
義父居住距離（0〜3）	1.46	1.05	1.32	1.06
義母居住距離（0〜3）	1.41	1.04	1.30	1.07
年齢（30〜49）	39.72	5.35	39.14	5.48
教育年数（9〜18）	14.81	2.10	14.26	1.57
就業日数（0〜28）	20.81	2.87	12.80	9.06
子ども数（0〜4）	1.79	0.92	1.81	1.00
きょうだい数（0〜4）	1.43	0.64	1.45	0.76
配偶者きょうだい数（0〜4）	1.49	0.83	1.43	0.74
世帯収入（1〜14）	7.74	2.91	7.79	3.06

小数点以下第 3 位は四捨五入
出所：筆者作成

強で，いずれも有配偶であった．子ども数は男女全体で約 1.8 人，きょうだい数は 1.4 人，世帯収入は 700〜800 万円である．

　男女の違いが大きい変数に着目すると，就業日数が男性は約 21 日，女性は約 13 日である．このほか，女性の介護意向の平均値はすべての親に対して，男性より高い．また関係良好度が，男性は実・義理の親の間で同じであるのに対し，女性は義理の親に対する関係良好度が実親に比べて低い．男女とも父より母との関係の平均値の方が，実・義理いずれの親においても高く，女性の，

実の母との関係が最も高い．母娘間の親密な関係を指摘する先行研究と同様の傾向が確認された．一方，子が親を介護するものという介護規範の平均は，男性2.53，女性2.37と，男性の方がやや高い．

父母・義父母宅への移動時間を示す居住距離は，平均すると父母とは男女とも1.3台の値であり，30分未満の同近居が約4割を占める．義父母との住居距離は男性1.4台，女性1.3台と若干異なり，女性は同近居が5割近くで，男性より10ポイント程度高い．男女両方において，父母・義父母とも1時間以内の移動を含めると6割ほどになり，大多数の人が比較的近くに住んでいると言える．

5 分析結果

5.1 介護意向の男女別分布

「この方に日常生活の介護が必要になった場合，あなたご自身が身の回りの介護をすることになると思いますか」という設問に対する回答の分布を男女別

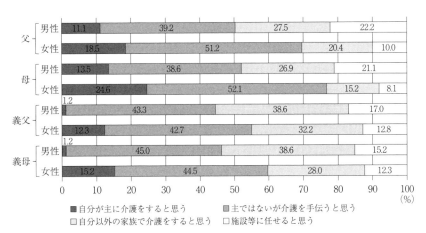

回答者数：男性 n＝171，女性 n＝211
父：カイ2乗値＝17.583**，母：カイ2乗値＝27.652***，義父：カイ2乗値＝18.245***，義母：カイ2乗値＝24.634***
注：***＝p<.001，**＝p<.01，*＝p<.05

出所：筆者作成

図1 父母・義父母に対する介護意向の男女別分布

に分析すると，図1のような結果が得られた．

　父母と義父母に対する介護意向を回答者の男女別にみると，全体的に，男性より女性の方が顕著に「自分が主に介護」と「主ではないが介護を手伝う」の割合が高い．介護意向段階ですでに有意な男女差が存在し，女性の方が今後，主体的に介護を担うと見込んでいる．ただ，実の父母に対しては男性も1割強の人が「自分が主に介護」と回答し，介護を主体的に考えている人が一定数いることがわかる．

　次に，実親と義理親に対する分布の違いをみると，「自分が主に介護」と答える人の割合は男女とも，義理の親に対しては実の父母に比べてかなり低く，男性はわずか1パーセント余り，女性は1割を超すが実親に比べて6〜9ポイント下がる．

　施設の利用について，義父母に関して男女で興味深い違いが確認しうる．男性は義父母介護を他人事と考えているためか，「施設等にまかせると思う」と回答する人の割合は，実の父母の2割強よりも義父母では2割弱と5ポイントほど低い．女性は逆に，「施設等」と回答した人の割合は，実の父母より義父母で2〜4ポイント高くなっており，「嫁規範」の薄れが示唆されていると考えられる．また女性は，実親，義理親の両方において，父より母に対して「自分が主に介護」と回答する人の割合が高く，中西（2009）ら先行研究と同様の結果となった[15]．

5.2　介護意向に関係する要因

　次に，このような介護意向と関連する要因は何であるのかを明らかにするため，父母・義父母に対する意向の順に二項ロジスティック回帰分析を行った．表2はその結果である．

　有意な効果がみられた変数は，実親に対する介護意向については性別ダミーと関係良好度，介護規範，住居距離であり，義父母については関係良好度と介護規範，長男の妻ダミー，住居距離，就業日数である．まず性別の効果をみてみると，男性ダミー変数の影響は，実の父母両方に対して0.1％水準で有意であり，係数がマイナスであることから，男性は女性より有意に介護意向が低いことがわかる．義父母については，有意な結果にならなかった．

表 2　父母・義父母に対する介護意向を従属変数とした二項ロジスティック回帰分析

父親	全体		男性		女性	
	B	SE	B	SE	B	SE
男性ダミー	−1.331***	0.391				
父関係良好度	0.642***	0.179	0.584*	0.278	0.797**	0.251
介護規範	0.590***	0.149	0.844***	0.231	0.322	0.208
長男ダミー	0.511	0.384	0.547	0.393		
父住居距離	−0.876***	0.135	−0.749**	0.181	−1.088***	0.210
年齢	−0.008	0.024	−0.009	0.034	0.003	0.037
教育年数	0.012	0.075	0.041	0.095	−0.046	0.123
就業日数	−0.028	0.020	−0.008	0.061	−0.039	0.023
子ども数	−0.085	0.132	0.050	0.196	−0.250	0.187
きょうだい数	−0.131	0.179	−0.041	0.297	−0.175	0.232
世帯収入	0.003	0.048	0.014	0.065	0.007	0.074
定数	−0.555	1.595	−3.817	2.555	0.719	2.400
−2 対数尤度	393.704		191.847		194.453	
Nagelkerke R2 乗	0.358		0.310		0.373	
n	382		171		211	

母親	全体		男性		女性	
	B	SE	B	SE	B	SE
男性ダミー	−1.628***	0.395				
母関係良好度	0.466*	0.215	0.730*	0.332	0.377	0.327
介護規範	0.593***	0.153	1.081***	0.249	0.178	0.211
長男ダミー	0.622	0.383	0.685	0.411		
母住居距離	−0.866***	0.138	−0.910***	0.202	−0.919***	0.203
年齢	−0.025	0.025	−0.031	0.036	−0.001	0.037
教育年数	0.046	0.077	0.081	0.103	−0.010	0.126
就業日数	−0.030	0.020	−0.028	0.063	−0.030	0.023
子ども数	0.018	0.135	0.139	0.206	−0.114	0.186
きょうだい数	−0.118	0.182	−0.119	0.300	−0.101	0.239
世帯収入	−0.004	0.048	0.042	0.066	−0.057	0.070
定数	0.335	1.759	−4.319	2.783	2.189	2.714
−2 対数尤度	380.356		176.785		192.565	
Nagelkerke R2 乗	0.348		0.395		0.238	
n	382		171		211	

義父	全体		男性		女性	
	B	SE	B	SE	B	SE
男性ダミー	0.683	0.396				
義父関係良好度	1.399***	0.214	1.197***	0.330	1.584***	0.298
介護規範	0.281*	0.142	0.601**	0.225	−0.046	0.201
長男の妻ダミー	1.508***	0.387			1.410**	0.409
義父住居距離	−0.764***	0.132	−0.640**	0.191	−0.966***	0.198
年齢	−0.011	0.024	−0.032	0.034	0.022	0.035
教育年数	−0.061	0.072	−0.107	0.094	0.022	0.117
就業日数	−0.041*	0.019	0.102	0.079	−0.065**	0.023
子ども数	0.107	0.129	0.169	0.207	−0.026	0.179
配偶者きょうだい数	−0.058	0.161	−0.067	0.225	−0.201	0.244
世帯収入	0.023	0.047	0.018	0.066	0.068	0.069
定数	−3.649*	1.621	−4.739	2.720	−5.068*	2.456
−2 対数尤度	407.449		189.631		203.266	
Nagelkerke R2 乗	0.365		0.312		0.453	
n	382		171		211	

義母	全体		男性		女性	
	B	SE	B	SE	BS	E
男性ダミー	0.513	0.383				
義母関係良好度	1.170***	0.219	1.122**	0.344	1.289***	0.297
介護規範	0.304*	0.141	0.509*	0.213	0.061	0.200
長男の妻ダミー	1.413***	0.374			1.327**	0.391
義母住居距離	−0.763***	0.130	−0.638**	0.186	−0.936***	0.193
年齢	0.000	0.024	−0.025	0.034	0.035	0.034
教育年数	−0.034	0.069	−0.116	0.090	0.095	0.117
就業日数	−0.053**	0.019	0.052	0.069	−0.073**	0.022
子ども数	−0.010	0.126	−0.076	0.193	−0.030	0.174
配偶者きょうだい数	−0.105	0.156	−0.088	0.217	−0.231	0.237
世帯収入	0.047	0.046	0.043	0.066	0.068	0.069
定数	−3.234*	1.628	−3.071	2.568	−5.639*	2.560
−2 対数尤度	417.72		199.133		207.363	
Nagelkerke R2 乗	0.334		0.260		0.414	
n	382		171		211	

注：***＝p＜.001，**＝p＜.01，*＝p＜.05
出所：筆者作成

　次に本稿が着目する関係良好度についてみてみると，父親と義父母に対して
は男女とも有意であり，実の母については男性のみ，有意な影響がうかがえる
結果となった．係数がプラスであることから，関係良好度の良さは，介護意向
を高めると考えられる．一方で，親密な母娘関係が先行研究で指摘されるなか，

女性の母親に対する介護意向において，関係良好度は有意にならなかった．本データにおいても女性と実母との関係良好度は非常に高く，スコア4の「良好」と回答した人が7割を超えており，そのことが一因として考えられる．また図1で示したように，母親に対する女性の介護意向は，4親に対する男女の介護意向の中で最も高い．母親に対し女性は，関係良好度にかかわらず，将来，自分が介護すると考えているという解釈もありうるだろう．

「親が寝たきりなどになった時，子どもが介護するのは当たり前」だという子による介護規範は，男女で顕著な差が確認された．この変数で有意な結果が出たのは男性のみであり，女性はどの親に対しても，有意とならなかった．介護規範変数の平均は上述したように男性2.53，女性2.37と男性の方が高く，男性の方が女性より子による介護規範を内面化していることがうかがえる．男性は女性と比べて介護意向がどの親に対しても低いが，男性で介護をするだろうと予想している人は，介護規範の内面化が一つの重要な要因となっていることが考えられる．

このほか，住居距離が，男女とも，実親・義理親のすべてに対する介護意向で有意にマイナスの効果を与える結果になった．住まいが離れていると，介護意向が低くなることがうかがえる．ほかには就業日数が，義父母に対する介護意向で，女性において有意にマイナスの影響を与えており，働く時間の長い女性は，義父母への介護意向が低いと推察される．ただし，実の親に対しては，就業日数は有意な効果がみられなかった．また，長男の妻であることは，義父母への女性の介護意向を1%水準で有意に高めている一方，長男変数は，実親に対する介護意向で有意な結果とならず，杉山（2010）とは異なる結果となった．

6　考察と課題

ここまで，必要になった場合の親の介護について，成人期の子がどのように予想しているのかを男女別，さらに父母と義父母の別に介護意向の分布を検討したほか，介護意向に影響を及ぼす要因について，二項ロジスティック回帰分析により検証した．介護意向の分布では，女性は父母，義父母いずれに対して

も，男性より顕著に介護意向が高く，20 代未婚男女における中西（2009）の分析と同様の結果となった．二項ロジスティック回帰分析では，関係良好度は女性の実母に対する介護意向を除いたすべての親に対して，男女ともプラスに有意な結果となり，中西（2009）や杉山（2010）と同様の傾向が確認された[16]．介護規範についても，男性においてプラスに有意な結果だったことから，本稿の二つの仮説「関係性仮説」と「規範仮説」はともに，一定程度，支持されたと言える．しかし，介護意向に関して，方向性の異なる要因である「関係性仮説」「規範仮説」がともに一定程度支持されたということは，何を示唆するのか．

　女性の介護意向において，関係良好度は実母を除き有意な結果となり，介護規範は有意ではなかったため，女性においては関係良好度が父や義父母に対する介護意向を高める重要な要素であることが示唆された．記述統計で示したように，女性は介護規範の平均値が男性より低く，二項ロジスティック回帰分析でも介護規範は有意ではない．

　一方で女性は介護意向分布において，「自分が主に介護」や「主ではないが手伝う」と思うとする回答割合がどの親に対しても，男性より顕著に高い．分析で用いた第 4 回全国家族調査には，介護におけるジェンダー規範を問う設問がなかったため，ここでは「子が介護するのは当たり前」という介護規範変数を主に用いたが，女性に関してはもう一つの別の規範，すなわち，女性が介護するものというジェンダー規範が作用している可能性が考えられる．

　また，長男の妻であることは，二項ロジスティック回帰分析で有意に介護意向を高める結果となった．長男の妻の義父に対する介護意向分布をさらに検討すると，「自分が主に介護」が 14.9％（非該当女性は 5.3％）だが，「施設等」の回答も 13.0％（同 12.3％）であり，「長男の嫁」規範はなくなってはいないが，新たな選択肢を選ぶ回答割合も比較的高いことがわかる．女性の義父母に対する介護意向ではまた，同回帰分析において，就業日数が有意にマイナスの効果を示しており，労働時間の長い女性は義父母に対する介護意向が低い傾向があると推測できる．長男の妻であることは介護意向を高める反面，女性の就業は義父母に対する介護意向を低めており，30〜40 代女性の中には，ジェンダーや「長男の嫁」という規範と，女性のおかれた新たな状況に適応した考えと，

両方が存在している可能性がある．

　男性の介護意向においては，すべての親に対して，関係良好度と介護規範が有意な効果を及ぼしているという分析結果となった．対象となる親との関係が良いことと，子による介護規範が，自分が介護をするだろうと思う傾向を強めていると推察される．異なる二つの要素がともに，男性の介護意向に影響していることが推測される反面，長男であることは二項ロジスティック回帰分析では，有意な結果とならなかった．先行研究では，杉山（2010：464-5）が長男において必要時の扶養意識が高いことを指摘している．本分析のデータで，長男の父に対する介護意向分布をさらに検討すると，「自分が主に介護」が 14.8％（長男以外は 3.6％），「施設等」が 20.9％（同 25.0％）だが，長男とそれ以外の男性の間に有意差はみられなかった．出生順位が介護意向に及ぼす影響の解明には，さらなる研究の蓄積が必要であると考えられる．

　本稿では，家族の個人化や多様化が進み，介護施設数も大幅に拡充された現在では，子はそれぞれの選好と主体性を重視するという仮説の下，親との関係性が将来の介護意向に重要な影響を持つのではないかという問題関心から，関係良好度と規範に着目して分析を行った．得られた結果からは，関係良好度と規範という異なる要素が併存して，現在の 30〜40 歳代の子の介護意向に影響していると考えられる．親，とくに義理親の介護意向については，関係性が今日，重要なファクターであるが，子による介護規範や，女性が介護するものというジェンダー規範，「長男の嫁」規範も効力を失ってはいないと推察される．これら，方向性の異なる要素がこの世代に併存する状況において，このような要素同士がどう関連しているのか，個人の中で将来の介護についての判断がどのようになされているのかについては，今後のさらなる検討課題としたい．

　最後に，本稿で十分に検討できなかった課題として，親子の住居距離について言及したい．二項ロジスティック回帰分析では男女とも，すべての親に対する介護意向で住居距離が有意にマイナスの影響を与える結果となり，住居距離が重要なファクターの一つであると考えられる．ただし，住居距離については，親の介護を将来的にしようと考える人が近居や同居を選ぶのか，もしくは近居・同居であるため介護を自分がしようと考えるのか，因果関係は本稿で用いたデータでは明らかにできなかった．今日では親側・子供側の資源と必要に応じた

交渉により同居が選択される傾向にあるという指摘もあり（Takagi & Silverstein 2011），より詳細な調査・分析が必要であろう．

　また，本分析は介護が始まる前の子世代の，調査時現在の予想を検証したものである．老親の介護に関する子の考えは，親の健康状況の変化や，自ら築いた家庭の状況，就業環境などにより変化することがありうるという限界も併せ持っている．継続調査などにより，その後の変化を探る試みが求められよう．

［付記］

　本研究は，JSPS 科研費 JP17H01006 の助成を受け，日本家族社会学会・NFRJ18 研究会（研究代表：田渕六郎）が企画・実施した全国家族調査のデータ ver.2.0 を利用している．本稿は，同研究会で牧が 2020 年 9 月に発表した内容を基に，大幅な修正を加えている．

　執筆にあたり，立教大学の池田岳大氏，上智大学の皆川友香氏，お茶の水女子大学の石井クンツ昌子氏，また DFS 研究会にて斉藤知洋氏，藤間公太氏ほかのみなさんに貴重なコメントをいただいた．ここに，改めて感謝の意を示したい．

注

1) 『平成 30 年版高齢社会白書』（内閣府 2018）より．
2) 経済的支援とそのほかに分けて考える研究群もみられる．これらでは「経済的支援」以外の買い物や家事などを，世話的支援・援助（白波瀬 2005；大和 2017），実践的援助（岩井・保田 2008），非金銭的援助（田渕 2009）などに分類している．
3) トロントは，金銭的支援は 'Taking care of' にあたることや，'Care-giving' は身体的作業を伴い，ほとんどの場合，ケアの受け手と接触するとして，看護師を例にあげている．ただ，「ケアは分析的には区分された，しかし相互に結びついた四つの段階で構成される」とも記述しており，これらの段階が完全に「経済的」「身体的」「情緒的」に当てはまるわけではない（Tronto 1993: 105–8）．
4) 介護時間が「ほとんど終日」の同居の主な介護者に限ると，「子の配偶者」は女性 11.9％に対して男性は 0.2％と，「嫁」の介護者は「婿」の約 60 倍である．
5) 山田（1992: 3, 14）による．1987 年の厚生省人口動態社会経済面調査では，「嫁」は妻の 27.3％を優に上回っていた．
6) 調査対象は全国の 55 歳以上の男女で，「必要になった場合の介護を依頼したい人」を尋ねている．
7) 中西は，質問紙調査（松本市と府中市で実施）による計量分析（因子分析・ロジスティック回帰分析等）と，都市部の大学の講義で回収した自由記述データにおける語りの分析を併用している．

8）調査対象者の78％が教員であり，サンプルに偏りがあると杉山自身も述べている（杉
山 2010: 467-8）．分析手法は因子分析や分散分析等である．実親・義理親との関
係では，回答者の性別で有意な違いはみられなかったとしており，先行研究の知見
とは異なる結果も出ている．
9）本稿と同じデータを用いた分析に，中西（2021）が28〜62歳を対象に介護役割意
識の回答パターンを潜在クラス分析により類型化した報告書がある．先行研究で確
認されている夫方優位から妻方優位への移行について論じており，関係性と規範に
着目する本稿とは対象サンプルや手法，分析の焦点が異なる．
10）上野（2013: 33-9）は「愛情規範」も挙げているが，愛情は関係性と関係するた
め，ここでは仮説①「関係性仮説」に含める．
11）50代前半では健在な父母と義父母がそろっている人の数がかなり減るため，40
代までにした．4親そろった標本にしたのは，回答者に何人健在の親が残っている
かで介護意向が異なる可能性を排除できないこと，また分析対象の親により異なる
標本で二項ロジスティック回帰分析を行った場合，結果を比較するには問題がある
ことなどが理由である．なお，それぞれの親が健在な標本ごとにも分析を行ったが，
近い傾向が確認されている．
12）質問「この方との関係は，いかがですか」に対し，回答は「良好」「どちらかとい
えば良好」「どちらかといえば悪い」「悪い」である．
13）移動にかかる時間について，同居・同じ敷地内の別棟・同じマンションの別室は
「0」，30分未満は「0.5」，30〜60分未満は「1」，1〜3時間は「2」，3時間以上は
「3」に変換した．
14）きょうだい数は最大値4まで．健在な義父母がいる人はすべて既婚者であったため，
婚姻は変数として投入していない．
15）中西は分析対象が20代未婚男女のため，実の父母に対してのみの志向である（中
西 2009: 46-9）．
16）正確には，中西（2009: 72-3）では，母親との情緒的親密さと介護志向の関係
が，杉山（2010: 463-4）では，親子関係得点と親への情緒的支援意識の関係が有
意な結果となっている．

文　献

藤崎宏子，2013，「ケア政策が前提とする家族モデル——1970年代以降の子育て・高
　　齢者介護」『社会学評論』64(4): 604-24.
岩井紀子・保田時男，2008，「世代間援助における夫側と妻側のバランスについての
　　分析——世代間関係の双系化論に対する実証的アプローチ」『家族社会学研究』
　　20(2): 34-47.
春日キスヨ，2010，『変わる家族と介護』講談社.
春日井典子，[2004]2014，『〔新版〕介護ライフスタイルの社会学』世界思想社.
春日井典子・片岡佳美，2001，「家族ライフスタイル論的アプローチ」野々山久也・
　　清水浩昭編『家族社会学研究シリーズ5　家族社会学の分析視角——社会学的
　　アプローチの応用と課題』ミネルヴァ書房，303-23.
木下衆，2019，『家族はなぜ介護してしまうのか——認知症の社会学』世界思想社.

厚生労働省, 2017, 『平成 28 年　国民生活基礎調査の概況』.

小山泰代, 2016, 「第 5 回全国家庭動向調査 (2013 年) の個票データを利用した実証的研究 (その 1)　親の介護への既婚女性の関わりと世代間の量的関係」『人口問題研究』72 (1): 28-43.

三谷鉄夫, 1991, 「都市における親子同・別居と親族関係の日本的特質」『家族社会学研究』(3): 41-9.

三谷鉄夫・盛山和夫, 1985, 「都市家族の世代間関係における非対称性の問題」『社会学評論』36 (3): 335-49.

森岡清美, 1976, 「高齢化社会における家族の構造と機能」『社会福祉研究』(19): 3-8.

内閣府, 2018, 『平成 30 年版高齢社会白書』.

中西泰子, 2009, 『若者の介護意識——親子関係とジェンダー不均衡』勁草書房.

————, 2021, 「介護役割意識の回答パターンと関連要因——潜在クラス分析による検討」西村純子・田中慶子編『第 4 回全国家族調査 (NFRJ18) 第二次報告書第 2 巻　親子関係・世代間関係』(2021 年 9 月 5 日取得, https://nfrj.org/nfrj18_pdf/reports/2_2_9_nakanishiyasuko.pdf).

那須宗一, 1974, 「老人扶養の変貌」家族問題研究会編『現代日本の家族——動態・問題・調整』培風館, 80-94.

NFRJ18 (第 4 回全国家族調査) 研究会, 「第 4 回全国家族調査 (NFRJ18)」, (2022 年 8 月 5 日取得, https://nfrj.org/nfrj18profile.htm).

西野勇人, 2021, 「高齢の親に対する子からの実践的援助パターン——親子関係, 援助内容, 公的サービス利用に着目したマルチレベル分析」『福祉社会学研究』18: 175-94.

野々山久也, 2007, 『現代家族のパラダイム革新——直系制家族・夫婦制家族から合意制家族へ』東京大学出版会.

施利平, 2006, 「世代間関係における非対称性の再考——日本の親子関係は双系的になったか?」澤口恵一・神原文子編『第 2 回家族についての全国調査 (NFRJ03) 第 2 次報告書　No.2——親子, きょうだい, サポートネットワーク』日本家族社会学会　全国家族調査委員会, 101-20.

白波瀬佐和子, 2005, 『少子高齢社会のみえない格差——ジェンダー・世代・階層のゆくえ』東京大学出版会.

染谷俶子, 2003, 「社会変動と日本の家族——老親扶養の社会化と親子関係」『家族社会学研究』14 (2): 105-14.

杉山佳菜子, 2010, 「成人子とその親子関係——子世代からみた老親扶養意識を中心に」『老年社会科学』31 (4): 458-69.

田渕六郎, 2009, 「結婚した子と実親・義理の親とのつながり」藤見純子・西野理子編『現代日本人の家族——NFRJ からみたその姿』有斐閣, 166-85.

Takagi, Emiko and Merril Silverstein, 2011, "Purchasing Piety? Coresidence of Married Children with Their Older Parents in Japan," *Demography*, 48 (4): 1559-79.

Tronto, Joan, 1993, *Moral Boundaries: A Political Argument for an Ethic of Care*, New York: Routledge.

上野千鶴子，2013，「介護の家族戦略――規範・選好・資源」『家族社会学研究』25
　　(1): 30-42.
山田昌弘，1992，「福祉とジェンダー――その構造と意味」『家族研究年報』(17): 2-14.
大和礼子，2017，『オトナ親子の同居・近居・援助――夫婦の個人化と性別分業の間』
　　学文社.

abstract

Children's Expectations Regarding Caregiving for Their Older Parents in Japan: From the Perspective of Relationships and Norms

MAKI, Yoko
Sophia University

YAMAMOTO, Natsuki
Ochanomizu University

The norms concerning caring for older parents have been changing rapidly in Japan with the transformation of the family and an increasing number of institutions and care services for older people. What are adult children's perceptions regarding future caregiving to their parents?

The aim of this article is to elucidate children's expectations regarding the extent to which they will be engaged in the act of caregiving to their parents in the future. Firstly, the distribution of the expectations related to providing care for each parent were examined. Binary logistic regression estimations were then conducted with particular attention to two essential factors of caring for older parents: the parent-child relationship and the child's perception of norms.

Our findings suggest that these two factors coexist, and both influence the expectations regarding caregiving for older parents. Distribution of the expectations demonstrated that significantly more women expect to provide care by themselves than men, with respect to all parents. That could imply the existence of gender norms of women as caregivers. Binary logistic regression analysis estimated that women's expectations regarding their father are influenced by their relationships, while men's expectations regarding both parents are influenced by relationships and filial norms. With respect to caregiving expectations related to their in-laws, good relationships appear to be an important factor for caregiving. Nonetheless, the results also demonstrate that eldest sons' wives are more likely to expect to give care to their parents-in-law. These results indicate that in contemporary Japanese society, relationships are an important factor influencing caregiving expectations of adult children for their parents, but traditional norms may still be in force to a certain degree.

Keywords：older parents, adult children, children's expectations regarding caregiving, parent-child relationship, norms

| 自由論文 |

母親が経験する知的障害者の「自立生活」
——支援者とのやりとりの間にみられる解釈の相違

染谷莉奈子

　本稿は，知的障害者の「自立生活」の事例を取り上げ，主たるケアラーとして家庭で子の生活を支えてきた「母親」に焦点を当てる．脱家族をスローガンの一つに発展してきた「自立生活」の経緯を踏まえ，既存研究では，家族の視点からは十分に考察されてこなかった．しかし，本人の意向がしばしば不明確であり，そのために長年，母親によってその意向が代弁されてきた知的障害者の場合には，親元を離れたとしても，母親の関与は完全に失われることは想定しにくい．したがって，本稿では，「自立生活」を開始した知的障害のある子をもつ母親に着目し，母親は，支援者との間でいかに解釈の相違を感受しているのかを明らかにした．

　母親へのインタビューデータを分析した結果，支援者との解釈の相違は，「自立生活」以前からの連続線上で息子の生活を解釈しつづけているために生じているばかりではなく，「自立生活」以降も，息子の生活に「関わりつづけたい」と思う母親が，同時に「関わりつづける」つまり，支援者に「任せない」ことによる不利益を知る経験も重ねているからこそ感受されていることが解明された．

　最後に，本稿は，母親と支援者との間で当事者と過ごしてきた期間が異なるために生じる，知的障害者の「自立生活」の問題を，ひいては，支援者が当事者の意思を汲んでいこうとするときに生じる継続性と断絶の問題へと繋がりうることを提示した．

キーワード：知的障害者，自立生活，家族，母親，ケアの社会化

1 問題の所在

　本研究の関心は，「母親が経験する」知的障害当事者の一人アパート暮らしである．ここでの暮らしの様式はいわゆる障害者の「自立生活」と呼ばれてきた暮らしのことを指す．

そめや りなこ｜中央大学文学研究科社会学専攻｜rinako.someya@gmail.com

「自立生活」とは，「親の家庭や施設を出て，地域で生活すること」（安積他［1990］2012：3）である．1970 年代から，日本では脳性麻痺の身体障害者による「自立生活運動」が展開されてきた．障害当事者にとって，生まれ育った地域で自由に生活できるような社会環境はなく，実質，施設か親元で生きていく他なかったからである．

　当時，「親元を離れ」るとは，つまり，人里離れた山の奥に建設された施設で，十分な支援を受けられないまま数百人が共同生活を強制させられることを意味していた．さらに，その利用は，主たるケアラーである母親のケア力の明らかな低下という条件が課され，実際には，大半の障害者が親元に身を潜め暮らしていた．そのため，障害当事者運動では，「脱施設」さらに「脱家族」をスローガンに運動が展開されてきたのである．こうして勝ち取られてきた公的な福祉サービス[1]によって実現されてきた暮らしが，いまにつづく「自立生活」という形態である．

　これまでの障害者の「自立生活」研究では，障害当事者と介助者間の研究に重きが置かれてきた（前田 2009；三井 2011；深田 2013；寺本他 2015）．「脱施設」・「脱家族」という基本理念に影響を受け，「家族」に焦点が当てられることはほとんどなかった[2]．

　しかし，知的障害者のように，本人の意向が必ずしも明確でない場合には，生まれてから数十年間，その母親が，本人の意向を代弁している現状がある．そのため，正式に，知的障害者も有償介助者に支援を受けながら，「自立生活」を行うことが可能となった 2013 年障害者総合支援法施行以降[3]，「自立生活」を行う知的障害のある子を持つ母親の語りが着目され始めている（田中 2020a，2020b）．

　他方，現行の法律が施行されてもなお，知的障害者の「自立生活」は，数十の事例（田中 2019）にとどまる．さらに，近年捉えられてきた母親の語りは，成功体験・肯定的な語りに限定的であり，知的障害者の「自立生活」の普及という目的に従って照射されてきたにすぎない．

　以上を踏まえ本稿では，知的障害者の「自立生活」を取り上げ，その当事者の母親に着目する．とりわけ障害者総合支援法以降に，親元を離れ，支援者からケアを受けながら「自立生活」をする事例において，母親は，支援者との間

でいかに解釈の相違を感受しているのかについて論じることを目的とする.

2　先行研究の検討

　まず,家族社会学の領域では,これまで,母親が苦悩葛藤を抱えてしまう理由や経緯を明らかにしてきた知的障害者家族研究の系譜がある.中根成寿は,障害者自立支援法(2006 年施行)前夜,それほど福祉サービスを利用することが当たり前でなかった時代にインタビュー調査を行い,子が成人以降,母親が一人でケアを担うことに限界を迎えてもなお,他者にケアを委ねることを躊躇してしまう状況を捉えた(中根 2006).中根は,母親は「家族・母親規範」に呪縛されているために,子のケアを外部化することは,決められない選択として苦悩してしまうことを観察し,そのために「ケアの社会的分有」[4]というケアの社会化の様式が採用されていることを明らかにした.同様に染谷莉奈子は,障害者総合支援法施行以降,とりわけ平日日中福祉サービスを利用することがあたりまえになってからの母親の「離れ難さ」[5]を明らかにした(染谷 2019,2020).中根が「規範」という観点から分析したとすれば,染谷の場合は,現行の制度の元,ある程度母親によるケアを他者に委ねることができる状況で,「他者にケアを委ねれば委ねるほど」,自身のケアの「代替不可能性」を感受し,「離れ難さ」を形成させてしまうことを解明した.特に,親が高齢の家族に着目し,近い将来,知的障害のある子のケアができなくなるという懸念がありながらも家族ケアを継続しつづけてしまう知的障害者家族の実態について明らかにしたという点で意義がある.しかし,いずれの研究も,子が「親元を離れた後」にも母親は葛藤を抱えるのかということは捉えられていない.

　知的障害者「自立生活」研究の第一人者である岡部耕典は,身体障害者に限って利用可能であった「重度訪問介護」の制度を見直し,知的障害者が利用できるよう検討を行った(岡部 2006).この研究成果を一つの契機として,障害者総合支援法施行以降,有償ヘルパーの支援による一人暮らしが知的障害者も制度上可能となった.

　岡部は,知的障害のある息子の父親でもあり,就学期から息子の「自立生活」の実現を目指し準備をしてきた.そしてその息子は現在「自立生活」を送

る．岡部は，息子の「自立生活」について，「嫁に出す」思い（岡部 2008）と
表現する．またその妻の岡部知美は，「自立生活」後の息子は「孫のような存
在」（岡部 2013）と書き記す．

　一方，児玉真美[6]は，娘に重度心身障害があり，親元を離れ入所施設[7]で
生活をする娘を持つ母親の立場から，「専門職と親である自分との間で『気が
付く』『気になる』『耐え難いと感じる』閾値がこんなにも違うという事実だっ
た．その埋め難い『へだたり』にこそ，私たちは繰り返し『自分が固有の誰か
の親であること』の代替不能性を思い知らされてきた」（児玉 2019: 350）と
述べる．つまり，知的障害のある子が親元を離れてからも母親は子の生活が常
に気になり，子の生活を支える支援者が行うケアに対し，「埋め難い『へだた
り』」さえ感じていることが述べられている．児玉が，支援者が子に行うケア
について，「閾値がこんなにも違うという事実」と述べるように，知的障害者
が親元を離れてからも，母親は，支援者と母親の間に解釈の相違を感受してい
ることが示唆される．

　では，子が「自立生活」をする知的障害のある子の母親は，支援者との間に
解釈の相違があると感じているのだろうか．そしてそれは，いかにして感受さ
れているのだろうか．

　以上より，本稿では，障害者総合支援法施行以降に，「自立生活」を開始し
た知的障害のある子をもつ母親に着目し，母親は，支援者との間でいかに解釈
の相違を感受しているのかを解明していく．

3　対象者の概要

　筆者は，2021 年 4 月～2022 年 8 月，知的障害者の「自立生活」を専門に
ヘルパー派遣を行う事業所 Z を中心に，知的障害者で「自立生活」を行う子
を持つ母親に対し，半構造化インタビュー調査を行ってきた．また，事業所 Z
が毎月主催するイベントに出席し，持続的にフィールドワークを行ってきた．
事業所 Z は，障害者総合支援法施行以降に設立された事業所である[8]．

　本研究のために，事業所 Z から紹介いただいた母親 2 名および父親 1 名に
対して半構造化インタビュー調査を行った．母親 2 名のうち 1 名，および父

親 1 名は，別の法人を通して「自立生活」を開始しており，事業所 Z は週に数回ヘルパー派遣を行っているのみの関係である．また，「自立生活」を行う以前，知的障害当事者が大型施設の入所や精神科病棟への入院を経験しており，やむを得ず親元を離れた経緯を持つ対象であったため，母親が子に関わることがほとんど難しい状態であった．したがって，本稿の目的にあたり，対象を，事業所 Z から「自立生活」を開始した知的障害のある息子（20 代後半）を持つ母親 A（60 代前半）に絞り分析することにした．

　母親 A の特徴および対象選定理由は以下の 4 つにまとめられる[9]．1 つ目が，子が 2013 年障害者総合支援法以降に「自立生活」を開始しており，子と母親の関係が良好であり，子が「自立生活」を開始する直前まで親元で生活していたことである[10]．知的障害者の「自立生活」の場合には，先述した 2 家族のように，当事者の障害特性ゆえに母親の手に負えず，仕方なく親元を離れ生活をする先に選ばれることがあるからである．こうした事例の場合には，始めから母親が子の生活に関与できないため，母親から十分に語りが得られない可能性が考えられる．2 つ目が，知的障害者を専門にヘルパー派遣を行う事業所に所属し，「脱施設」・「脱家族」に由来する「自立生活」の理念をもつヘルパーによって，子の「自立生活」が支援されていることである．3 つ目が，子が生まれてから数十年間とりわけ「自立生活」へ向けた準備を明確にしていた事例ではなく[11]，母親が病に倒れたことが契機となり「自立生活」が突然始まったと母親自身が認識している事例であることである．4 つ目が，偶然始まった[12]にもかかわらず，知的障害のある本人が，親元を離れることに対し前向きな姿勢を見せていること[13]である．

　調査では，母親 A に対して 1 時間半〜最長 5 時間にわたるインタビューを計 3 回（テレビ電話を 1 回含む）行った．いずれも，許可を得た上で IC レコーダーに録音を残し，調査後にトランスクリプションの作成を行った．インタビュー調査以外にも，イベントに参加した際に顔を合わせ，幾度も対話を重ねている．なお，母親 A へのインタビュー調査の前後では，母親 A の息子の「自立生活」に中心的に関わる 2 名の支援者（M, N）へのインタビュー調査（各1.5〜5 時間を 2 回）も実施しているが，本研究では母親 A のインタビュートランスクリプションのみを分析した．インタビュー調査では，幼少期から現在

まで幅広く伺った．それと同時に，「自立生活」以降の支援者とのやりとりや子の様子について伺った．本稿の目的に沿って，とりわけ，母親Aによって，支援者との「ボタンのかけ違い」等と表現されたことに着目し分析を行った．なお，引用以外の分析上での記述について，「支援者との解釈の相違」という表現に統一し記述した．

　倫理的配慮の観点から，データの使用について事前に母親Aの許可を得ているが，知的障害者の「自立生活」は，特に少数の事例であるため，個人の特定がされないよう十分に配慮し，地名，公園名，そのイベントが開催される曜日等はすべて「X区」という様に「X」で記した．

　最後に，知的障害当事者を子・息子／娘または本人と記し，母親，父親，きょうだいは，いずれも子からみた続柄を指す．また，語りを文中で引用する際には文末に母親Aの意として（母親A），もしくは「母親Aは」のように記している．Rは筆者である．また，支援者に関しては「支援者」もしくは「ヘルパー」，支援に関しては同様に，「支援」もしくは「ケア」と記すが，表現ごとに意味の区別はつけていない．

4　分　析

4.1　息子の「自立生活」の「全て」を支援者に「任せられる」ほど割り切れない

　「私としてみれば，こっちは一生懸命．支援者Nさんとしてみれば，（中略）それを消費するのに，『その野菜とか，牛肉とか，大変なんだ』って言われるし．（中略）なんか本当に，ちょっとそこ，ちょっとずつボタンの掛け違いみたいなこともあった」（母親A）

　母親Aは，息子が「自立生活」を始めて以来，3年間，少なくとも週に1度，アパートを訪ね，食材の「差し入れ」を続けている．その「差し入れ」を受け取りながら，息子を担当する支援者Nに「消費が大変」といわれるなど，母親Aは，息子の「自立生活」に「関わりすぎている」と支援者に思われてい

ることを感じてきた.

　　A：本当に．支援者 N さんが，最後に言った，「〔息子の名〕くんはもうし
　　　　っかり親離れしてる」それが一番メインの話だったんだけど．
　　R：毎回言われるんですか？
　　A：毎回言われる．問題は，〔母親が自身を指差しながら〕もうこれ〔母親〕
　　　　だけ．
　　A：いや，寂しいもんですよ．本当に，母親って，本当に，くだらないとか
　　　　思っちゃった．私がもし，自分の親にそんなことされたら，やっぱり，
　　　　反発するかもしれない．
　　R：「〔息子の名〕は親離れしてる」って聞いてどう思うんですか？
　　A：「ええー」とか，思っちゃうね．（中略）「そんなことないよ」とか思っ
　　　　ちゃう．でも，確かに私は，〔息子に〕うざいと思われてるところがあ
　　　　るから．

　母親 A の息子は，「自立生活」以降も頻繁にアパートを訪ねてくる母親 A に
対し「うざい」すなわち「うっとうしい」という態度を示していた．その様子
を受けて，支援者 N は息子のことを「もうしっかり親離れしてる」存在であ
ると解釈しているのだと母親 A は考えている．そのために「自立生活」以降
も息子に関わりつづけようとすることを止められるのだと理解している．

　　R：それ〔息子さんは親離れしてる〕を言われてどう思うんですか？
　　A：だから，かいかぶりすぎって…
　　R：何で支援者 N さんはこんなこと言うのかなって．
　　A：いや，「そんな息子を，そんなふうに達観して見られるのかな」って思
　　　　っちゃったことはある．息子を全部．わたしにしてみれば，まだ開発途
　　　　上の息子に，なんでそんなに大丈夫だよ，大丈夫だよって言うのかな？
　　　　って．（中略）まだまだ子供．

　しかし，支援者 N に息子は「親離れ」しているとみなされているとしても，

母親Aにとって息子は，「まだ開発途上」の存在，つまり，支援者Nが思うほど，母親が気にかけなくてもよい存在とみなすことはできないと述べる．

> 「いや，自立するにはね，ほら，支援者Nさんみたいなのに，全部お任せした方がいいと思っちゃうし．でも，やっぱり親だから，もうずっと，それこそね，自分が死ぬまで，死ぬまで，やっぱり関わりたいなって．ジレンマ．」（母親A）

母親Aは，息子が「自立生活」をしている以上は，支援者に「全部お任せ」することは必要であり，その方が息子にとって良い場合もあることを理解している．一方で，「関わり」つづけたいという思いも捨てきれない．このように，母親Aは，「任せるか」，「関わり」つづけるかという2つの選択肢の間で，思いが板挟みとなる様子を語った．

4.2　周囲の予想を上回る知的障害ゆえの息子の行動

母親Aの，「関わり」つづけなければならないという思いは，「自立生活」以前と変わらない知的障害ゆえの息子の行動に由来する部分がある．

> 「携帯〔電話〕を…夜中にこそっと起きて，出てったみたいなのね，それで外の溝に行って，知らんぷりして．で，次の朝，その人〔その晩の支援者〕いわく，〔息子の名〕くん？どこにあるの？って言ったら，外を指差して．〔携帯電話が〕水に浸かってて．」（母親A）

母親Aの息子は「自立生活」以前から「新しいもの」を拒否するという障害特性がある．息子の緊急連絡用に携帯電話[14]を購入し届けに行ったその日の晩，息子はその携帯電話を庭へ投げ捨てたという出来事があった．

> 「やっぱり障害があって，それこそ自閉〔症〕で，そういう乱暴なことをする子は，やっぱり，親としては，自分のために生きなと言われても，無理だって思っちゃうこともあるし．支援者Nさんね，〔息子の名〕さんのことは

任せて，自分の好きなことをすればいいって言うけど，本当にできないわけよ．」（母親 A）

「自立生活」を始めたからとはいえ，自身の意向を，言葉を発し伝えることが難しい息子の障害特性が変わることはない．そのために起こりうる，周囲を驚かすような行動が耳に入る日々の中で，「自分のために生きなと言われても，無理」と捉えざるを得ないというのが母親 A の本音であることが語られた．

4.3　「自立生活」以前の息子を知る者としての考え

「本当に，多動で，ひどかったのが，3〜6 歳．本当に，お巡りさんに，何遍も見つけてもらったりとかしてたし．それで，だんだん，それこそ，プール行ったりとか，X 公園に行き始めると，ちょっと落ち着いたっていう感じかな．どっか居場所が，息子にとっても，心地よいところがあるっていうだけで，〔息子が〕精神的に落ち着いたのかな．だから，本当に，そういうの，たまたま本当に私は，見つけられたなと思ってるけど，これからもどんどんあるかもしれんけれども．でも，一つ見つけたら，親としては，安心して，リピートすればいいやって思ってね．」（母親 A）

母親 A は，息子の居場所と認識しているプールと X 公園へ定期的に通うことによって，息子の精神的安定を図ってきた．息子の興味が狭い上，なにより，言葉でその意向を伝えることが難しい（周囲が汲み取ることがしばしば困難な）息子が熱中できることを探り当て，定着させるまでに，長い年月を費やしてきた．やっと得られた「安心」感から，これからも，プールと X 公園へ通う生活をつづけて欲しいと考えている．

「私としてはこれを食べさせたいとかあるし，いつもメニューが決まってて，〔息子の名〕は豆腐は食べるけど，冷奴にした豆腐は食べられないとか，全部，麻婆豆腐だったら食べられるとか，そういう答えを新しいヘルパーさんに伝えられるように，本当にレシピ〔ノート〕を作ろうと思ってんのよ．」（母親 A）

　同様に，息子にある，自閉症特有な偏食[15]への対応にも，長年苦労し，その都度試行錯誤を重ねてきた．例えば，母親Aの息子は，実際に食べられる食材が，調理方法によって食べられないことがあるという．

　これまでの息子との歴史のなかで培ってきた経験から，レシピノートを作成し，支援者間で共有してもらおうと思案しているほど，母親Aは，放っておくと食べられるものが狭まってしまう息子の食生活を，「自立生活」以降も，気にかけて欲しいと願っている．

> 「1週間に1回，絶対にX公園とプールに行ってるんですよ．それが〔息子の〕楽しみなの．（中略）私はなるべくX区の障害者コース〔のプール〕に〔週に1回ではなく，他の曜日も〕行って欲しいなって思ってるんだけど．」（母親A）

　上記の懸念を語るのは，「自立生活」以来，「プール」へ通う頻度が減っていることを気がかりに思っているからであり，その代わりの行き先として，「外食」をする頻度が増えていることにある．「自立生活」以前と変わらず，同じ場所へ通うことを望む母親の思いとは裏腹に，支援者は，支援の一環として，新たな行き先の開拓を進めている．そして，その行き先の一つが，「ラーメンを食べに」（母親A）行くことであり，母親Aには，再び，息子の生活が不安定にならないかという懸念がある．

4.4　支援者をただ批判するのではない母親の考え

　支援者が息子の意向を汲む方向性は，母親Aが重視することと異なることが多い．ゆえに「レシピ」を支援者間で共有しようと考えるなど，直接的な対策を練る様子もみられたが，特筆すべきは，支援者をただ批判するだけではない母親の様子である．

> 「〔息子の名〕が，支援者Mさん達と，銭湯へ行ったとか，なんかトランポリン跳べるとこを見つけてきてくれて，そこに通ったりしてるっていうのを聞いて，やっぱり他人，いろんな人の意見を，こう…．支援者Mさんたち

の探してくれるところも，受け入れるっていうか，楽しそうだなって思ってるんだけど，難しい。」(母親 A)

　たとえば，問答無用に「ラーメン屋」へ行くことを禁止し，「プールの回数」を増やすよう促すこともできたであろう．しかし，思い通りではない行き先について母親 A は，「いろんな人の意見を」「受け入れるっていうか，楽しそうだなって思ってる」側面もある．

　「いや，だから，事業所 Z さんがどうのっていうんじゃなくて，事業所 Z さんのやり方を，私がまだまだ受け入れてないんだなって思っちゃうと，これは時間かかるなって思って」(母親 A)

　つまり，母親 A は，「自立生活」以前，息子と生活を送る上で培ってきた経験を，支援者へ引き継いでもらうことを望みつつ，その一方で，支援者の「意見」を，必ずしも否定することができないものとして認識しているのである．

5　考　察

　本研究では，障害者総合支援法施行以降，知的障害のある息子が「自立生活」を開始した事例から，その母親 A が支援者との間でいかに解釈の相違を感受しているのかを探った．
　まず，「自立生活」以降，母親 A は，支援者 N に，息子のことを「任せていい」と言われつづけていることについて取り上げた．
　知的障害者の「自立生活」では，支援者が「認知的な活動において当事者の意向を汲み取り一緒に考え」，「支援者と当事者の関係性のなかで」「自立生活」を「成立」(岡部 2015)させることが模索されている．母親 A が息子の生活へ関わりすぎることを支援者が見逃さないのは，「自立生活」を送るためには，当事者の意向を汲み取る作業は，「支援者と当事者」という「二者間で」行うべきと考えられているからである．この考え方は，障害者自立生活運動からの歴史の上で，障害者が本当に施設や家族に頼らず「自立」を進める上で必要な

ことであるとされてきたことに由来する.

　そのために，支援者 N は息子の母親への態度を踏まえ，「息子は親離れしている」と母親 A に迫るのだ．一方，支援者 N の一連の言動に対し母親 A は，なぜ「そんなふうに達観して見られるのか」という思いを語る．つまり，息子に母親 A が「うっとうしい」と思われていることは，多かれ少なかれ事実であるとしても，そのために，「関わる」／「任せる」という二項対置のなかで，割り切ることができないと，母親 A は感じている．これが本稿で照射した，支援者との解釈の相違の発端である.

　そして，このように支援者 N が促すようには，「全て」を「任せることができない」状況を説明する語りとして 3 つ取り上げた．1 つ目が，「自立生活」をしたからといって，日々，周囲の予測を上回る——とくに，乱暴で，危ないと母親 A が記憶する——息子の行動が止むわけではない現実であり，2 つ目が，「自立生活」以前の息子を知る母親 A からすると，支援者が息子の生活において重要視することや，そのスタンスが異なると感じてしまうということであった [16]．そして 3 つ目が，しかしながら，支援者より息子との関係が長いからといって，これらの支援者の感じ方，やり方の違いを一方的に批判する形で語るのではなかったことである.

　とくに 2 つ目は，知的障害のある子をもつ母親が，支援者とのケアの程度・やり方の「へだたり」（児玉 2019）を指し示し，支援者に任せることによって生じる息子への不利益を懸念する語りとして，従来の研究でも捉えられてきた（染谷 2019, 2020）内容に類似する.

　したがって，本稿において注目すべきは，母親 A が，支援者との考えの違いを語りながらも，同時に，「事業所 Z さんのやり方」を「私がまだまだ受け入れられていない」と語った点である．当然，母親 A にとって，支援者とのスタンスの違いが気がかりで仕方がないという思いは変わらない．しかし，母親 A は，いつまでも過去の息子との経験を参照し，現在の支援の不足を慣る だけではなかったのである．むしろ，息子の「自立生活」を通し，明確に読み取ることが難しい意向を，支援者が導くようにも読み取りうることに対して，完全に否定することもできないという可能性を残しつつ語るのであった.

　母親 A が感受している「支援者との解釈の相違」は，息子に「関わりたい」，

けれども「支援者に止められる」ことの間に生じているばかりではなく,「関わりつづけたい」けれども,支援者に「任せる」ことで息子の世界が広がりを見せていることも確かであり,「任せる」ことによる不利益と,同時に「任せない」ことによる不利益も知る経験を重ねているからこそ生じていることが窺えたのであった.

6　結論・今後の展望

　本稿は,子が 20 代という比較的若い段階で「自立生活」させることになったと認識している母親が,「自立生活」にかかわる全てのことを「任せていい」という支援者に出会うなかで,支援者との解釈の相違を感受する様子を,母親 A の語りを通して分析・考察してきた.

　母親 A は,息子の「自立生活」開始以降,子の意向を代弁する主体の複数性とともに,代弁の仕方も多様であることを知る経験を重ねている.しかし,知的障害当事者である息子が,周囲の人に意向を汲み取ってもらうことなくして,生活を送れないという事実は変わらない.そして,母親に代わり,試行錯誤のもと子の意向を汲み取ろうとする支援者の方向性や重要視されることが,母親とは異なるものであることも多い.そのため,息子が「自立生活」を開始し,主体的に本人の意向を汲もうとする支援者に出会えたとしても,母親にとっては,そう簡単には意向を汲み取ってきた立場から降りることができない.こうした経験によって,母親 A は,「支援者との解釈の相違」を感受しているのである.

　「自立生活」の文脈では,親の経験を参照し支援に組み入れていくことは,「支援者と当事者の関係性のなかで成立する」「関係性のなかでの自立」(岡部2015)が妨げられるものとして忌避され,実践されている.

　たしかに,「自立生活」以前と同様に,母親が息子の意向を汲む主体として関与しつづければ,支援者と当事者の間で関係を築いていくなかでこそ得られるであろう当事者の新たな世界の広がりが妨げられるかもしれない.他方で,本研究が明らかにしたように,「自立生活」をしたということをきっかけに,支援者にすべてを任せることは,理論上は「そうあるべき」こととされていて

も，現実には母親が無理をしなければ実現できないことであった．さらに，これまで母親が，苦労して蓄積してきた知的障害当事者に関する情報・知識を活用することは，最終的に本人にとって，不利益を生むばかりではない，ときには有意義であるともいえるであろう．

　したがって，今後，知的障害者の「自立生活」をより多くの人に受け入れられる揺るぎない実践としていくためには，この知的障害者の「自立生活」における，いわゆる「意思決定」を「当事者と支援者」に閉じていくことの難しさにどのように向き合うかをテーマにしていかなくてはならないのではなかろうか．

　このように，本稿は，母親と，支援者との間で当事者に対する知識が異なる以上，一筋縄ではいかない知的障害者の「自立生活」の問題を，ひいては，支援者が当事者の意向を汲んでいこうとするときに生じる継続性と断絶の問題として，知的障害者の「自立生活」の課題を提示し，学術的にインパクトを与えうる知見をもたらしたと考えられる．

　本稿では，1名の母親にしか言及することができなかった．また，子が「親元を離れ」3年目という「自立生活」開始後比較的早い段階の家庭しか取り上げることができなかったという課題も残る．今後も，対象者への調査をつづけるとともに，同様の条件にある他の事例へも対象を拡大し探究していきたい．

［付記］
　本研究は，JSPS 特別研究員奨励費 18J22868（2018 年 4 月～2021 年 9 月）の助成，および先行研究の一部は，笹川科学研究助成（2022 年 4 月～2023 年 2 月）の助成を受け検討を行ったものである。また，本査読審査では，大変ご丁寧に多くのことをご教授いただいた。関わってくださった査読者の先生方，編集委員会の先生方に感謝の意を表する。さいごに，調査において，母親 A さんをはじめ，多くの方にご協力をいただいた。この場を借りて心より御礼を申し上げたい。

注
　1）「重度訪問介護」と呼ばれるサービスのことを指す．
　2）石島健太郎は，在宅で生殖家族と生活空間を共にする ALS という神経難病の患者の介助場面を対象にフィールドワークを行った．その際に，同居する家族は一アク

ターとして分析されていた．しかし，あくまでも，その家族への分析は，介助者論
上の課題を明らかにするものとして位置づけられている（石島 2021）．

3) それまで身体障害当事者が利用していたサービスが，知的障害当事者も利用可能な
制度となった．

4) 知的障害者家族の親にとって，子のケアを他者に委ねることは「決められない」決
断であることを踏まえ，「家族と社会でケアの分業がなされている様」を「ケアの社
会的分有」と定義した（中根 2006: 147）．

5)「子よりも親のほうが早く亡くなるため，親として自身の死後における子の生活を
考えなければならない．しかしながら，誰かに子を任せることを先延ばしてしまう
状況」を「離れ難さ」と名付け，分析を行った（染谷 2019: 90）．

6) 身体および知的障害のある娘のケアを 6 歳から施設に依頼している母親で研究者で
ある．本文以下の引用部分は，現行の制度では医療的ケアの必要な当事者が施設以
外の選択肢は少ない状況があるなかでの，母親の発言ではある．したがって，この
発言は，「自立生活」を経験する母親によるものではないが，親元を離れ生活をする
娘を思う母親の思いが窺える特徴的な記述であるため取り上げた．

7) たとえば「重度訪問介護」は，「自立生活」をする知的障害者の多くが利用する福
祉サービスであるが，それ以外の福祉サービスにかかわる支援者は，知的障害当事
者の意向の代弁であることを大前提のこととして家族の意向を優先的にケア方針と
して取り入れることが通例である（岡田 2016）．反対に，「自立生活」の支援者は，
その家族の意向が本人の意向を代弁しているとは限らないものとして，支援者自身が，
本人の意向を汲み取り本人の身の回りのケアをし，生活を支えていく．その際には，
一対一で支援を行うということが前提にある．その意味で，児玉が経験する娘が「入
所施設」を利用するという経験は，「自立生活」とは異なる経験ではある．

8) 2013 年障害者総合支援法以前から，ボランティアを集うなどを通して，知的障害
者の「自立生活」の実践をしていたり，身体障害者の「自立生活」へのヘルパー派
遣を専門としてきた歴史あるヘルパー派遣事業所もあるなか，事業所 Z は 2013 年
以降知的障害者の「自立生活」のためにヘルパーを派遣する事業所として設立され
た．事業所 Z の支援で「自立生活」を開始した知的障害当事者は調査時点で 3 名で
ある．その他に，すでに他の事業所を通して「自立生活」を開始している当事者の
元にヘルパー派遣を行っている．

9) 本稿は，特徴および対象選定理由に挙げられた母親 A の限られた文脈において明ら
かにするものである．そのため，知的障害者家族全体は射程にできないこと，また，
子が親元を離れ生活を送る知的障害者家族全体のことさえも明らかにすることはで
きないというバイアスを持つとも考えられる．あくまでも，母親 A と同様に限られ
た文脈にある対象について理解する上では意義を持ちうる研究として本稿を位置付
ける．

10) 母親 A は，息子が「自立生活」を開始するまで，父親が外で働く代わりに，家で
の息子のケアを一挙に引き受けてきた．たとえば，「なにがしたいのか」，「なにが嫌
なのか」などを考え，言葉を発しコミュニケーションを取ることが難しい息子の障
害特性から，言葉で表現をする代わりに，自宅のベランダから突然ガラス瓶を投げ，
訴えることがあるなど，息子といると「休まることがな」い日々を過ごしていた．

11) 田中恵美子は，「自立生活」を開始した知的障害者の母親の語りを取り上げた．そこで得られたデータには，「必ずしも計画的に自立生活の開始が訪れたのではない」（田中 2020a）という傾向がみられたと示されている．母親Ａも例外ではなく，知り合いに事業所Ｚを紹介されるまで「自立生活」の存在を知らずにいた．

12) 2018 年母親Ａが突然病に倒れる．入院期間を経て，その後もリハビリに通いながら，息子を自宅で 24 時間世話していた．しかし，自身の療養と知的障害のある息子のケアの両立は，困難を極め，それを見兼ねた知り合いが，事業所Ｚを紹介し息子の自立生活は開始された．

13) 特別支援学校へ進学することが現在の平均的な知的障害児・者の選択肢となっているなかで，母親Ａの強い思いから，息子は小学校〜高校（入学試験ではマークシートを塗りつぶす練習をすることで合格し，定員割れの夜間定時制高校を卒業）まで普通学級に通い，高校を卒業後は，知的障害者の大多数が通う作業所等を利用することなく，平日日中，母親Ａに付き添われ，息子は近所のスーパーで値付けシール貼り等の軽作業をしていた．その後，母親Ａが倒れる直前に，息子は近所のスーパーを解雇されている．それから 2 年間，母親は 24 時間息子と自宅で過ごす生活を送っていた（「自立生活」開始以降は，平日日中作業所に通っている）．

14) 携帯電話は，息子が興味を持ち，日常使いするために購入したわけではない．

15) 偏食傾向は，「自立生活」以降もつづいている．日中通う作業所では，昼食を取ることができていない．支給されるお弁当には，息子が食べられるものがほとんどなく，「白米に少し箸をつける程度で帰宅することも多い」（母親Ａ）という．

16) 「自立生活」以前の息子との経験を裏付け，支援者との差異を述べるように，息子の「自立生活」自体に関わりつづけようとする様は，たとえば，先行研究として取り上げた，岡部の「嫁に出す」（岡部 2008）という捉え方とは異なる．

文　献

安積純子・岡原正幸・尾中文哉・立岩真也，［1990］2012，『生の技法　第 3 版——家と施設を出て暮らす障害者の社会学』生活書院．

深田耕一郎，2013，『福祉と贈与——全身性障害者・新田勲と介護者たち』生活書院．

石島健太郎，2021，『考える手足——ALS 患者と介助者の社会学』晃洋書房．

児玉真美，2019，『殺す親　殺される親——重い障害のある人の親の立場で考える尊厳死・意思決定・地域移行』生活書院．

前田拓也，2009，『介助現場の社会学——身体障害者の自立生活と介助者のリアリティ』生活書院．

三井さよ，2011，「決定／介入の割り切れなさ——多摩地域における地域障害当事者への支援から」『現代社会学理論研究』5: 3-15.

中根成寿，2006，『知的障害者家族の臨床社会学——社会と家族でケアを分有するために』明石書店．

岡部耕典，2006，『障害者自立支援法とケアの自律——パーソナルアシスタントとダイレクトペイメント』明石書店．

──────，2008，「ハコにいれず嫁に出す，ことについて——〈支援者としての親〉論」寺本晃久・岡部耕典・末永弘・岩橋誠治，『良い支援——知的障害／自閉の人た

ちの自立生活と支援』生活書院, 145-60.

──────, 2015,「障害と当事者性をめぐる支援の現在──『自立』と自律のポリティクス」『社会学年誌』56: 3-17.

岡部知美, 2013,「円満自立で, 安心隠居生活」『支援』3: 229-33.

岡田祥子, 2016,「利用者と保護者双方へのケアの論理──知的障害者通所施設職員の語りから」『保健医療社会学論集』26(2): 54-63.

染谷莉奈子, 2019,「何が知的障害者と親を離れ難くするのか──障害者総合支援法以降における高齢期知的障害者家族」榊原賢二郎編,『障害社会学という視座──社会モデルから社会学的反省へ』新曜社, 88-114.

──────, 2020,「知的障害者のケアを引き受ける母親の消極的な側面──グループホームを辞めた事例に着目して」『年報社会学論集』33: 169-79.

田中恵美子, 2019,『知的障害者の自立生活──脆弱な人々を支える生活支援に関する研究　誰一人取り残さない社会を構築するために』東京家政大学女性未来研究所.

──────, 2020a,「知的障害者の自立生活と母親の語り」障害学会ホームページ (2022 年 9 月 1 日取得, http://www.arsvi.com/2020/20200919te.htm).

──────, 2020b,「知的障害のある人の『自立生活』を支える支援──インタビュー調査から」日本社会福祉学会ホームページ (2022 年 9 月 1 日取得, https://www.jssw.jp/conf/68/pdf/E07-08.pdf).

寺本晃久・岡部耕典・末永弘・岩橋誠治, 2015,『ズレてる支援！──知的障害／自閉の人たちの自立生活と重度訪問介護の対象拡大』生活書院.

abstract

Mother's Experience after a Son/Daughter with Intellectual Disability Leaves Home and Begins Independent Living: Differences in Interpretation in Each Context Between Mother and Care Worker

SOMEYA, Rinako

Chuo Uni.

Cases of independent living of persons with intellectual disabilities are examined in this paper, and a special focus is placed on mothers who have supported their children's lives at home as the primary carers. Being based on the history of 'independent living', which has developed into one of the definitions of defamiliarization, previous studies on the independent living of persons with disabilities have not sufficiently considered how the family of persons with specific disabilities should be discussed. However, in the case of people with intellectual disabilities, the mother was previously responsible for the decision-making process. Therefore, it is difficult to assume that the mother's involvement will be completely lost even if the child as a young adult leaves the parent's home.

Thus, the purpose of this paper is to clarify how mothers experience their son/daughter's independent living. In particular, this paper focuses on mothers' conflicts due to differing opinions between mothers and carers. This study was based on an interview survey where the interviewee is the mother.

As a result, first, it has become clear that there is a difference between the perspective of parental separation that carers expect of mothers and mothers interpret. Second, mothers have realized that the point of view that carers have is somehow useful to understand what their son/daughter wants and to expand his/her doing so. As such, this paper clarifies that mothers feel that they have a difference in opinion with carers after their children's independent life in their children's decision making. In addition, it is clarified that the mother has the experience of knowing that the children's intention can be read in various ways by the carers. Therefore, there are contradictions and struggles in mothers.

This study has the impact of updating the previous view of 'independent living' for people with intellectual disabilities.

Keywords : intellectual disability, independent living, family, mother, socialization of care

| 自由論文 |

ヤングケアラーにとっての離家

長谷川拓人

　本稿の目的は，離家はヤングケアラーにとってどのような意味を持つかを明らかにすることである．若者の離家については，家族社会学の分野で研究が蓄積されてきたが，こうした調査において，ヤングケアラーや若者ケアラーのようなケアを担う若者の存在は充分に想定されてこなかった．そこで，本稿では，実家を離れた元ヤングケアラー4名に対するインタビュー調査を行い，ヤングケアラーの離家経験を分析した．

　分析の結果から，家を出た後も家族のケアを続けている，あるいは，ケアを続けてはいないものの，そのことに対して罪悪感や不安などを抱えているヤングケアラーの状況が明らかになった．こうした分析結果を踏まえ，本稿では，離家という経験がヤングケアラーにもたらすのは，ケア負担の消滅ではなく，物理的距離の確保による「ケアの切り分け」と「ケアを要する家族のニーズ」との距離への気づきであることを論じた．ヤングケアラーにとって離家は，それまでの経験を整理し，自分と家族について相対化し考えていくために重要な行為となっていた．以上から，効果的なヤングケアラー支援を考えていく際には，ケア負担の軽減に加え，ヤングケアラーたちの離家を後押しする仕組み作りが重要になると主張した．

　キーワード：ヤングケアラー・離家・若者の「成人期への移行」

1　問題の所在

　本稿の目的は，ヤングケアラーにとっての離家経験の意味を明らかにすることである．

　ヤングケアラー[1]とは，病気や障害や精神的な問題などを抱える家族の世話を担う18歳未満の子どもを指す言葉である．ヤングケアラーは，本来子どもが担うと想定されていないようなケア役割を引き受け，家庭においては家族の

はせがわ たくと｜成蹊大学大学院文学研究科・博士後期課程｜haseggawa22@gmail.com

世話に多くの時間を費やしている．しかし，子どもという立場では，ケアを必要とする人を支援するためのサービスを購入したり利用したりするという選択肢を思い浮かべにくく，ヤングケアラーは自らの時間や睡眠や勉強や友人付き合いなどを削ってケアに対応している．そうしたヤングケアラーにとって，家庭はくつろぐ場所ではなく，自分の時間とエネルギーを割かなくてはいけない場所である[2]．

　一方で，年齢が上がり，自分自身の人生を生きていこうとするときには，家を出て，ケアを要する家族の元を離れて暮らしたいと望むヤングケアラーは少なくない．精神疾患のある親に育てられた子どもの立場の人と支援者が活動する「こどもぴあ」，ヤングケアラーと若者ケアラーのオンラインコミュニティである「ヤンクルコミュニティー」などのセルフヘルプグループや，日本ケアラー連盟ヤングケアラープロジェクトのスピーカー育成講座では，ヤングケアラーや元ヤングケアラー[3]たちが自身の経験を語るが，そうした場で必ずと言っていいほど話題にあがるのが「家を出ること」についての思いや経験である[4]．

　生まれ育った実家を離れることは「離家」と呼ばれ，これまで若者に関する社会学的研究の中でたびたび取り上げられてきた．家族社会学の分野では，離家のみならず，若者がライフステージに合わせて人生に関わる選択をしていくプロセスを「成人期への移行」として捉え，そのありようが議論されてきた（宮本 2004；山田 1999, 2004）．しかし，こうした議論において，ケア役割やケア責任を持つ若者の存在については想定されてこなかった．また，日本のヤングケアラーに関する研究においても，元ヤングケアラーを対象としたインタビュー調査や全国規模の実態調査などがなされているものの（澁谷 2018；濱島 2021；三菱 UFJ リサーチ＆コンサルティング 2021），もっと幼い年齢のヤングケアラーの実態にばかり目が向けられており，ヤングケアラーの離家に着目した研究はまだない．

　こうした状況を踏まえ，本稿では，実家を離れた元ヤングケアラーの語りを分析する．そして，その作業を通して，ヤングケアラーにとって家を出ることの意味について論じる．

　第 2 節では先行研究の検討及び分析課題の提示を行い，第 3 節ではインタビュー調査の概要を確認する．そして，第 4 節では元ヤングケアラーの語り

を分析し，第 5 節では離家することについての考察を試みる．

2　先行研究の検討と分析課題

2.1　若者にとっての離家とヤングケアラーにとっての離家

　一般的に，若者が家を出ることは若者の自立として肯定的に捉えられるが，ヤングケアラーの場合には，ケアを必要な人を見捨てるという構図で本人も家族も捉えやすい状況がある．

　離家は，若者の「成人期への移行」の象徴として扱われてきた．家族社会学者の宮本は，親と共に育った家庭を離れて自立した暮らしに移り，やがて結婚してパートナーと共に新しい家族を形成することは，若者が大人になる上で重要なことであると述べる（宮本 2004）．宮本の指摘にもある通り，家を出ることは若者の自立として捉えられてきた．

　一方，近年では，不況や雇用の不安定化に伴い，経済的に余裕のない若者が，あえて実家に住み続ける状況が指摘されている．社会学者の山田は，成人しているにもかかわらず，親と同居し生活を支えてもらいながら暮らす若者を「パラサイト・シングル」と呼び，1990 年代末にはそれを独身貴族のように論じた．すなわち，こうした若者は，家事はほとんど親に任せ，1 人暮らしなら負担しなければならないコストをあまり負担せずに，ある程度の生活水準を享受しているという指摘であった（山田 1999）．しかし，その後の『パラサイト社会のゆくえ』では，山田は，社会が変化していく中で，自立したくても自立できない「パラサイト・シングル」が主流になってきていることを指摘した（山田 2004）．

　世界的に視野を広げてみても，成人した若者が親と共に住む現象は増えてきているようである．もともと西洋では，日本に比べて「離家規範」が強く，成人した若者が実家を出ることは当然のように考えられてきたが，経済的な事情が厳しくなってきている中で，成人した若者が実家に住むことで力を蓄えようとする選択肢が出てきているのである．アメリカの社会学者であるニューマンは，若者が一度実家を出た後も，必要に応じて実家に戻る状況に注目し，若者と複数世帯が同居する現象を「アコーディオン・ファミリー」と呼んだ（Newman 2012＝2013: 15）．親の家は，若者が成人したのちも，まるでアコーディオンのように，世帯人数が増えたり減ったりを繰り返すのである．このように，若者の離家をめぐる研究はこれまでにもなされてきたが，そうした議論が前提としているのは，子どもが親などの家族から世話をしてもらったり経済的に支援してもらったりする家族像である．

　しかし，ヤングケアラーの場合には，この家族像は当てはまらない．ヤングケアラーは子どもであっても病気や障害のある人を日常的にケアし，その家族の代わりに料理や洗濯や掃除などの家事を担っている[5]．障害者とその家族を研究する土屋は，障害のある親を持つ子どもが家を出たケースを紹介し，この行為が「棄てる」とみなされやすいことを指摘している（土屋 2013）．ヤングケアラーは，ケアをする主体でもあり，そうしたヤングケアラーが家を出ることは，家族にとってはケア役割を担っている人が抜けるということでもある．

2.2　ケアを担う若者の「成人期への移行」

　若者がどのように家族のケアをしているのかについては，ヤングケアラーの研究や支援が進むイギリスの取り組みを参考に整理することができる．

　イギリスでは，1980 年代末からヤングケアラーの調査が行われている．2003 年に 6,178 人のヤングケアラーを対象に行われた全国的なヤングケアラー調査では，ヤングケアラーが担っているケアの内容は，「家の中の家事（料理，掃除，洗濯，アイロンがけなど）」「一般的ケア（薬の服薬，着替えの介助，移動介助などの看護タイプの仕事）」「情緒的ケア（ケアの受け手の感情の状態の観察，監視すること，落ち込んでいるときに元気付けようとすること）」「身辺的ケア（入浴介助やトイレ介助）」「弟や妹の世話」「その他のケア（請求書の支払い，英語以外の言語を話す家族のための通訳，病院への付き添い）」に分類されている．この報告書の中で，ヤングケアラーが担うことの多いケアとして挙がったのは，「家の中の家事」と「情緒的ケア」で，調査対象者のそれぞれ 68％と 82％がこうしたケアを担っていたと報告されている（Dearden and Becker 2004: 7）．

　このようなケアを担う状況は，ヤングケアラーが 18 歳を過ぎれば解消されるというものでもない．イギリスでは，18 歳を過ぎた後も家族のケアを続けている若者ケアラー（Young Adult Carer）や，大学や専門学校での生活とケア

の両立に困難を抱えている学生ケアラー（Student Carer）の状況が報告されている（Becker and Becker 2008；Phelps 2017）．18 歳を過ぎて法律上は成人になったとしても，ケアを担ってくれる人が他におらず，ケア負担を軽減するサポートを受けられなければ，元ヤングケアラーの生活は大きく変わらない．

　こうした状況を鑑み，イギリスでは，家を出ることを含めた将来に対するヤングケアラーのニーズを把握し，ヤングケアラーたちが 18 歳を過ぎた後を視野に入れたサポートが行われている．イギリスにおいて 2014 年に施行された「2014 年ケア法（Care Act 2014）」の中には，「ヤングケアラーの大人への移行期のニーズに関するアセスメント（Transition Assessment）」という項目が立てられており，どのような進路を望んでいるか，家族のケアに対してどんな希望を持っているか，自分の目標を達成するためにどのようなサポートを望んでいるかなど，ヤングケアラーのニーズに合わせて，支援者によるサポートの提供が行われている（The National Archives 2014）．家を出て，ケアを要する家族と物理的に離れるという選択肢は，ヤングケアラーや元ヤングケアラーたちにとって，自分自身の人生を切り開いていくために必要なことではないかとかなり具体的に検討されている．

　このように，イギリスにおいては，18 歳以降もケアを担うヤングケアラーの実態についての調査や，その結果を反映した支援の仕組み作りが行われているものの，実際に家を出たヤングケアラーの詳細な事例や，ヤングケアラーにとっての家を出ることの意味については，充分に論じられていない．

2.3　分析課題

　本稿では，これら先行研究において充分に着手されてこなかった，ヤングケアラーの離家経験に目を向けるため，実家を離れた元ヤングケアラーの語りを分析する．

　分析では，ヤングケアラー自身の離家の捉え方，費用と住まい，家を出る前と出た後の状況に着目し，ヤングケアラーにとっての離家のリアリティを描き出す．

3　インタビュー調査の概要

　本稿では，離家経験のある元ヤングケアラー4名を対象に，インタビュー調査を行った．インフォーマントの情報は，以下の表に記述している．4名の元ヤングケアラーは，進学，編入などのタイミングで離家している点が共通している．インタビュー調査は，2020年9月〜2021年7月にかけて行った．

表1　対象者の情報

	Aさん[6]	Bさん	Cさん	Dさん
性別・インタビュー時の年齢	女性，20代	女性，20代	女性，20代	女性，30代
家族構成	父，母，妹，祖母，祖父	父，母，姉	父，母，兄	父，母，長兄，次兄
離家する当時の同居の実態	母	父，母，姉	父，母	父，母
ケアした家族	祖母，祖父	母	母	父
ケアの受け手の状況	認知症，癌	統合失調症	統合失調症	全盲
ケアを始めた年齢	17歳	幼少期	8歳	幼少期
離家したタイミング	大学編入	進学	専門学校在籍時	進学
離家する前の居住地	地方	地方	地方	地方
担っていたケアの内容	徘徊を防止するための見守り，外に徘徊した祖母の迎え，認知機能低下によって洗濯物を便器に入れてしまうなどへの対処．祖父のケアをしていたときには，病院への付き添い，入院や手術の手続き，腸から栄養剤を入れることもした．	幻覚や幻聴の症状がある母に寄り添う，話を聞く，買い物についていく．母親を入院させるときには，母親を羽交い締めにして，病院に連れていくこともした．	常にそばに寄り添って，話を聞く．母親の代わりに家族の食事を用意する．当時のケアのことを「ある意味支援職がやっているような感覚」と語る．	付き添い，仕事の送り迎え，食事の際のサポートなど．父親と外出しているときには，個室のトイレしか利用できない父親のために，多目的トイレを探した．

インタビューの時間は，ほとんどが 1 時間半〜 2 時間であり，インタビュー内容に不足を感じた際には，再度聞き取り調査を実施した．調査では，主に，(1)当時の家族構成とケアの状況，(2)離家した年齢と一人暮らし歴，(3)家を出る思考を持ったきっかけと時期，(4)離家に伴う困難への対処，(5)離家しやすさ／しにくさに関わる要因，(6)家を出た後の生活とケア，(7)家を出た後の家族の状況，の 7 つの項目について半構造化インタビューを行った．

　インタビューは，インフォーマントに許可を得て IC レコーダー等にて録音し，筆者が文字起こしをした後に，コーディングしている．調査データの扱いにおいては，匿名化した上で，学術目的でデータを使用することを説明し，インフォーマントに許可を受けている．

4　離家経験のリアリティ分析

　本節では，インタビューデータの分析結果を確認する．節の最後に，これら分析の結果を表として提示する．

4.1　ヤングケアラーの離家観
　そもそもインフォーマントは，家を出てはいけないという考えを持っていた．たとえば，D さんは，ヤングケアラーが家を出ることについて，以下のように語る．

　　まあ，普通に考えたら，無理なんですよね，それまでケアしていた人が，家からいなくなるっていうのは，客観的に見たら絶対にやってはいけない手段ですよね．だから，強行突破感がすごくて．

　D さんは，離家を「客観的に見たら絶対にやってはいけない手段」と認識しているが，実際に周りの人からそのように言葉をかけられたわけではなかった．家族をケアしている人は勝手にケアされる人から離れてはいけない，という倫理は，D さんが生活の中で持つようになったものである．
　一方，精神疾患のある母親をケアしていた B さんと C さんのケースでは，

ケアから離れることは母親に対して申し訳ないと認識していた．また，Cさんは「（ケアを他の家族に）任せる罪悪感」[7]もあると発言していた．

　このようなヤングケアラーの持つ離家観は，第三者との触れ合いによって変化していた．Bさんは，叔父への相談をきっかけに，それまでの考え方が大きく変わった．

　　私が小学校のときに，「もう耐えきれない」ってなって，この状況が続くのがつらいってなって，（姉と）2人で親戚の家に行くんですよ．「お母さんの調子は悪いし，お父さんはずっと，コミュニケーション取れないし，どうしたらいいんだろう」っていうのを，母の兄（叔父）に話しに行ったんです．（叔父が）2人にお小遣いをくれて，「それは2人がそれぞれ自由に使っていいお金なんだよ」「もっと自分たちのことを考えて暮らしていいんだからね」っていうのを，ピシャッて言ってくれて．そこで，「自分に制約をかけていたのは正解じゃなかったんだな」って．もっと自分のこと考えていいなんて初めて言われたので．そこがターニングポイントになって，私は「大学から家を出る」って決めた[8]．

　Bさんの「自分に制約をかけていたのは正解じゃなかった」という発言からは，それまでBさんが家族を優先して行動することが正しいと認識していたことが窺える．そして，インフォーマントたちは，家を出ることは自らの時間を確保する機会になるのではないかという認識も持つ．

　自分が家を出ることに対するこうした葛藤を，ヤングケアラーは，家族への説明が付きやすい言い訳を作ることで乗り越えていた．たとえば，Bさんは，高校3年生になり，進学先を決めるときには，家族に相談せずに受験している．このときのことをBさんは「進学先を勝手に決めて，勝手に願書出して，勝手にホテル取って，受けちゃったんです」と語っている．高校生でありながら，進学先を調べ，書類を取り寄せ，願書を記入して提出し，宿泊先を予約して，受験するという過程を，家族への相談なしでこなすのは簡単なことではないが，「大学に合格している」といった事後的な報告を家族にすることが，ヤングケアラーが家を出るときには重要な意味を持っていた．

4.2　費用と住まいの確保

　インフォーマントたちは，アルバイトをして稼いだり，貸与型の奨学金に申し込んだりして，離家の費用を準備していた．たとえば，Cさんは離家にかかるお金のほとんどを自身のアルバイト代から負担した．Cさんは，学業と母親のケアとアルバイトを同時にしていた時期について，「エレベーターに乗った瞬間寝ちゃうとか．1人になった瞬間寝ちゃうとか．『ふっ』てね．結構ギリギリだったよね」と語っている．

　他方，家族との話し合いの中で，家族が学費を出しヤングケアラーが入学金や生活費を出すなどと，家族間で経済的負担のバランスを決めることもある．ここでいう「家族」というのは，ケアを必要としていない他の家族メンバーであることも，ケアを必要としているけれどもコミュニケーションがスムーズに取れるケアの受け手であるときもある．たとえば，Bさんのケースでは，統合失調症の母親とは意思疎通がうまく取れなかったため，進学や引っ越しにかかるお金の交渉は父親とし，「学費は父が出してくれて，生活費は自分で賄って，あとは奨学金」というバランスになっていた．他方，Dさんのケースでは，全盲の父親とは会話を通してコミュニケーションすることが可能なため，父親に対して離家にかかる費用の相談をしている．

　また，インフォーマントらは，知人や家族に協力してもらいながら住居探しをしていた．Cさんのケースでは，年上の専門学校の同期に内見を一緒に回ってもらったり，自分がいいと思った物件に対して意見を言ってもらったりした．物件を契約する際には，家族の同意とサインが必要になり，学生の場合には，保証人からのサインと家族の年収等について記入も必要になるが，今回のインフォーマントのうちBさん，Cさん，Dさんは，家族が協力してそのサインをしてくれていた．Aさんについては，進学が決まったのちに，自身で進学先の学生寮の契約を行っている．

4.3　離家前後の生活
4.3.1　家を出る前の状況

　インフォーマントたちは，ケアの受け手と同じ居住空間にいることによって，自分の部屋を持っていたとしても，それが機能しているとは感じていなかった．

たとえば，認知症の祖母をケアしていた A さんは，実家で過ごしていたときのことを，次のように語る．

　　A さん：家は一軒家だったので，部屋はまあまああって．1 人になれないわけではなかったけど，どこもフリーアクセスみたいな．自分のプライバシーが守られる場所ではなく，すぐに誰かが入ってくる．居間がすぐ隣で．家に帰ると，ばあちゃんが，居間にいる母にではなく，私のところに来て「ご飯を作って」と言いにくる始末なので．部屋としての機能は果たしていなかった．
　　長谷川：ケアが一段落して，「ほっ」とする場所ではない？
　　A さん：ではない．部屋に戻っても，ばあちゃんが来るみたいな．

「家に帰ると，ばあちゃんが，居間にいる母にではなく，私のところに来て」という A さんの発言からは，A さんの状況に関係なくケアが発生していたことがわかる．ヤングケアラーは自分 1 人になって作業したいときだけでなく，ケア役割から離れて身体や心を休めたいと思っているときでさえも，障害や病気のある家族がケアを必要としていれば，それに対応してしまう．目の前に困っている家族がいるのに，ケアしないという判断は，なかなかできないからである．
　このような環境で生活することによって，ヤングケアラーは，ケアに対する責任を重く捉えていた．たとえば，統合失調症の母親をケアした C さんは，母親への責任について，次のように語る．

　　近くにいる親をケアしているって，精神疾患の親とかもそうだけど，境界線が曖昧になっちゃう．自分がやってあげなきゃいけない．一線おいてというふうには見れなくなっちゃう関係だから，責任を担いすぎちゃう．近くにいたら，曖昧な境界線の上にいるからしんどくなって当たり前．

「責任を負いすぎちゃう」という表現が示すように，ケアの受け手と接する密度が濃く頻度が高い環境にいることによって，ヤングケアラーは本来であれ

ば負う必要のない責任であっても，自分のものとして引き受けてしまう．

　また，家族と同居しているがゆえに，インフォーマントはより深くケアに絡め取られていた．たとえば，Ｄさんは，父親が食事をするときには，父親の様子や献立を見ながらサポートしていた．

　　自分のことは自分でやりたがるんですけど，現実できないので．たとえば，食事のときも，どこに何があるのかわからない．海老の殻を剥いてあげるとか，もう，介護ですよね．コップの位置とかも，本人は覚えているつもりなんだけど，「今日調子悪いなとか，明らかにズレているな」と思うときは，そーっと手の方にずらしてあげる．そういうのって，やられているって気づきたくないんですよね．家族だから．

　この発言からは，Ｄさんは父親が自分１人で食べることのできない海老が食事に出てきたときに殻を剥いたり，父親の調子が悪いときにのみコップの位置を移動させたりしていたことが窺える．Ｄさんは，その場の状況，その日の父親の体調に合わせて咄嗟にケアしているのである．

　日常的にケアに巻き込まれてしまう状況から，ヤングケアラーは，家族に生じるトラブルや自分がしなければならない対応を予期して行動するようになる．認知症の祖母と癌の祖父を主に１人でケアしていたＡさんは，20歳を超えてからも，昼夜問わず徘徊する症状がある祖母に不安を感じ，お酒を飲むことに制限をかけていた．

　　20歳になってから家を出るまでほとんど飲まなかったんです．「車を運転しなければいけないかもしれない」っていう強迫観念というか，不安というか．夜中に携帯がジリジリ鳴って，「何？」と思うと，警察から「ご家族預かっているので来てください」とか．「どうしてそんなところまで？」という場所まで祖母が歩いてしまうときもあって．そのときにはもう，車を使うしかなくて．お酒を飲んでいたらいけないので，怖くて飲めなかった．

　Ａさんは，祖母が距離のある場所に徘徊し，車で迎えに行くことになった状

況を想定し，酒を飲むことができなかったと語る．この発言からは，本当は飲酒したかったが，祖母を迎えに行かなければいけなくなったときへの「強迫観念」や「怖さ」からできなかったことがわかる．

4.3.2　家を出た後の状況

インフォーマントは，1人暮らしをすることによって，日常的に家族のケアをしていたときに比べて，ゆとりを持てるようになっていた．Cさんは，家を出てからのことを次のように語っている．

　常に一緒にいるとしんどい．それが「たまに」になるから．こっちもなんか割り切れるっていうか．こっちから，親に，「なんかどう？」とか．優しくなれた．向こうも多分優しくなれるっていうか，お互いにとって良かったかな．

Cさんの言葉からは，ケアによる「しんどさ」が軽減されると，病気のある家族に対して「優しく」なれることが窺える．

さらに，インフォーマントたちは，家を出る前よりも，自分が自由に使える時間を持てるようになっていた．Aさん〜Dさんの実家を離れた後の状況を見てみると，全員がケアを理由に学校や会社を休んだり遅刻したりしたことはなく，代わりに，部活や友達付き合いやアルバイト等に費やす時間が多くなっていた．

また，家を出ることによって，インフォーマントらのケア負担も変化した．たとえば，精神障害の家族を持つCさんのケースでは，実家にいたときには，病院への同行，服薬の管理，話を聞いたり寄り添ったりする情緒的ケアなどを並行して行っていたが，家を出てからは，薬の管理や病院への付き添いをすることはなくなり，電話で情緒的なケアをするようになっていた．

Dさんのケースでは，1人暮らしを始めて以降，家族を世話するために帰省することはほとんどなかったものの，実家に関わる経済的な出費を負担するようになった．

Ｄさん：今は，（次）兄と私で役割分担的に，実稼働するのが（次）兄で，
お金は私，みたいになっていて．

長谷川：実稼働というのは？

Ｄさん：たとえばですね．家の電球が切れたときとかは，家族は自分たちで
替えられないんですよ．父は見えないし，母は届かないし目も悪いし．そう
いうときには，メールが来るんです．「電気がチカチカしだした」みたいに．
そのときは，私がAmazonとかで電球を注文して実家に送りつけて，（次）
兄が帰省して取り付けるみたいな．電球くらいならいいんですけど，この前
は「エアコンが壊れた」とか言われて，「エアコン高いな」って思ったけど，
「自分の1人暮らしをキープするためだったらいいかな」って [9]．

　この発言から見えるのは，Ｄさんは自身の1人暮らしを継続させるための
意図を持って経済的なサポートをしているということである．収入や貯金の額
から，自分にとって高い出費であることを理解しつつも，しぶしぶエアコンを
買っている．ただ，Ｄさんは，同じく家を出ている長兄と相談し，エアコンを
調達して家に送るのはＤさん，そのエアコンを取り付ける工事に付き添うの
は次兄というふうに役割を分散させている．

　他方，インフォーマントたちは，家を出た罪悪感などから，積極的に家族に
連絡するようになっていた．ケアを要する人の体調や，自分の代わりにケアを
担うことになった他の家族メンバーの状況を把握し，変化がないかを確認して
おくためである．たとえば，Ｃさんは，転居先が実家から車で30分程の距離
だったこともあり，定期的に母親の様子を見に実家に戻っていた．Ｃさんは，
他にも電話を使用して，2日に1度くらいの頻度で，1回に約3～4時間，病
院に行っているか，薬を飲んでいるか，買い物に行ったりして他の人と話す機
会はあるか，などを家族に聞いていた．Ｂさんは，こうした連絡をする理由に
ついて，「勝手なことしちゃってるって思い」や「後ろめたさ」だと語っている．

　ただ，こうした対応の頻度は，家を出てからの期間が長くなるにつれて，減
っていく．それでも，インフォーマントたちは一定の期間ごとに連絡や帰省を
していたが，コロナウイルスの流行以降，その頻度はより減っていった．たと
えば，Ｃさんは，以下のように語っている．

表２　インフォーマントの離家経験についての詳細

	Ａさん	Ｂさん	Ｃさん	Ｄさん
離家に対する考え方	家族の面倒を見なきゃという思いが強く，前向きに捉えられなかった．	Ｂさんのケアが受けられなくなる母親の状況に対して申し訳ないと思っている．	ケアを他の家族に任せる罪悪感が伴うと感じている．	客観的に見たら絶対にやってはいけない手段と考えている．
費用と住まいの準備	約２年間かけて進学や引っ越しにかかる費用をアルバイトで貯めた．自身で進学先の寮を契約した．	大学入学と引越しにかかる費用は父親が支払った．物件の契約や引越しについても，親が協力してくれた．	１人暮らしにかかる費用を全て負担した．物件探しは，専門学校の同級生が手伝ってくれて，契約は父親が協力してくれた．	大学進学と引っ越しにかかる費用は父親が支払った．物件探しは１人で行い，契約については親が協力してくれた．
家を出た後の生活	友達と遊ぶ時間や趣味に時間をかけるようになり，祖母や他の家族とは連絡すら取らなくなった．ただ，祖母に対しては申し訳なさを感じている．	部活や友達と遊ぶ時間を楽しむようになった．その一方では，自身が家を出たことに対する罪悪感を感じ，定期的に帰省していた．	学校とアルバイト以外に自分のために費やすための時間を持てるようになった．定期的な帰省はしていたものの，自身の年齢が上がるにつれて，その回数は減っていった．	自分のことだけを考える時間が増えた．帰省するとき以外は，ほとんど親と連絡を取ることはなくなった．社会人になってからは，仕事の関係で，帰省する頻度がより少なくなった．

　コロナになってさ，やっと気づいたけど，今まで，義務感で帰ってたっていうか．「そろそろ帰んないとな」みたいなの思って帰ってたみたいで．帰らなくて良いっていうのはちょっと，堂々と帰んなくていいっていうのが逆に幸せだったりもして．やっぱり気を遣うんだよね．家帰るの，結局．話聞くのとか，疲れる．

　Ｂさんの「堂々と帰んなくていいっていうのが逆に幸せ」という言葉のように，インフォーマントたちは，感染拡大を防ぐために帰省を我慢しようという世の中の動きを理由にして，実家に帰らない選択を取っていた．

5　考　察

　離家は，実家から出て新しい場所で暮らすということであり，基本的にはそ

れによって定位家族との関係が途切れることはない．離家したヤングケアラーの場合も同様，ケアを必要とする家族との関係を続けていく．今回のインフォーマントの中で，ケアの受け手である祖母が施設で暮らしている A さん以外は，家を出た後もケアを要する家族に対してのケアを担っていた．A さんはケアには携わっていないものの，家を出た後は，祖母に対する罪悪感を抱くようになっていた．こうした状況は，家族介護研究においても多く見られる現象である．たとえば，親と子の介護について研究する中川は，地方にある夫の実家に週末等に通って痴呆の義母を介護する事例を紹介し（中川 2004），認知症家族介護を研究する木下は，介護保険サービスを利用して家族を施設に入居させながらも，自身のケア責任を重く捉え，何らかの形で介護に関わり続ける家族について論じている（木下 2019）．家を出る，施設に預ける，異なる場所に住むなどの行為は，ケアから離れることとしてイメージされやすいが，これらがヤングケアラーにもたらすのは，ケア負担の消滅ではなく，あくまでもケア負担の度合いやケアへの関わり方の変化である．ケアの受け手が存在する限り，ケア自体は完全になくなることはない．

　こうした視点のもと，ヤングケアラーが家を出ることの意味について，先行研究で用いたヤングケアラーに関する研究などを参考にしながら，考察する．

5.1　ケアの切り分け

　ヤングケアラーが離家したことによって，ヤングケアラーとケアを要する家族との間に確保された物理的距離は，ヤングケアラーがそれまで担ってきたケアを「離れたら終わるケア」と「離れても続くケア」へと切り分けることになる．離家する以前，ヤングケアラーは，日常的に起こる家庭内のトラブルを頻繁に見聞きし，そのトラブルに対して即応的にケアせざるを得ない状況に陥っていたが，この物理的距離があることにより，そうした状況に変化が生まれる．

　具体的に，どのようなケアが終わるのかを，イギリスで提示されているヤングケアラーの担うケアの分類（Dearden and Becker 2004）をもとに考えてみたい．ヤングケアラーのケアとして示される「家の中の家事（料理，掃除，洗濯，アイロンがけなど）」「一般的ケア（薬の服薬，着替えの介助，移動介助などの看護タイプの仕事）」「情緒的ケア（ケアの受け手の感情の状態の観察，監視すること，

落ち込んでいるときに元気付けようとすること）」「身辺的ケア（入浴介助やトイレ
介助）」「弟や妹の世話」「その他のケア（請求書の支払い，英語以外の言語を話す
家族のための通訳，病院への付き添い）」の中で，「離れたら終わるケア」として
挙げられるのは，「家の中の家事」，「一般的ケア」，「身辺的ケア」，「弟や妹の
世話」，「その他のケア」である．実家にいなければ洗い物や食事の準備をする
必要はなくなり，ケアの受け手との間に物理的な距離があれば，トイレのサポ
ートや服の脱ぎ着を手伝うこともしなくていい．さらには，ケアの受け手との
距離が近いがゆえにトラブルを見聞きしてしまい，それに即時に対応する回数
も減る．

　一方，「離れても続くケア」として残るのは，「情緒的ケア」である．うつ病
や統合失調症のある家族の話を聞いてなだめることは，電話でもできる．実際
に，BさんとCさんは，家を出た後も母親の体調に合わせて電話でのケアを
行っている．家族に精神的な問題がなくても，ケアを要する人の体調を確認し，
変化を把握しておくことは，ヤングケアラーにとって日常的にしてきたことで
あるため，家を出た後はそれを通話やメールで代替する．さらに，離れてもで
きるケアとして「経済的サポート」が加わることもある．ケアの受け手との関
わりが減ったとしても，ヤングケアラーが家に仕送りしたり，食料品やケアに
必要な物資を送ったりすることはできるからである．Dさんのように，家族か
ら離れて暮らす罪悪感から，経済面の負担を負うケアラーも珍しくない．

5.2　「ケアを要する家族のニーズ」との距離への気づき

　ケアを要する家族との物理的距離が確保されることで，ヤングケアラーは，
離れる前から変わらずに続いている，ケアを要する家族との間にあるもう1
つの距離について気づくようになる．それは，「ケアを要する家族のニーズ」
との距離である．こうした家族のニーズとの距離は，物理的距離とは切り分け
られて存在している．

　ヤングケアラーとケアを要する家族の間の物理的距離が近いと，ヤングケア
ラーはその家族のニーズに気づきやすくなる．たとえば，認知症の祖母をケア
していたAさんは，祖母が徘徊の症状で遠くに行ってしまった際に，祖母の
迎えを警察から依頼され，祖母の元に駆けつけている．これは，祖母，そして

警察からのニーズの提示であり，そのニーズを受け取りやすい位置にいた A さんが，応答したと言い換えることができる．また，目の見えない父親をケアした D さんのケースでは，父親がケアを求めていない場面においても，D さん自身が，父親のニーズを感じ取って，ケアを遂行している．たとえニーズの提示がされなかったとしても，ヤングケアラーは，自身が感じ取ったニーズに対応してしまうのである．こうした状況が起きる前提には，ヤングケアラーが，ケアを要する家族のニーズを容易に把握できる状況が関係している．

　一方で，ケアを要する家族との間に物理的距離ができると，離家以前には容易に把握できていた家族のニーズに気づきにくくなり，ヤングケアラーたちは，そうしたニーズへの対応を部分的にしなくなる．家族のニーズを把握しにくくなったヤングケアラーは，ケアの受け手のニーズに対応しなければいけないという側面をより意識し，ニーズとの距離を埋める努力をするようになる．定期的な帰省や電話はもちろん，ケアを要する家族に対する不安や心配が強くなる度に行っていた実家への訪問や長時間の電話による家族の様子の確認などは，こうした努力の表れである．見方を変えれば，こうしたケアを要する家族のニーズとの距離の埋め合わせによって，ヤングケアラーが家を出た後に担っている「離れても続くケア」が生じているようにも見える．

　重要なのは，このようにヤングケアラーが家族のニーズとの距離を把握できるようになるのは，離家という経験を通して初めて可能になるということである．ヤングケアラーが家族の状況やケアに左右されずに自分自身の人生を選択していけるようになるのは，ケアの受け手との物理的距離だけでなく，ケアを要する家族のニーズとの距離も含めて，これらとの距離を自身の中でバランスよく判断できるようになり，そのコントロールをうまくできるようになったときである．

　ヤングケアラーにとって離家は，ケアを必要とする家族との付き合い方と自分の送る生活や将来の人生像などを相対化して考える作業を行う上で重要な行為である．

6　結　論

　本稿では，実家を離れた元ヤングケアラーの語りの分析を通して，ヤングケアラーにとって離家することの意味を考察した．離家経験のリアリティ分析から見えたのは，家を出た後も家族のケアを続ける，あるいは，ケアを続けてはいないものの，そのことに対して罪悪感や不安などを抱えるヤングケアラーの姿であった．こうした分析結果を踏まえ，離家がヤングケアラーにもたらすのは，ケア負担の消滅ではなく，物理的距離の確保による「ケアの切り分け」と「ケアを要する家族のニーズ」との距離への気づきであることを論じた．その上で，ヤングケアラーにとって離家は，それまでの経験を整理し，自分と家族について相対化し考えていくために重要な行為であることを示した．

　こうした本稿の指摘は，ヤングケアラー特有の話なのか，あるいはケアラー一般の話なのだろうか．もちろん，ケアを要する家族と物理的距離を確保すると，自分の過ごしていた環境を相対化して考えることができるようになるのはヤングケアラーに限った話ではない．しかし，中高年のケアラーと比べてヤングケアラーに特徴的なのは，自分の人生を作っていくまさにその時期に，子どもの頃から共に暮らしてきた家族のケアとのバランスを取っていかなくてはならない点である．就職や結婚や子育てなどを見据えたときに，ヤングケアラーに必要になるのは，ケアを要する家族のニーズとの距離の取り方である．離家は，幼い頃からケアを担うことによって蓄積された，家族のニーズに対する強い感受性を少し離れた位置から捉えられるようにするための手段として位置づけることができる．

　本稿の意義は，社会の経済的基盤の不安定化に伴い，あえて離家せずに実家で暮らし続ける若者が増えているなかで，ケアという視点から，家を出ることの意味を問い直したことにある．離家には，物理的距離だけでなく，家族のニーズとの距離があるという視点は，本稿の重要な示唆である．今後は，ケアラー視点のない人間像が前提とされることが多い若者研究において，ケアを担う若者を想定した議論を展開していくことが求められる．

　4名の元ヤングケアラーの語りをもとに離家経験の意味を論じた本稿にとっ

て，今後課題となるのは，より多くの事例の収集と，それを元にした精緻な分析である．インフォーマントの性別，ケアを要する家族の障害や病気の種類とその度合い，家族構成などについて様々なケースの語りを分析し，ヤングケアラーの状況別に分類することが必要になるだろう．また，離家研究として課題になるのは，離家を阻む要因や離家を可能にする条件，離家のきっかけやタイミングなどについての分析である．今後，さらに他の離家したヤングケアラーの事例を分析対象として加え，実証的な研究を行うことが求められる．

　効果的なヤングケアラー支援を考えていく際には，ケア負担の軽減のみならず，ヤングケアラーたちの離家を後押しする仕組み作りが大切な視点になるだろう．他方では，ヤングケアラーが感受してしまいやすい家族のニーズを，学校の先生や地域の人など，ヤングケアラー以外の人間が積極的に察知していくような介入が必要になると思われる．家族を頼れない若者たちが自分自身の人生を切り開いていくことをサポートすることは，今後の日本社会にとっても意義深い論点となってくるはずである．

［付記］

　本稿は，文部科学省科学研究費助成事業（学術変革領域研究（A））「個体脳－世界相互作用ループの時代・世代・ジェンダー影響の解明」（研究課題番号：21H05174）の助成を受けた研究成果の一部である。

注

1) NHS: Being a young carer: your rights, 2021.（2023 年 1 月 7 日取得，https://www.nhs.uk/conditions/social-care-and-support-guide/support-and-bene-fits-for-carers/being-a-young-carer-your-rights/）より引用．
2) ヤングケアラーを研究してきた澁谷は，イギリスの研究を参照しながら，ヤングケアラーの特徴として，子どもでありながらケアラーでもあるという二重性に着目している（澁谷 2017）．未成年の子どもという立場では，たとえケアの総量が増えてきたとしても，施設入所やケアサービスの購入といった発想を持つことは難しく，自分の時間や体力をさらに削って調整していく状況になっている（澁谷 2018）．
3) この論文においての「元ヤングケアラー」とは，18 歳より以前の子ども時代に家族のケアを担っていた，あるいは担ったことのある人を意味するものとして位置づける．
4) 筆者は，2018 年頃から，精神疾患のある親に育てられた子どもの立場の人と支援

者が活動する「こどもぴあ」や，ヤングケアラーと若者ケアラーのオンラインコミュニティである「ヤンクルコミュニティー」など，ヤングケアラーを対象としたいくつかのセルフヘルプグループに出入りしてきた．また，自身が所属する日本ケアラー連盟ヤングケアラープロジェクトのスピーカー育成講座の運営などを通して，多くの当事者と関わってきた．「家を出る」ことに対する語りが多いという知見は，こうした活動の中で実際に筆者が見聞きしたことに基づいている．

5）日本では，2020 年から 2021 年にかけて厚生労働省の「令和 2 年度子ども・子育て支援推進調査研究事業」の一環として「ヤングケアラーの実態に関する調査研究」が実施され，回答した中学 2 年生の 5.7%，全日制高校 2 年生の 4.1% が，家族の中に自分が世話をしている人がいると答えた（三菱 UFJ リサーチ＆コンサルティング 2021）．平日 1 日あたりでケアに費やしている時間は，中学 2 年生で平均 4 時間，全日制高校 2 年生で平均 3.8 時間であった．なかには 7 時間以上ケアしていると答えた人も中学 2 年生で 11.6%，全日制高校 2 年生で 10.7% みられた．家族のケアにかける時間が長くなればなるほど，健康状態が「良い」という回答は少なくなり，遅刻や欠席の回数が増えていることが示唆された．

6）A さんが離家するタイミングでの家族構成は，A さん以外に母のみであった．父親は単身赴任していて，妹は高校入学と同時に寮に入っており，祖父は癌で亡くなっていたためである．ここに祖母が入っていないのは，A さんが，離家する前に，祖母を施設に預けているからである．A さんの母親が，祖母のケアに対して協力的でなかったこともあり，A さんは，受験勉強と並行して，祖母を特別養護老人ホームに入所させるための手続きなどを行っている．

7）（　）内の記述は，筆者が書き加えたものである．

8）（　）内の記述は，筆者が書き加えたものである．

9）（　）内の記述は，筆者が書き加えたものである．

文　献

Becker, Fiona and Saul Becker, 2008, *Young Adult Carers in the UK: Experiences, Needs and Services for Carers Aged 16–24*, The Princess Royal Trust for Carers, London.

Dearden, Chris and Saul Becker, 2004, *Young Carers in the UK: The 2004 Report*, London, Carers UK.

Phelps, Daniel, 2017, *Developing Learning and Teaching for Student Carers: Research Report*, The University of Winchester.

濱島淑恵，2021，『子ども介護者——ヤングケアラーの現実と社会の壁』KADOKAWA.

木下衆，2019，『家族はなぜ介護してしまうのか——認知症の社会学』世界思想社.

三菱 UFJ リサーチ＆コンサルティング，2021，「ヤングケアラーの実態に関する調査研究について」（2023 年 1 月 7 日取得，https://www.murc.jp/wp-content/uploads/2021/04/koukai_210412_7.pdf）

宮本みち子，2004，『ポスト青年期と親子戦略——大人になる意味と形の変容』勁草書房.

中川敦，2004，「遠距離介護と親子の居住形態——家族規範との言説的な交渉に注目して」『家族社会学研究』15 (2)，89-99.

Newman, Katherine, 2012, *The Accordion Family: Boomerang Kids, Anxious Parents, and the Private Toll of Global Competition*, Beacon Press. (荻原久美子・桑島薫訳，2013，『親元暮らしという戦略——アコーディオン・ファミリーの時代』岩波書店.)

Sempik, Joe and Saul Becker, 2014, *Young Adult Carers at College and University*, Carers Trust, London.

澁谷智子，2017，「ヤングケアラーを支える法律——イギリスにおける展開と日本での応用可能性」『成蹊大学文学部紀要』(52)：1-21.

————，2018，『ヤングケアラー——介護を担う子ども・若者の現実』中央公論新社.

The National Archives, 2014, "Care Act 2014" (2023 年 1 月 7 日 取 得，https://www.legislation.gov.uk/ukpga/2014/23/contents/enacted)

土屋葉，2013，「関係を取り結ぶ自由と不自由について——ケアと家族をめぐる逡巡」『支援』Vol. 3，生活書院，14-39.

山田昌弘，1999，『パラサイト・シングルの時代』筑摩書房.

————，2004，『パラサイト社会のゆくえ』筑摩書房.

abstract

Young Carers' Experiences of Leaving Home

HASEGAWA, Takuto
Seikei University Graduate School of Literature.

This study aims to elucidate the effect of the experience of leaving home on young carers. Although studies have been conducted in the field of family sociology on young people leaving home, they lack a full consideration of the existence of young and young adult carers. To address this concern, interviews were conducted with four former young carers who had left the homes of their parents and analyzed their experiences.

The results revealed that the young carers continued to take care of their families after leaving home, or, alternatively, they did not continue to take care of their families but felt guilty and anxious about the situation. Based on these results, this study argues that the experience of leaving home does not lead to the omission of the burden of care for young carers but the *separation of care* by securing physical distance and the realization of *distance from the needs of the family members who need care*. For young carers, leaving home was an important act for organizing their experiences and considering themselves and their families in a relative manner. Based on this discussion, the study proposes that when considering effective support for young carers, reducing the burden of care for young carers living with their families and creating a system that encourages them to leave their homes are important considerations.

Keywords：young carer, leaving home, transition into adulthood

| 書　評 |

桜井政成著
『福祉 NPO・社会的企業の経済社会学』

安立　清史

1.　はじめに

　福祉 NPO，社会的企業，事業型 NPO，コミュニティ・ビジネス，ソーシャル・キャピタル……きら星のように魅力的なキーワードが並ぶ．はたして福祉と NPO，社会と企業，コミュニティとビジネス，ソーシャルなものとキャピタルなもの，一見すると矛盾するような概念の結びつきをどう解き明かしていくのだろうか．興味がつきない．しかも方法が「経済社会学」である．経済と社会という双頭双尾のような両極の概念をもちいて，どう料理していくのか．これまた興味深い試みだ．しかも 10 章にもおよぶ大著，それぞれに理論と事例と分析がついている．

2.　全体の構成

　まず全体の構成を紹介しよう．1 章は「社会的排除／包摂と NPO—果たすべき役割への期待と課題」と題され，NPO 概念の整理，政策的展開，期待，批判，商業主義化，経済社会学的アプローチ，と並べられている．NPO から事業型への展開は，順接なのか逆接なのか，果たすべき役割なのかそうでないのか．いきなりの大問題だ．2 章は「事業型 NPO」の制度とその実態，都道府県別の分析，このあたり教科書的にまとめられている．3 章は「事業型 NPO の特徴とその発展課題」として京都府 NPO 法人の財務データ分析がなされる．経済社会学たるゆえんだろう．ここまでは NPO の「発展」の分析だ．4 章からは問題提起もはじまる．「介護保険制度下における非営利＝営利のせめぎあい」として準市場におけるグループホームなどの実証分析がなされる．はたして介護保険で非営利は営利に接近していくのか．せめぎあい，とはどう

あだち きよし｜九州大学・名誉教授｜adachi.kiyosh@gmail.com

いうことか．5章は「NPO概念の定着と社会的企業概念の拡散」，ヨーロッパの「社会的企業」が紹介され，日本の社会的企業と比較検討される．以降の章は，ヨーロッパ的な社会的企業概念の紹介と分析が中心となっていく．社会的企業とは語義から矛盾を含んだ概念ではないか，それは米国由来のNPO概念とはかなり異質な概念ではないか．NPOと社会的企業を対比してどんな発見や課題が導けるのか．6章は長野の宅老所事例の紹介から「ソーシャル・イノベーション」が分析される．しかし，宅老所は「ソーシャル・イノベーション」なのか，普及とは模倣の過程なのか．7章は「社会的企業設立時のNPO・営利企業の選択」，NPOか営利企業か，そういう2つの選択肢があって迷うような人たちを分析するところが興味深い．経済社会学的な切り込み方だ．8章は「若者就労支援団体による社会関係の埋め込み」と題されていてグラノヴェッターの応用篇となる．9章は「コミュニティビジネスにおけるソーシャル・キャピタルの制約」，しかも「当事者主体という罠」という．これも罠のような謎めいた問題提起である．「負のソーシャル・キャピタル」という概念まで出てきてかなり踏み込んだ問題提起だが行方が見えにくい．さいごの10章は「カナダの社会的企業」の紹介と日本への示唆．カナダの社会的企業から対抗条件を探るというのだが，いささか論題が拡散していく印象もうけた．大きくこのような構成になっている．

じつに広範囲な問題や課題への目配り，概念の定義や紹介と，膨大な先行研究のレビュー．さまざまな事例調査の紹介，そして章末にはかならず「まとめ」があって初学者にも分かりやすいようになっている．つまり研究書であり教科書であり調査報告書でもある．NPOや社会的企業についての現時点での「まとめ」のような構成をもつ大冊で，広範囲に目配りしすぎて論点が拡散している印象をもつ人もいるかもしれない．

3.「問い」の形

評者もまた福祉NPOや事業型NPOに関心をもつ者である．介護系NPOや福岡の「宅老所よりあい」などとは長年の交流もある．米国のNPOについても多少研究してきたつもりだが，ヨーロッパの社会的企業についてはまったく詳しくない．コミュニティ・ビジネスや社会的企業という概念は魅力的だと思うが，実態はどうなのか，理論的にはどうなのか，矛盾をどう解決している

のか，関心がある．経済社会学という方法は，ふつうの社会学とどのように違った見方を提供できるのか．こういう立場から本書を読んでみた．だから多少，偏った書評になるかもしれない．

　まず，はじめに，本書を読みすすめるうえで，評者がいちばん関心をもっていた「問い」を紹介しておこう．それは「非営利」とは何か，経済社会学からみて「非営利」とは何か，という問題である．

　NPO は Non Profit Organization あるいは Not-for-Profit Organization であるから，「非営利」と訳されている．なかなかに含蓄のある概念だと思う．それは，反営利でも，没営利でも，嫌営利でも，対営利でも，ない．この「非」という概念は，時として融通無碍に変奏されて「営利と非営利」という対立する概念を脱臼させる．「営利」をめざして結果的に「営利」にならない場合，それは「非営利」なのか，というのが典型的な問いだ．しかし，それだけではない．そもそも「めざす」という概念を組織という集合体にあてはめることがどこまで妥当か，ということにもふれてくる．

　「非営利」を目的として事業を行い，結果も非営利的なものであったら問題も苦労もない．しかし「営利」を目的とせず始まったが，結果的に利益があがった場合，それは「営利」なのか「非営利」なのか．つまり，意図や動機によって，「非営利」が説明できるのか，という問題があらわれる．ヨーロッパの「社会的企業」や「連帯経済」は，どちらかというと動機の方向で「非営利」を説明しようとするだろう．

　反対に，意図や動機でなく，結果によって「非営利」を判定しようとするのが，米国の NPO 概念ではないか．公益の判定を，市民の支持行動から判定する（寄付者の広がり等から判定しようとする），つまり意図や動機ではなく行為事実から判定しようとする．それが米国の NPO 法制で，内国歳入庁が判断に活用しているのはその一例だ．意図や動機を重視するか，行為事実を重視するか，こんな粗々な見方ではないと反論されるかもしれないが，根元にある「非営利」とは何か，という根本的な「問い」はつきつめるとこんな形をしていると思われる．

　もうひとつ気になっている問題がある．ゲシュタルト心理学で「地と図」という概念がある．地がベースで図はそこから浮かび上がってくるものだ．経済

における営利と非営利を，このゲシュタルト心理学に当てはめるとどちらが地でどちらが図なのか．評者は米国の NPO の歴史を調べながら，「非営利」の中から「営利」がしだいにうかびあがってきたとする見方と，「営利」の海の中から「非営利」が結晶してきたという見方と，2 通りの見方がありうるということを教えられた．ヨーロッパのほうは，マックス・ヴェーバーを引き合いにだすまでもなく，非営利の中から営利が，宗教改革の中から資本主義が生まれてきた，という見方に傾くだろう．米国はその歴史からも分かるように，プラグマティズムのビジネス世界から，しだいに非営利が生まれてきた，そう考えられるのではないか．ヨーロッパが一段目のロケットであるとすれば，米国は二段目のロケットである．するとヨーロッパが意図や動機を重視し，米国が結果から判別しようとするという違いが見えてくるのではないか．

　こう考えると，社会的企業は，やはりヨーロッパ的な特徴をもつものに見えてくる．意図や動機で営利を抑制し，非営利をドライブしている．社会が企業をコントロールできるという世界観に近いだろう．米国の場合，最初から「社会的企業」がめざされることはあまりないのではないか．

　こう考えてくると最終的に問題は日本である．ヨーロッパ型と米国型——日本はどちらなのか，どちらに近いのか，どちらに向かうのか．これは，評者がボランティア団体や NPO を研究しはじめた当初から抱いていた問題意識だった．この「問い」は本書で，どう扱われているか．

　また，本書は NPO 論でよくいわれるボランタリーの失敗から経営学や経済学的なアプローチによる克服，という流れが想定されているように思われる．すると仁平典宏が『〈ボランティア〉の誕生と終焉』(2011) で示した見方と対立する見解なのかと興味深い．仁平は，「ボランティア」が充満すると終焉していく，その解決として「経営論的転回」が起こる（NPO へとつながれていく）ことを批判的に考察していた．このボランタリーの失敗と NPO との接続についても，理論的な関心を惹かれる．ボランティアと NPO とは「順接」なのか，いや「逆接」にもなりうるのではないか，という問題と関連するからである．

4. 経済社会学という方法

　本書が依拠する「経済社会学」という方法をもっと詳しく知りたくなった．ヨーロッパ的にみれば，マックス・ヴェーバーのように「経済＝社会」という

見方は成り立つかもしれない．これは「経済が社会をドライブする」という見
方であるとともに，「社会が経済をコントロールする」という見方にも反転す
るから両方向の可能性をもつものだ．

　それにたいして米国流では「社会が経済をドライブする」という見方は，あ
ってはならないことだろう．米国社会の「社会主義・共産主義・国家主義嫌
い」の心性と真正面から衝突するからである．なぜ米国人はそうなのか．これ
も「非営利」とは何か，を考えるうえで，重要な論点になると思われるが，書
評の枠を超えてしまう．

　経済社会学という見方は，この2つのどちらに傾いているか．ヨーロッパ
的な「経済＝社会」に近いものなのか．だとしたら，NPO という用語よりは
他の用語たとえば NGO（Non Governmental Organization）のほうが「社会的
企業」分析には適合的なのかもしれない．プロフィットに注目するのではなく，
経済のコントロールのほうに焦点があるのだから．そんなことも考えた．

（A 5 判・276 頁・本体 4200 円・明石書店・2021 年）

| 書　評 |────────────────────────────

金　成垣著
『韓国福祉国家の挑戦』

鎮目　真人

1. はじめに

　本書は全8章からなる，韓国の福祉体制の来し方と今後の行方を探る意欲的な著作である．序章では本書の問いとして，韓国を「フォーディズムなき福祉国家」と位置づけ，その実態と普遍的な意義を探ることをあげている．1章と2章では20世紀から21世紀初頭までの間に韓国で福祉国家が形成された歴史的経緯が経済構造の変遷と民主化以降の各政権による社会政策の観点から解き明かされている．続く3章では，現在の韓国の社会保障施策を「準普遍主義」と「補完型給付」という二つの概念を用いて特徴づけている．4章と5章では韓国で展開された雇用保障政策が「社会的企業」「社会的経済企業」の創出と「社会的投資戦略」の推進という点から描かれている．6章では，韓国の政治舞台で政策論争になっているベーシック・インカム（以下BI）の導入議論やその政策的な意味が論じられている．そして，終章では，韓国の「フォーディズムなき福祉国家」は福祉先進国への「脱キャッチアップ」を試みたものであるが，その中には「福祉国家的でないもの」への動きが含まれているとの見解が述べられている．以下では，本書で提示されているいくつかのキーワードに着目して，その内容と解釈に関して評者の見解を述べたい．

2. 「フォーディズムなき福祉国家」をめぐって

　本書で韓国の福祉体制をあらわすキーワードとして用いられている「フォーディズムなき福祉国家」とは，「福祉国家の黄金期間」を経ていない福祉国家のことを意味する．ここで「福祉国家の黄金期間」とは，戦後から高度経済成長（1970年代半ば）の間に「大量生産・大量消費」が実現され，「賃金爆発」

しずめ まさと｜立命館大学産業社会学部・教授｜shizu@fc.ritsumei.ac.jp

と「福祉爆発」が生じ，豊かな中間層をターゲットにした完全雇用政策と社会保障制度の拡充が図れた時代区分を指し示している（本書: 27-9, 190-1）.

　韓国における「フォーディズムなき福祉国家」の成立過程は，① 1960 年代から安価な労働力に依存した「技術・技能節約発展」がなされ，1970 年代に「権威主義的開発国家」によって労働運動が弾圧された結果，安価な労働力が確保されつつ社会保障制度の導入が回避されたこと（本書: 34-6），② 1980 年代から始まる民主化以降に，労働三権が認められて，高賃金と安定雇用といった労働条件の改善や年金，医療，雇用保険等の社会保障が整備されたものの，それらの恩恵は大企業の男性正規労働者である「中核労働者」に限定され，非正規労働者や自営業者などはその対象外におかれるという二重構造（「87 年体制」）が生じたこととして説明されている（本書: 46-7）. 本書では，これらの過程を「福祉国家なき時代」とし，その要因として「権威主義的開発国家」といった政治的要因よりも経済的要因（経済成長のパターン）に着目し（本書: 52），韓国では先進国とは異なって，輸出志向型工業化によって経済が牽引されたことにより，賃金引き上げや社会保障制度の導入などの労働コストの上昇をともなう福祉国家の発展がもたらされなかったと論じている（本書: 53）.

　こうした主張を検討する際には，福祉国家化を韓国よりもいち早く達成した国において，貿易依存度といった経済構造，賃金政策，社会保障の整備といった三者の関係が福祉国家の初期段階でどのように成立していたのかということについて検証することが重要だろう. 例えば，スウェーデンは小国であるがゆえに韓国と同じく輸出産業を重視した開放経済であったが，韓国とは異なり，政・労・使のコーポラティズム体制のもとで，「レーン＝メイドナーモデル」と呼ばれる賃金抑制的な連帯的賃金政策がとられ，その見返りとして社会保障制度の拡充が実行された. また，日本では，1960 年代初頭に国民皆保険・皆年金が成立し，1970 年初頭まで年金制度では給付水準の上昇が図られた. しかし，西欧の福祉国家と比べると，介護や育児等の福祉サービスや住宅政策が未発達で，いわゆる国民負担率でみれば，北欧・大陸ヨーロッパ諸国はおろか，アメリカを相当下回る低い水準で推移していた. 日本では高度経済成長期に内需が大きく，経済構造は韓国とは異なっていたが，韓国と同様に他の多くの福祉国家と比して社会保障給付が相対的に大きくなかったのは，保守主義政党，

官僚，財界の「鉄のトライアングル」のもとで，公共事業や市場への規制を通じて国民所得を増大させる政策がとられたこととともに，家族や企業に依存した「日本型福祉国家」が構築されたことにあったと考えられる．

　これらを敷衍すれば，経済成長を経て福祉国家化をいち早く遂げた国においても，経済政策，賃金政策，社会保障政策の各政策分野の連携の仕方は様々であり，それに応じて，福祉国家のあり方も多様であった．こうした点を踏まえると，韓国において「87年体制」のもとで「中核労働者」以外の者に対する社会保障の拡充がなされなかった理由は，開放経済であったか否かという経済の発展パターンよりは，時の権力構造に基づく権力資源の布置状態の方が重要な要素ではなかったのかという疑念が湧いてくる．

　また，1998年の金大中政権の下で進められた総合失業対策や社会保障長期発展計画，1999年の国民保険・皆年金の成立にみられる社会保障制度の充実以降も二重構造が解消されていないのは，サービス産業化や経済のグローバル化という韓国だけでなく多くの国に共通したバックグラウンドのもとで進む雇用の流動化のなかで，過去の発展経路に依存した結果，生じている現象のように思われる．「フォーディズムなき福祉国家」のなかで鍵概念として提示されている「輸出志向型工業化」という経済の成長パターンが社会保障制度の抑制に結びつくというメカニズムに関しては，より詳細な分析が必要なのではないだろうか．

3.「準普遍主義」をめぐって

　本書で提起されている「準普遍主義」はかつて星野（2004）が提示した「選別的普遍主義」を想起させるものである．星野は福祉国家による諸給付の受益者が専ら中間階層以上に偏る現象に対して異議を唱え，普遍主義的給付設計のもとで，自己負担の累進性を図ることや低所得層に給付を上乗せすることを主張した．著者が指摘する「準普遍主義」は一定所得以上の者を給付から排除する仕組みを指しているので，星野のいう「選別的普遍主義」とは異なるものだが，韓国において年金制度や児童手当制度など実行されている富裕層のみを給付の対象から排除する「準普遍主義」に類する施策は，日本でも2020年末に自公政権によって児童手当改革で実行された．

　「準普遍主義」において，サービスの給付に対して高額所得者を対象外とす

る（あるいは，全額負担させる）という考え方の裏には，受給するサービスの負担は基本的には私的負担とすべきであるという考え方が背後にあるように思われる．高額所得者であっても給付から排除せず，負担も求めない義務教育と対比して考えるとこの点は明確だろう．そのため「準普遍主義」は，給付の対象外となる所得水準の設定如何によっては対象がより限定されるため，本質的に「準選別主義」とでも形容する性質を有しているが，著者が指摘するように，福祉国家化に向かう国のなかには，資源を有効に再分配する方法として，韓国でのこうした実践を参考にするところもあるかもしれない．

4. 「福祉国家的でないもの」をめぐって

　著者は本書で「福祉国家を，人々の生活を国が支える仕組みとして広く定義し，『福祉国家的でないもの』を，国の介入しない人々の支え合いの仕組み」と定義している（本書: 197-8）．しかし，福祉国家は「福祉国家的でないもの」に含まれるインフォーマルケアや民間福祉を租税福祉や規制を通じて支えている．そのため，「福祉国家的でないもの」というのは公的福祉制度給付でないものと表現した方が誤解を招かないのではないだろうか．また，様々な「福祉国家的でないもの」（本書: 図表終-1, 199）に含まれる遠隔ケアシステムやクラウドファンディングは福祉的サービスの提供方法・手段であるため，結局，「福祉的でないもの」の提供主体は民間企業や社会的企業等に還元されることになるのではないかと思われる．

　著者はこうしたサードセクターによるサービス給付は 2000 年代初頭の民主党の盧武鉉政権下でバウチャー制度による社会的投資戦略を嚆矢として進展し，2010 年代になっても保守の朴槿恵政権によって「社会サービス国家」化に向けた施策として引き継がれて発展したとし，それを現金給付に対する「補完型給付」と位置づけている．Pestoff（1992＝1993）は福祉のトライアングルで，ボランティアや NPO などのサードセクターの役割を強調してきたが，従来の福祉レジーム論では，その位置づけは必ずしも十分に語られて来なかった（大沢 2013）．著者が「補完型給付」としてこうしたサードセクターによるサービス給付の増大を「脱キャッチアップ」の象徴の一つとして積極的に位置づけている点は，新興国における福祉国家化の理論を考察する際に有用であろう．

5.　BI 論争をめぐって

　本書では，BI は旧来の社会保障制度の「リペア」ではなく「チェンジ戦略」（本書: 171–2）にもとづく政策であり，「福祉国家にとって代わる変革的な政策構想」（本書: 194）と定義されている．BI が福祉国家にとって代わる政策である述べられている根拠は，BI が「雇用」と「家族」を前提とするものではなく（本書: 183），「資本主義およびその上に成り立つ福祉国家の大前提かつ基本原則である『労働力の商品化』とは相容れないもの」（本書: 197）であるからとされる．しかし，こうした根拠に基づいて，現在の福祉国家施策の代替的な政策として BI を位置付けることに関しては注意が必要だろう．なぜなら，BI は，完全 BI だけでなく，参加所得や税方式の年金や社会手当などの部分 BI を含んだ広い概念で定義されうるものだからである（Fitzpatrick 1999）．北欧諸国で制度化されているデモグラント型給付はその一例である．また，資本主義制度のもとであっても，社会保障制度が担う役割は，福祉国家の黄金期を通じて，旧来の救貧的なものから，Esping-Andersen が指摘するように，「脱商品化」へと進んで来たという流れがある．近年では，女性労働をめぐって，その労働力の「再商品化」やワークフェア的な労働力の商品化に関わる施策も採られてきているが，現在の社会保障制度を基本的に「労働力の商品化」を前提とした政策とし，BI は個人単位の無条件給付であるがゆえにそれとは異なるものであるとする解釈には疑問が残る．そのため，BI（特に完全 BI）は確かに既存の社会保障制度と異なる側面はもっているが，現在の福祉国家による施策にとって代わる政策というよりは，その延長線上に位置づけられる新しい政策と位置づける方が無理がないのではないだろうか．

　BI が韓国の大統領選挙で政策論として取り上げられ，その導入の是非が議論になった背景には，著者が指摘するように，韓国が後発福祉国家であるがゆえに既存の政策におけるポジティブフィードバックが弱く，制度改革に対する内外の障壁が低かったために，制度刷新をもたらす「破壊的イノベーション」が生じやすい環境があったことが指摘できるだろう．そうした意味で，こうした動きを，本書で「脱キャッチアップ」の一つとして捉えていることは大いに首肯できることである．

6. おわりに

　今後の脱工業化のもとで，韓国が国や自治体による公的福祉以外の給付（「福祉国家的でないもの」）の充実に向かうのか，それとも，ベーシックサービスの給付を保障する方向，あるいは，それにとどまらず，現金給付のほか，コモンズなどの保障を含むベーシックアセット（宮本 2021）の保障を視野に入れた「新しい福祉国家」を目指すのか，その動向は後発福祉国家をはじめ，多くの国とって参考になるだろう．本書はそうした大変興味深い論点について考察したものであり，韓国の福祉国家体制だけでなく，広く福祉国家を研究対象としている者に対して様々な思考実験の場を与えてくれる刺激的な書である．

　今後の韓国の福祉体制の方向性を分析する上でのヒントは，韓国における労働運動にあるのかもしれない．1980 年代の軍事政権下で制度化された企業別労働組合は，90 年代の民主政権以降，産業別組合への組織化に向けた動きが加速し，労働運動と市民運動，あるいは，福祉運動との提携が強化され，非正規労働者を巻き込んで社会保障制度の拡充が進められている（安 2013）．西欧の福祉国家諸国において「福祉国家のフォーディズム的拡大」の一翼を担った産業別労働組合に向けた韓国における労働運動は，同国の福祉体制を新たに方向づける可能性を秘めている．

（Ａ５判・240 頁・本体 3500 円・明石書店・2022 年）

文　献

安周永，2013，『日韓企業主義的雇用政策の分岐——権力資源動員論からみた労働組合の戦略』ミネルヴァ書房．
大沢真理，2013，「福祉レジーム論から生活保障システム論へ」『GEMC Journal』9: 6-28.
星野信也，2004，「社会的公正へ向けた選別的普遍主義——見失われた社会保障理念の再構築」『福祉社会学研究』1: 229-50.
宮本太郎，2021，『貧困・介護・育児の政治　ベーシックアセットの福祉国家へ』朝日選書．
Fitzpatrick, Tony, 1999, *Freedom and Security: An Introduction to the Basic Income Debate*, New York, USA: Palgrave Macmillan.（武川正吾・菊地英明訳，2005，『自由と保障——ベーシック・インカム論争』勁草書房．）
Pestoff, Victor A., 1992, "Third Sector and Cooperative Services—An Alternative to Privatization," *Journal of Consumer Policy*, 15, 21-45.（岩田正美訳，

1993,「ソーシャル・サービスの第三部門——社会福祉の民営化に対するもう一つの選択肢」『スウェーデンの福祉と消費者政策』『生協総研レポート』5, 6–63)

| 書　評 |

二宮祐子著

『保育実践へのナラティヴ・アプローチ
——保育者の専門性を見いだす4つの方法』

堀　　聡子

　本書は，ナラティヴ・アプローチを駆使することにより，知識・技術では捉えきれない保育者の専門性を丁寧に描き出そうとするこころみである．保育者の専門性について表舞台で議論されるようになってから約20年が経つものの，保育者の専門性とは何かについて明らかになっているとは言いがたい．また，子どもや保護者との相互作用プロセスが重視されるという保育者の仕事の性質上，専門性を知識や技術の有無で図ることは適しておらず，専門性を把握すること自体が容易ではない．こうした状況をふまえ，本書は，保育者の専門性を可視化するための方法論をも編み出しつつ，保育実践現場で収集したデータをもとに，「保育者がどのような相互作用プロセスにおいて，保育者特有の専門的知識・技術を発揮しているか」を解明しようとしている．以下では，まず各章の内容を概観する．

　本書の序章で，保育者の専門性を可視化することの困難さ及び意義が述べられた後，第1章では，本書で用いるナラティヴ・アプローチの方法論について整理されている．従来のナラティヴ分析では対象とされてこなかったナラティヴを産出する際の行為のプロセスも分析の範囲に入れることや，ナラティヴの質的分析を土台としながら量的分析もあわせて行うことなど分析の手法が示される．

　続く第2章から第5章では，保育園におけるナラティヴ実践を研究対象として，日常生活に深く埋め込まれていた保育者の専門性を掘り起こして光を当て，可視化する作業に取り組んでいる．第2章では，保育者と保護者の重要なコミュニケーション・ツールである連絡帳を対象として，保育者−保護者間

ほり　さとこ｜東京福祉大学短期大学部・講師｜sahori@ed.tokyo-fukushi.ac.jp

における信頼性構築のメカニズムを分析している．活発な相互作用によって協働的に構成されるナラティヴを分析する手法として対話的ナラティヴ分析を開発し，保育者側の連絡帳の書き方に着目して分析することにより，保護者から高い信頼を獲得したクラスの連絡帳の形式的特徴を抽出している．具体的には，保護者による信頼度評価をもとに高信頼クラスと低信頼クラスに分け，その差異をもたらすさまざまな要因について検証している．その結果，高信頼クラスでは，発達型の語りという特徴があることを見出した．例えば，「玩具に自発的に手を出す」という行動描写に対して保育者のコメントが付け加えられることで，「運動能力の発達」という発達型の語りへと組織化される．これらの反復により，発達的観点に立つナラティヴが保育者–保護者間で交渉的に組織化されることを描いており，このプロセスこそが信頼関係の形成と維持につながることを明らかにしている．

　第3章では，ある出来事について複数のナラティヴが拮抗している状態を把握するための分析手法として多声的ナラティヴ分析を開発し，保育者が保護者との連携を深めるために駆使しているコミュニケーション技法を明らかにしている．具体的には，あるクラス活動の記述が，園内向けの保育日誌と保護者向けのクラスだよりでどのように異なるのかを比較することで，クラスだよりに特有な共感的・受容的な語り口がどのようにもたらされているかを分析している．そして，クラスだよりでは，保護者が共感的に理解しやすい出来事を取り上げる，保育者自身の感じたことや願いを吐露することで読み手に働きかける，保護者がわが子の姿を当てはめ，具体的なイメージを思い描くことを促す等，6つのナラティヴ・ストラテジーを駆使していることを明らかにした．

　第4章では，しぐさなどの非言語的な側面も組み込んだナラティヴ分析としてパフォーマンス的ナラティヴ分析を開発し，生活画活動を対象として分析を行なっている．生活画とは，子どもが自ら体験した出来事について，保育者との対話を通じてイメージを膨らませ，これを線描で表現したものである．ここでは，2歳児クラスと4歳児クラスの生活画活動を題材として，保育者が子どもと協働的にストーリーをつくりあげていくために活用している「〈聴く〉ためのナラティヴ・ストラテジー」を明らかにしている．客観的には理解しにくいこともある幼児の言葉をナラティヴ化するストラテジーとして，登場人物

を明確にする，現在形で語られた部分を正しい時制へと導く，子どもの言葉を復唱し，それに関連づけた質問をすることで，単語をつなぎ合わせて出来事レベルの語りを協働的に生成するというストラテジーが用いられていることを見出した．さらに，ナラティヴをストーリーのレベルまで組織化しながら線描作品が完成するまでの相互作用プロセスを支えている戦略的コミュニケーションを可視化している．

　第5章では，ナラティヴ・アプローチとエスノグラフィーを組み合わせた分析方法であるナラティヴ・エスノグラフィーを用いて，5歳児クラスの子どもたち全員で物語をつくりあげて創作劇として上演されるまでの援助プロセスを丁寧に解き明かしている．保育者たちは，子どもたちが役のイメージを膨らませられるようピアノで効果音を入れたり，役のイメージづくりに役立ちそうな絵本・図鑑を多数用意し絵本コーナーを設置したり，アイデアを視覚化するために必要な材料や道具をいつでも手の伸ばせるところに置くなど，子どもたちのナラティヴが豊かに育まれるための環境を構成し，子どもたちとナラティヴ環境との相互作用を促している．ここでは，子どもたちが自発的に活動に取り組めるよう，保育者の直接的な介入は慎重に避けられており，ナラティヴ環境を活用した間接的な援助プロセスが見出されている．

　このように第2章〜第5章までの4つの調査から，保育者によるナラティヴ・ストラテジーの活用やナラティヴ環境の構成のプロセスが明らかになった．そして終章において著者は，日常的な相互作用のなかに埋没しているがゆえに，専門職自身にとっても認識しづらく，ナラティヴ・アプローチで介入することで可視化される専門的知識・技術を，「相互作用的専門性としてのナラティヴの技法」として定式化している．

　以上が各章の概要である．本書は，保育者の専門性を可視化するための方法を編み出した点がまず評価できる．そして，ナラティヴという概念を手がかりに，ナラティヴ・アプローチを用いて，日常の微細な保育実践を丁寧に分析することによって，知識・技術では捉えきれない保育者の専門性を捉えることを可能にした．現在，保育者の主要な業務のうちの2つが，子どもの保育と保護者への支援（子育て支援）である．第4章の生活画活動および第5章の創作劇活動を通して保育者の保育実践を取り上げ，第2章の連絡帳および第3章

のクラスだよりでは保護者支援を取り上げることで，保育者の業務の両面を明らかにしている．

　また本書は，対人援助職の評価の確立しづらさという課題への果敢な挑戦であり，対人援助職の一つである保育者の専門性を正面から問う書である．2001年の児童福祉法の改正において，「保育士の名称を用いて，専門的知識及び技術をもって，児童の保育及び児童の保護者に対する保育に関する指導を行う」ことが明記された．名称独占とそのための専門性を有していることを明示したという点で，保育士が専門職として位置付けられる大きな契機となったといえる．また本書にも記されていたように，『保育所保育指針解説書』においては保育士に求められる専門性として，①発達の援助，②生活の援助，③保育の環境構成，④遊びの保障と発展，⑤仲間関係や親子関係の調整，⑥家庭支援の6つを挙げている．しかしその具体的内容については必ずしも明らかにされていない．本書は保育者の日々の保育・子育て支援の実践をつぶさに描き出すことを通して，保育者固有の専門性に迫ろうとしている．

　裏を返せば，専門性を可視化しようとする試みは，保育現場における保育者の日々の実践を丁寧に描き出す実践であるといえる．すなわち，保育者の専門性について考えることは保育者の労働の内実を問うことにもつながるといえるのではないか．子どもの保育，保護者への支援，事務作業など，専門性を盾に多くのことが求められすぎている保育者の労働の実態を，本書は意図せずして描き出すことになったともいえる．

　さらに，本書を通して，保護者に共感的に寄り添う保育者の姿が描き出されたが，なぜ保育者はこれほどまでに保護者に共感的であることが求められるのか．保育者の専門性を「感情労働」としてとらえるアプローチもあるが（諏訪きぬ他），保育者は子どもに対してのみならず，保護者に対しても指導的ではなく共感的に寄り添うことが求められる．保育者は保護者の子育ての良きパートナーであることが求められるが，あくまでも子育ての主体は保護者であり，保育者はそのサポート役であることと関連しているのだろうか．子どもを保育するというケアワークの側面のみならず，保護者の子育てを支援するというソーシャルワークの側面をあわせ持つ保育という労働の特異性と複層性がここに現れている．こうした保育労働の特性を踏まえつつ，保育者の専門性をどう評

価するかについては，さらなる議論が必要である．

　最後に，「保育者の専門性を見いだす」という難題に取り組んだ本書は，「相互作用的専門性としてのナラティヴ技法」を見出した．著者も今後の課題として述べているように，評者も相互作用的専門性の形成プロセスに興味がある．新任の保育者と経験を積んだ保育者ではおそらく専門性の程度は異なることが予想される．経験年数の異なる保育者の保育実践のあり方を分析することで，専門性の形成プロセスを考察できる可能性がある．今後の研究の新たな展開が待たれる．いずれにしても本書は，対人援助職の専門性という課題に正面から取り組んだ力作であり，保育・子育て支援関係者のみならず，多様な専門職に手にとってもらいたい一冊である．

（A 5 判・148 頁・本体 2300 円・新曜社・2022 年）

| 書　評 |

岡村逸郎著

『犯罪被害者支援の歴史社会学——被害定義の管轄権をめぐる法学者と精神科医の対立と連携』

天田　城介

　「犯罪被害者支援」をはじめ，「支援」という言葉にはなぜか座りの悪さや違和感やひっかかりを抱かざるを得ない．とりわけこの四半世紀において「支援」なる言葉は私たちの社会において大きくせり出し，私たちの日常に入り込み，床屋談義や居酒屋談義でもどこでも方々で参照・使用される言語となった．だが，私たちは「この言葉が，何か言語化できない違和感を抱かせるもの」(p.284)であると感受しながらも，それが何であるのかをうまく言語化できない．そんな厄介な言葉だ．

　本書は，まさにこの「違和感」から立ち上げた「問い」と格闘した良書である．筆者は「自身の生活が多くの人々の手によって支えられてきたことに深い感謝の念を抱く一方で，「支援」という言葉によって自らの行動が——ひいては自らの生そのものが——一定の方向に規定され，水路づけられている感覚を強く覚えてきた」し，「その感覚は適切な言葉で社会的に説明されなければ，（中略）とるに足りない戯言として黙殺されかねない，些細だが切実な何か」(p.284)である．この「些細だが切実な何か」を捉えんとし，それを経験的に検証可能で，社会学的に分析可能な問いにまで落とし込んだのが本研究である——こうした「違和感」や「些細だが切実な何か」を出発点に格闘し続けながら，2020年3月に筑波大学大学院人文社会科学研究科から学位授与された博士論文にまとめあげ，それをもとに加筆修正を施した本書にまで結実化させたことに大きな敬意を表したい——．

　こうした問題関心から「犯罪被害者支援の言説が日本において形成された歴史的な過程を，法学者と精神科医が被害定義の管轄権をめぐって形成した対立

あまだ じょうすけ｜中央大学文学部・教授｜josuke.amada@nifty.com

と連携に着目して明らかにした」(p.269) 本書は生まれている.「そしてその
ことを通じて，社会的弱者を統治するあらたな技法が犯罪被害者支援の名のも
とに形成された，歴史的な過程を明らかにする」(p.25) のを試みる．なお，
その際，本研究の独自の分析視角ないしは方法論的設定として，第一に，複数
の専門職集団が管轄権の領有をめぐる争いを通じて専門職システムが形成され
る過程を描出した A. アボットを参照しながら，アボットにおいては「残余的」
(p.46) な位置づけであった専門職集団のクレイムに付与する意味づけに照準し，
第二に，社会問題の構築主義，とりわけ J. ベストが「クレイム申し立て→メ
ディア報道→大衆の反応→政策形成→社会問題ワーク→政策的結果」という 6
段階的の過程として描いた「社会問題の自然史」(p.50) を踏まえつつ，ベス
トには「社会問題の過程を，複数の専門家が形成した対立ないし連携に注目す
る視点が欠けて」(p.53) おり，〈複数の専門職集団の連携〉に着目し，それぞ
れの専門職集団が用いた固有の言説的資源を照射・分析するのだ (p.56).

　このように本書の「問い」は明確であり，その方法論的設定もはっきりして
いるため，「リサーチ・クエスチョンに対する解答」(p.269) もしっかりと明
示されている．その意味で，本研究の「問い－論証－結論」の 3 点セットは
揺るぎのないものであると言ってよい.

　本書は，各章にて各々の要約と結論が丁寧にまとめられ，要所要所で全体の
筋が反復的に言及され，更には「結論」でも全体構成が簡潔に述べられている
ため，全体および各章の要約は本書に直接当たられたいが，その要諦のみ記す
と，【1】1950 年代〜1960 年代において「法学者は，犯罪被害者を，社会防
衛を実現する際の付随的な研究対象として専門的知識にもとづいて定義してい
た」のに対し，「精神科医は，被害者の精神的な側面に関する常識的知識を被
害者の「被害の有罪性」のカテゴリーのもとで参照することによって，被害者
を独立した研究対象とした」(p.270) ことで，複数の専門家集団の「被害定義
の管轄権をめぐる対立が法学者と精神科医の間において形成されるようになっ
た」(p.270).　その後，1960 年代〜1970 年代にかけて，法学者は「被害の有
責性という，法学に固有のカテゴリーを用いることで，被害者学を理論化」
(pp.270-1) し，被害者を独立した研究対象とした．これにより被害者学の理
論が広く人口に膾炙するものとして形成されたのだ.【2】次いで，1960 年代

〜1970年代において新聞報道は専門家集団の内部に留まっていた犯罪被害者に関わる「被害者の有責性のカテゴリーを，通り魔的犯罪というあらたなカテゴリーのもとで再定義し」，また通り魔的犯罪のカテゴリーによって「犯罪被害者を誰もがなりうる一般的な状態として再定義した」（p.271）．これによって犯罪被害と社会保障の接続を可能とする言説的基盤が形成されたのだ．【3】続く1970年代においては，法学者は犯罪被害者を対象にする補償制度の必要性を理論的に根拠づけようとし，「被害者の有責性のカテゴリーを，補償の対象を選別する際の基準として活用した」と同時に，犯罪被害者には誰もがなり得るという論理にもとづき〈社会保険〉の枠組みで救済することを主張した．このように「完全に責任のない被害者を救済されるべき対象の中心におきつつ，さまざまな被害者を救済の対象から除外した」ことで「選別主義にもとづく専門家主義的な犯罪被害者救済の言説が形成された」（p.272）のだ．【4】その後，1980年代の法学者は，2次被害というあらたなカテゴリーを創出することによって，研究対象の範囲を刑事司法における精神的被害まで拡大させたのに対し，1990年代の精神科医は，2次被害のカテゴリーを「選別的な救済を行う法学者の活動を，2次被害を被害者に対して与える加害行為として再定義した」ことによって，今度は「法学者が精神科医の対抗クレイムを受容することによって，法学者と精神科医の連携が2000年以降に形成され」，「『対等』な支援者－被害者関係にもとづく当事者主義的な犯罪被害者の言説」（p.272）が形作られるようになったのだ．こうした「被害者支援」の用語を共通語にする連携が法学者と精神科医の間で形成されながら，「それぞれ固有のあらたな専門性を形成する活動」が行われた．具体的には，2000年代の法学者は「連携のもとでの犯罪被害者支援に携わる法学者のあらたな専門性をrestorative justiceを通じて形成し」，「2000年代〜2010年代にかけての精神科医は，連携のもとでの犯罪被害者支援に携わる精神科医のあらたな専門性を，法律の制定過程への関与とカウンセリングの業務への従事という，2つの活動を通じて形成した」（p.273）．

　上記の結果を踏まえ，犯罪被害者支援の言説が形成された歴史的過程を【1】「クレイム申し立て」の段階→【2】「メディア報道」の段階→【3】「政策形成」の段階→【4】〈複数の専門職集団の連携〉の段階の4段階として記した上で，

ベストが指摘した「社会問題の自然史」では想定されていなかった【4】〈複数の専門職集団の連携〉の段階を見事に析出した．加えて，ある段階から別の段階への問題の移行は複数の専門家集団によって形成された言説的基盤により可能になったことを明示した (p.274)．そこから「犯罪被害者支援の言説は，法学者と精神科医によってとり結ばれたそうした共依存的な関係性のもとで形成された，不可逆的な社会問題化の段階に位置づく言説だった」(pp.276-7) と結論づけるのだ．

　このように本書は明快な「問い」と，堅実な「論証」から導き出された「解答」によって成立する良書だが，筆者の厳格な主題設定と禁欲的な方法論的態度ゆえか，いくつかの課題を積み残していると感じた．その意味でやや外在的コメントでもあるが，以下 3 点を記す．

　第一に，【1】→【2】→【3】→【4】の 4 段階の移行は複数の専門職集団による被害定義の管轄権をめぐる対立と連携によって作り出された「言語的基盤」により可能となったと主張するが，なにゆえ「犯罪被害者支援の言説（とその前身の言説である犯罪被害者救済の言説）をめぐる社会問題化の段階移行」をそうした「言説的基盤」が可能としたのか，「犯罪被害者支援の言説をめぐる社会問題化の段階移行」に見られる社会学的固有性は何であるのかが語られていない．たとえば，「ひきこもり支援の言説をめぐる社会問題化の段階移行を可能とする言説的基盤」とはいかなるものであり，そうした言説配置との社会学的差異はいかなるものであるのかについては明示されていない．つまり，対象たる「犯罪被害者支援の言説をめぐる社会問題化の段階移行」を可能たらしめる言説的基盤それ自体の社会学的考察が記されていないのだ．

　第二に，本書では「社会的弱者を統治するあらたな技法が犯罪被害者支援の名のもとに形成された，歴史的な過程を明らかにする」(p.25) と述べられているが，その「統治するあらたな技法」それ自体については明示されていない．おそらく犯罪被害者支援の言説が法学者と精神科医の共依存的なペアリングのもとで形作られていく過程にこそ「社会的弱者」たる「犯罪被害者」を統治する新たな技法を読み解いたのであろうと思うが，果たしていかなる意味でそれが「犯罪被害者を統治する新たな技法」と言及できるのかの理論的根拠が示されていない．結論にも「統治する新たな技法」に関する考察は言及されていな

いのだ．

　第三に，冒頭に記した「違和感」や「些細だが切実な何か」は上記の「犯罪被害者を統治する新たな技法」によって生じていると推測されるが，その点についての言及がないため，筆者の「問い」を立ち上げた「違和感」や「些細だが切実な何か」に本研究の「解答」は十分に応答するものではないように思うのだ．もっと言えば，【犯罪被害者支援の言説＝法学者と精神科医との共依存的関係のもと形成された不可逆的な社会問題化に位置づく言説】という「結論」は必ずしも筆者の「違和感」や「些細だが切実な何か」を言語化する解答ではなく，あくまで思考する材料を提供する「歴史記述」にとどまっているように見えるのだ．

　とはいえ，本書は，私たちは「犯罪被害者支援の言説」によっていかに拘束されているのか，その言説的拘束にあって私たちはいかに生それ自体が一定の方向に規定され，水路づけられているのか，それによっていかなる「違和感」を感じ，「些細だが切実な何か」を感受せざるを得ないのかを社会学的に思考することの契機を与えてくれる．本書はまさにこうした感覚を出発点に「問い」を立ち上げ，その「問い」と格闘した軌跡である．私たちはいまだその感覚をうまく言語化できないが，その端緒となる研究であることは間違いない．

（A 5 判・348 頁・本体 5400 円・明石書店・2021 年）

| 書 評 |————————————————————————

鍾家新著
Japanese War Orphans:
Abandoned Twice by the State

土屋　敦

1. 本書の主題

　満州事変（1931 年）以降 1945 年に至るまで，満蒙開拓団として多くの農業青年や家族が旧満州や内モンゴルなどの中国東北部に送り込まれたことはよく知られた史実である．その後のソ連軍の満州侵攻以降，多くの子どもたちが孤児になり大陸の地に残された．またそうした孤児たちを引き取って育てた中国人が多数おり，そのようにして育てられた子どもたちは中国残留孤児と呼ばれ，特に 1980〜90 年代にかけて肉親捜しのために日本に来日するとともに，その後その多くが日本に移住することになった．

　本書で日本人戦争孤児（Japanese War Orphan）と呼称されるのは，このようなかたちで戦後中国東北部に取り残された子どもたちのことであり，本書は孤児本人や養親たち，そして彼ら／彼女たちを支えた人々への聴き取り調査から，人々が中国および日本で辿った生活の軌跡を多角的に浮かび上がらせるかたちで編まれている．またそのようなかたちで把握された日本人戦争孤児たちの生活の軌跡に関するミクロデータを，中国と日本という 2 つの国民国家間の近代化や経済成長などのマクロな国家間ポリティクスの展開の下に位置付け論じた点も本書の特徴である．

2. 本書の内容

　以下，簡単に本書を紹介しておきたい．

　第 1 章「イントロダクション」（Introduction）では，満州事変や満蒙開拓団の形成や旧満州国への移民など，日本人戦争孤児の出自をめぐる情報が整理されるとともに，1972 年の日中国交正常化までは彼ら／彼女たちの日本国への

つちや あつし｜関西大学社会学部・教授｜a_tsuchi@kansai-u.ac.jp

帰還が不可能であり，それがなされていくのは 1980 年代以降であることなどの基礎情報が提示される．また，日本人戦争孤児に関する先行研究が，日本で出されたもの，および中国で出されたものそれぞれに関して整理がなされるとともに，本書の特徴が①日本人戦争孤児，養親，および日本人ボランティアの 3 グループに対するインタビューを基礎とした生活史研究であること（1.3.1），②そうした日本人戦争孤児の生活史を近代の社会変動，特に中国と日本の間の近代化格差の視座から読み解くこと，の 2 点が提示される．

　第 2 章「中国人として生き延びる」（Surviving as a Chinese）では，主に 4 人の日本人戦争孤児への生活史をめぐる語りから，彼ら／彼女たちの中国社会での子ども期からの成長過程や就学・就業の軌跡が明らかにされる．そこでは，日本人戦争孤児たちの成長過程の中で，ある者は日本人であることからくる差別や偏見に苦しみ，ある者は貧困家庭に引き取られたがゆえの極度な生活難に直面すること，また多くの人々は，まともな仕事を得ることが難しく，職を転々としたことなどが明らかにされる．

　第 3 章「日本人アイデンティティの自覚」（Awakening Japanese identity）では，日本人戦争孤児たちが日本人としてのアイデンティティに目覚める軌跡が整理される．中国における日本人戦争孤児たちの存在が主題化され始めるのは 1972 年 9 月に出された日中共同声明以降であるが，日本社会から孤児たちの存在が認められ，日本への移住がなされていくのは 1980 年代初頭を待たなければならなかった．多くの日本人戦争孤児たちは日本への移住を望むことになるが，その背景には 1980 年代当時の豊かな日本と貧しい中国という対照関係の中で，彼ら／彼女たちがより豊かな生活を望んだ，という背景があった．

　第 4 章「温かい『母国』と冷たい『母国』」（The warm "motherland" and the cold "motherland"）では，日本人戦争孤児たちの日本への移住後の生活に焦点が当てられるとともに，彼ら／彼女たちにとって移住前に想像していた「母国」日本の温かさに比して，実際に移住した後の「母国」は冷たく，困難の連続であったことが明らかにされる．多くの日本人戦争孤児たちは，日本移住後に満足な住居を供給されることはなく，また日本語の学習機会はあったものの，満足に日本語が使いこなせないままに日本社会に放り出されることになった．そうした「母国」への不適応の中で，多くの日本人戦争孤児たちは日本社会の中

で孤立を経験することになった.

第 5 章「『母国』日本に対する訴訟」(Lawsuits against "motherland" Japan)
では,2000 年代に行われた日本人戦争孤児たちによる給付金訴訟が主題化さ
れる.多くの日本人戦争孤児たちは言葉の壁などによる日本社会での孤立状況
を受けて貧困生活を強いられ,生活保護を受給する者も多かった.2000 年代
以降,日本人戦争孤児たちは高齢となった自らの生活保障を求めて各地で訴訟
を起こしていく.本章では,同訴訟の過程が分析されるとともに,老齢基礎年
金の満額支給や生活支援給付などが制度化された要因が明らかにされる.

第 6 章「中国の養親に対する感謝と拒絶」(Gratitude and rejection toward
Chinese foster parents) では,なぜ中国の養親たちは,見ず知らずの敵国の幼
子を自らの子どもとして引き取って育てたのか,また日本人戦争孤児たちの日
本への移住によって,中国の養親たちの生活や養親と孤児との親子関係はいか
なる変容を遂げたのか,という主題が,特に養親たちへのインタビューから明
らかにされる.またそこでは,日本人であることを戦争孤児に告げるべきか否
か葛藤した経験や,自らの下で育った孤児たちから日本に移住すると告げられ
た時のやるせなさ,そして孤児たちが日本に移住した後の養親との関係性のあ
り方などが分析される.

第 7 章「日本人ボランティアの視点から見た日本人戦争孤児」(Japanese
war orphans from the point of view of Japanese volunteers) では,移住後の日
本人戦争孤児たちを支えたボランティア・スタッフによって抱かれた日本人戦
争孤児イメージが分析される.例えば,日本人戦争孤児を日本で支援し続けた
菅原幸助氏へのインタビューからは,同氏が日本人戦争孤児支援に乗り出した
きっかけやその後の活動,そして同氏が感じてきた日本人戦争孤児たちのフラ
ストレーション,そして時として同氏に向けられた孤児たちの恩知らずな冷た
い対応などが明らかにされる.

第 8 章「中国文化と日本文化のはざまで」(In between Chinese and Japa-
nese cultures) では,日本人戦争孤児たちが 2 つの文化間で葛藤するその特徴
が整理される.同章では,日本に在住する中国系移民と日本人戦争孤児との類
似点として日本語のバリアの存在,彼ら／彼女たちが労働市場の底辺に組み込
まれること,また移住の要因が 1980 年代当時の豊かな日本と貧しい中国とい

う格差によって生み出されたことを挙げつつ，その相違点として，日本人戦争
孤児の日本への移住が 1980 年代という人生の中盤から後半にかけて生じてい
ることによる困難が多いこと，日本国籍があるがゆえに生活保護の受給が可能
であること，などが指摘される．

　第 9 章「結論」(Conclusion) では，以上の章を踏まえた上で，日本人戦争
孤児の境遇が，近代国家間の戦争による悲劇であるという観点から整理がなさ
れるとともに，日本人戦争孤児たちの移住が 1980 年代当時の豊かな日本と貧
しい中国という国家間格差から生じたことから巨視的な視座から整理がなされ
る．

3.　本書の意義と論点

　本書の意義は，大きく 3 点に整理できるだろう．

　まず何より本書を一読して圧倒されるのは，日本人戦争孤児たちに対するイ
ンタビューの情報量の多さ，そしてその情報の分厚さである．日本人戦争孤児
たちの生活史の語りからは，幼少期や就学時代から中国での就業や結婚生活，
日本への移住と日本での生活など，それぞれのライフステージにおける困難と
生存戦略とが詳細に明らかにされる．また養親との関係や日本における親戚と
の関係，相続問題からなされる親戚からの差別や日本語という言語の壁，日本
への移住に込められた夢と現実など，ともすれば語られにくい生活史の断片が
豊富な情報量を以て描き出されていることも，本書の魅力の一つであろう．

　次に，本書の意義として挙げられるべきは，本書が日本人戦争孤児たちの生
活史インタビューのみではなく，彼ら／彼女たちを助け自らの子どもとして育
て上げた養親たちへのインタビュー，そして彼ら／彼女たちを支えた日本人ボ
ランティアへのインタビューを用いながら，日本人戦争孤児たちを多角的な視
座から検討している点である．本書のそのような構成は，ともすると日本人戦
争孤児の側から，もしくは養親の側から一面的に描かれがちな同主題を重層的
に検証することに成功している．

　また本書の意義は，そうした多角的な視座からの分厚い生活史の記述に留ま
らない分析を有している点にも求められるだろう．本書のもう一つの意義は，
とかく生活史の記述を中心としたミクロな事象に焦点が当てられがちな日本人
戦争孤児をめぐる主題に対して，中国と日本という国民国家間の近代戦の産物

として同主題があり，また冷戦構造や両国における近代化の進展の差異が同問
題の根底にはあることなど，同主題をマクロな視座から読み解こうとする姿勢
が貫かれている点にある．

　以上，多くの意義が挙げられる中で，評者が気になった本書への違和感は以
下の 2 点である．

　1 点目は，本書が日本人戦争孤児の生活史を分析する際の方法論上の戦略に
関する記述に十分な紙幅が割かれていない点である．生活史をめぐっては，こ
れまで様々な方法論的な論争が繰り広げられてきたが，本書の分析はそのいず
れの立場に依拠するのか，本書の読解からは判別し難かった．インタビュー分
析において本書が採用している方法的立場を何らかのかたちで明示すべきで
あったのではないか．

　2 点目は，本書の中で社会学の理論フレームの提示に十分な紙幅が割かれて
いないことである．本書では，随所に社会学的な分析がなされているが，本書
がどのような社会学の理論フレームに依拠して分析がなされているのか，提示
がなされるべきではなかったか．

　とはいえ，そうした点を差し引いても，本書が日本人戦争孤児研究の大きな
一里塚になることは間違いない．多くの方に読み継がれてほしい一冊である．

(250 頁・€140.00・Routledge・2021 年)

| 書　評 |————————————————————————————————

上野加代子著

『虐待リスク　構築される子育て標準家族』

山根　純佳

　児童虐待問題への社会構築主義的研究を牽引してきた著者の新著である．著者はこれまでと同様，児童虐待のリスクアセスメントが，「標準家族」から逸脱した家族をリスクとして監視する危険性を指摘する．本書の新しさは，こうしたリスクアプローチの問題点を，ネオリベラルな福祉国家，リスク社会，階層格差，ジェンダーといったよりマクロな社会構造の中に位置づけた点にある．各章の内容は以下のとおりである．

　第1章では，児童虐待を発見する主体とツールの歴史的変化が明らかにされている．20世紀初頭に社会事業家が貧困家庭を対象とした「目視」によって，1970年代には小児科医が普通の家庭の子どもたちを対象に「レントゲン」に映る不自然な骨折を通して，虐待が発見されてきた．しかし1990年代にはリスク項目を養育者に適用して「虐待リスク」が発見されるようになる．第2章ではこの1990年代からの児童虐待対策の特徴として「心理と保険数理のハイブリッド統治」が指摘される．すなわち，虐待を親の「心の問題」化し，心理療法や教育的治療など逸脱者の正常化（治療）を目的とする規律型テクノロジーと，他方で過去の統計的なデータから「蓋然的な危険性」としてリスクを統制する数理的テクノロジーによる虐待発見という「ハイブリッド」な統治がおこなわれている．

　第3章では，虐待のリスクアセスメントをめぐる90年代以降の欧米の論争（ウォーズ）が紹介される．リスクアセスメントの「作成段階」においては，リスクが特定のジェンダー化された家族像にもとづいて作成され，養育者の被虐待歴，経済状況，婚外妊娠，劣悪住居，DV被害，母子家庭がハイリスクとして

やまね すみか｜実践女子大学人間社会学部・教授｜yamane-sumika@jissen.ac.jp

扱われる．「使用段階」は，虐待が疑われた親のソーシャルワーカーへの異論や反論が「より上位レベルのリスク」と評価されたり，低階層，マイノリティといったすでに周辺化されている人たちをスティグマ化し病理化する権力関係を孕む．

　第 4 章では虐待の疑いがあると判定された 6 人の母親へのインタビューを分析した先行研究から，現在の児童虐待対策が，ニーズに沿って援助する「児童福祉」と対極にあることが指摘される．母親たちは児童福祉司，保育士等から，離婚，夜間働いている，母子家庭，経済的不安定を理由に「虐待」を疑われている．母親たちは自分の子育ての実践や経験を評価してもらえなかったどころか，問題化され見張られてきたと感じている．専門家や児童委員の訪問によって彼女たちは「精神的に追い詰められ」，結果的に虐待のリスクを増大させているというのが著者の見立てである．またここでは「諸機関の連携」のもとで「監視」の一翼を担う児童相談所も保育士（そのほとんどが女性）も「ネオリベラルな福祉」の犠牲者と位置付けられる．

　第 5 章では，虐待をコミュニティの支援や福祉国家の支援と結びつけず，親個人の過失とみなす日本の「児童保護システム」の具体的な問題点を，児童の一時保護を経験した 3 名の母親へのインタビューから考察する．母親たちは乳児が転倒したことで医師に揺さぶられっこ症候群と診断され児童相談所に通報されたり，シングルマザーで子育てについて児童相談所に相談していたことが虐待リスクとみなされ，子どもが一時保護されている．つまり「児童保護システム」では，様々なサービスが児童虐待の通報や報告と結びついており，「虐待の可能性」という曖昧な判断を根拠として一連の保護や措置が作動している．これに対し著者は，ケアの脱家族化を軸とし養育者が援助を求めるという行為自体を病理化したり問題視しない社会福祉を整備すべきだとする．

　第 6 章では一時保護を経験した子どもへのインタビューから，日本の「児童保護システム」の問題点が洗い出されている．A さんは，同意なく 2 度も児童相談所で一時保護となり，児童福祉司に「虐待はない」と否定しても嘘だと言われたり，親が生活保護を受給していることを知らされ母の男性関係を聞かれたりしたことで傷ついている．著者によれば，これは児童虐待防止システムの正常な作動によるものである．なぜなら「虐待の恐れ」への対応が関係機

関の責務であり，親の説明を疑うことが制度化されているからである．この制度には，障害，不登校，単身家庭，経済的困難，母親の被虐待歴（「虐待の世代間連鎖」仮説）からＡさんへの虐待を疑うという「インターセクショナルな差別」が内包されている．

　第7章では，日本に住む外国籍の2家族へのインタビューから，外国籍の家族が日本の児童虐待の定義も児童虐待防止対策も知らされておらず，一方で認可保育所などの情報獲得や利用に困難を経験していることが指摘され，日本におけるマイノリティが抱える諸問題への支援や，多様な子育てを前提に児童防止対策を再検討する必要性が論じられる．

　第8章ではヤングケアラー概念が，リスク・アプローチ批判の文脈から検討されている．著者によれば子による親の介護は，障害を持つ親への権利とニーズに支援をしてこなかったケア政策が原因である．それにもかかわらず，ヤングケアラー概念は障害や慢性疾患を持つ親を「不十分な親」として名指しする．さらに親への介護が「虐待」とみなされ，親から引き離されてしまうという不安から，子どもが親を公的サービスにつなぐことをためらわせる負の効果を持っている．著者はこうしたイギリスの議論を踏まえ，親子のニーズに合わせたケアサポート体制の必要性を説く．

　第9章では，これまでの「リスク・アプローチ」から，「ソーシャルハーム・アプローチ」への転換が提唱される．前者は「個々の親のコントロール外の不運なこと」を親のコントロール下に置くように求め，親の過失や有責性を問う．子育ては家族でという文化的目標は社会成員に平等に分配され，それを達成する手段は不平等に分配したままで，経済的状況と虐待を結びつける「環境要因の自己責任化」の仕組みである．これに対しソーシャルハーム・アプローチは（個々の親による子どものハームではなく）構造的，環境的な要因による子どもへのハームを問題にする．ここから著者は包括的な福祉サービスや短時間労働で生活可能なベーシック・インカムなど，ネオリベラルな福祉国家からの転換を提案する．

　全体として，虐待防止のリスク・アプローチは子育て支援の必要性を虐待リスクに転換する仕組みであるという本書の分析には非常に説得された．評者も「よき母であれ」というケア責任を求めながら，それに必要な資源を配分しな

い構造を指摘してきた．本書が指摘する子供を保護せよとする文化的目標と他方でそれを実現する資源の不足というギャップは，たとえば親の仕事や時間資源を考慮しないコロナ禍の一斉休校においてもあからさまであった．ヤングケアラーの問題も，在宅介護サービスの量的拡大を避けては解決しないはずだ．親のリスクを評価するよりも子育て支援の充実をという著者の主張には全面的に同意する．

　一方で「児童虐待対策」への実践的な提言としては，上述の図式はやや雑な印象を受けた．著者は貧困や単身世帯をリスク項目にあげるから，そうした家庭で虐待が発見されるのだという「構築主義」的な視点と，ネオリベラルな福祉国家の下で適切なニーズ支援がないから虐待が生じているという「因果論」の間を揺れ動いているが，後者の視点をとった場合にいくつかの疑問が生じる．著者が「家族サービスシステム」と呼ぶスウェーデンがそうであるように「ニーズ援助」があれば，「通報・介入」といった仕組みが不必要になるかというとそうではない．またニーズ支援や包括的な福祉サービスを充実させても，家庭内の権力関係にもとづく父親からの暴力や救済を待つ子どもは残り続けるだろう．子どもの権利保護という「文化的規範」を中心に，「ニーズ支援」と「介入・通報」の両輪で公私を再編していくことが，より現実的な家族支援，家族を生きる個人への支援とは言えないだろうか．

（四六判・264 頁・本体　2300 円・生活書院・2022 年）

| 書 評 |

三井さよ著
『ケアと支援と「社会」の発見
——個のむこうにあるもの』

麦倉　泰子

　本書はケアや支援の現場の息遣いを感じながら，同時に「社会学する」ことはどのように可能かを示してくれる稀有な業績である．まずは概要を確認する．第1章では，支援やケアの現場における〈場〉の力に着目し，物理的空間配置，人数，構成メンバーといった側面からこれまで行われてきた議論を概観するとともに，曖昧でありながらも，その場にいる人たちは確かに感じ取っている「誰か一人の配慮や働きかけに還元できない力」を論じている．第2章では虐待問題を取り上げている．行為の是非や個別の行為をどう止めるかではなく，その行為が問題となるのはどのようなことか，という観点から論じた内容である．第3章では，東日本大震災の時に活躍した足湯ボランティアの例を通して，素人であるボランティアがそのままの姿勢で被災者に向き合うことによって，自分を心配してくれる他者が存在することを実感する機会を増やすという試みを取り上げている．そして第4章では，日本のリハビリテーション医学の大家である上田敏と，障害者解放運動とを対比的にとらえ，障害学などから上田敏に向けられた批判の多くが不当であったことを確認している．その上で，障害者解放運動には「ともに生きる姿勢」があったこと，本書で取り上げられている多様な支援の現場にも見られたことを論じている．

　本書の学術的な意義は大きい．理論的な裏付けと現場のエスノグラフィーを両立させることは非常に難しいのだが，本書はこの課題に独自の方法で成功している．本書は，各章でケアや支援について社会学および社会福祉学の領域において議論されている研究を丹念に考察しながら，それぞれの章の後に「支援の現場を訪ねて」という小さな論考を挟んでいくという独特な構成になってい

むぎくら やすこ｜関東学院大学社会学部・教授｜mugikura@kanto-gakuin.ac.jp

る．著者は「必ずしも書いたときにそこまで強く念頭に置いていたわけではないものも含まれるのだが，いまそれぞれの論文について発想の根幹はどこにあったかと問われたら，ここだと答えたくなる現場を挙げている」(p.10) と述べているが，その言葉のとおり，ここで紹介されている現場の人々や，その場の空気はとにかく魅力的で，人を思索に誘う．本書で取り上げられている「〈場〉の力」，「時間軸」，「適切な対応／不適切な対応」とは何か，「共生ケア」を一律に称揚することにたいする批判的な論考は，まさにこうした現場の力によって誘発されてきた成果であると推察される．

　同時に，現場に力があっても，それを鋭敏な感覚で受け止め，言語化し，考察していく存在がいなければ，このような成果が現れることはない．たとえば，「ケアや支援の現場で出会う人たちの中には，社会学者も顔負けだなと思うほど，社会学的な力学を鋭く見抜く人が多い」(p.7) としている．そうした現場で出会うある種のリーダーシップを持った人たちが場を設け，存続させていくことが多い．多くの場合，その場の設置者，運営者に話を聞き，その知見を共有しようとするだろう．そこで終わる，こともあるかもしれない．しかし，著者は自らその場に入り，そこに存在する関係性を探ろうとしている．それは，「現場に立つ人なら感じ取っているであろう，場や空気としか言いようがないものを掬い上げようとしている」試みである．そして，これを「社会学する」こととして可能にしているのは，これまで重ねてきた支援の現場に足を運びつづけ，自らも支援者としてかかわり続けた著者の地道な営みと，繊細に社会をとらえる感性，鋭い問題意識であろう．

　特に，その鋭さが現れているのが第 1 章，第 2 章である．第 1 章ではケアや支援を提供する現場において，〈場〉の力に注目し，その概念を掘り下げ，その力や影響について考察している．本書において〈場〉は，物理的な空間配置や人数，構成メンバーに加え，利用者自身も含めた，多様な人びとやモノが織りなす関係性として定義されている．この〈場〉が持つ力は，ケアや支援を受ける側の利用者たちにとって，「生きている」実感を得るための重要な要素である，とされる．たとえば，著者はある特養でボランティアとして活動していた時の自らの経験を振り返り，ある利用者が，落ち着かない認知症の利用者の世話をせっせと焼いているときに，はるかに生き生きとして見えた，という．

「落ち着かなくて困っている人がそばにおり，なんとかしてあげたいと思い気を配ることそのものが，その人に活力と張り合いを与えているように見えたのである．このように〈場〉の力はエンパワーメントにもつながる」(p.26) と論じている．

　もう一点興味深いのは，本書では〈場〉を考えるときの重要な要素として，一貫性や同一性を成り立たせる要素としての時間に着目している点である．〈場〉の力を論じるときに，その力として考えられるのは，柔軟性であり，多様な人たちがフレキシブルに参入することができる柔軟性であろう．一般的に，制度としてのケアや支援の場は，利用者の属性が法制度によって細かく定められ，それを支援する側にもさまざまな資格要件などが求められる．それによって，利用者に対して行われるケアの質が保たれること，そして安定的な見通しが得られること（この場が次に行ったらなくなってしまうかもしれないという不安）は当面は抱かずにすむ，という利点がある．しかしながら，安定性の半面，その人が暮らす場，生きる人間関係は固定的になってしまいがちである．それが物理的な環境および建造物をともなったものであるときに，それは施設の閉鎖性として語られる課題として現れるのだろう．

　この解を著者は時間軸に求めている．この部分は，まさに本書の肝だろう．著者は，以下のように論じる．「本来，〈場〉は固定的なものではない．人は入れ替わるし，同じ人であっても状況や状態の変化によって変わりうる．構成する主体が変化するのであれば，個別の〈場〉も本来は常に変化するものである．だがそれでも，『あそこに行けば誰かがいる』『ここならホッとできる』といった形で，〈場〉についてある程度の一貫性や同一性があることが，当事者たちにとってリアリティとして感じ取られているのも確かである．だからこそ，『関係』と呼ぶのではなく『関係性』と呼んでいる」(p.38)，と論じている。

　この時間軸への着目は，第2章における虐待とは何かを考えるときにも貫かれている．「雨降って地固まる」のように，人間関係において衝突したり悪意のある面を見せ合ったりすることが，のちに信頼関係を形成することにつながることがある，とも指摘する．適切な対応と不適切な対応を判断しようとするときに，判断する人の価値観や状況のとらえ方によって変わる可能性があることを著者は指摘している．ここに時間軸が加わるときに，現段階での適切な

対応と不適切な対応の判断は不確実なものであり，虐待や不適切な対応自体も将来的には変わりうるものである，と述べている．

　たしかに，判断する人の価値観，その時代の障害等の理解などによって，何が適切な対応であるのかという判断や基準が変化する可能性はあるだろう．しかしながら，このようなある意味，文化相対主義的な考え方によって，虐待をとらえること自体が適切なのかどうか，という疑問は当然生じる．むしろ，このように相対主義的にとらえることによって，虐待行為そのものの問題性，責任の主体がどこにあるのか，というところに向かう意識が薄れてしまうのではないか．「その時代においてはそれが当たり前だった」「その状況においては仕方なかった」「私でもそうするかもしれない」という言葉は，場合によっては虐待にかかわったこと，虐待にかかわった人の責任を軽減させてしまう方向に働く可能性もあるのではないか．

　だが，虐待をなくすことを最優先することは，支援の質を低下させる可能性がある，という指摘は，まさに現場にかかわる人が誰でも感じていることだろう．支援の質を落とさず，優位に立つ関係を弱め，職員と利用者が平等な関係を保つように工夫すること，これは不断の努力によって「ともにある」ことを実現していこうとする実践のなかで生まれる．「ともにある」というのは時間をともに過ごすということであり，そのなかで生活史を共有していくことでもある．また、「ともにあることができる」前提として，支援を提供する側の労働環境も重要であることは言うまでもないだろう．

　本書が一貫して論じているのは，利用者を単なる集団としてとらえず，一人ひとりの利用者の関係の網の目として〈場〉をとらえることが大切である，ということだった．本書に差しはさまれる〈場〉に共通して感じられる「風通しのよさ」は，一人ひとりが「個」としてありながら，同時に他者とともにあり，時間を共有していることによって生まれているものだろう．本書が広く研究者・現場の人たちに読まれることによって，こうした心地よい風の吹く場がさらに多く生まれることを願ってやまない．

（A 5 判・320 頁・本体 2300 円・生活書院・2021 年）

| 書　評 |

土屋　敦著

『「戦争孤児」を生きる
——ライフストーリー／沈黙／語りの歴史社会学』

樽川　典子

1. はじめに

　宮城まり子が 1955 年に唄った「ガード下の靴磨き」の大ヒットによって，戦災孤児のイメージは流布され浸透した．しかし実態はイメージとは大きく異なる．戦争の体験は，記憶される時代に移行しつつある現在，多くが長いあいだ沈黙してきた戦災孤児たちに経験とライフストーリーを聞取る最後の時機であったといえる．

2. 本書の内容と特徴

　本書の課題は，第 1 に「戦災孤児」という社会的カテゴリーを付与された人びとが自らの語りを産出すること／しないことをめぐる政治と，「語りを可能にするための社会的条件」を分析すること，第 2 に自らのライフストーリーをどのように形成するのか／しないのか，という語り手の自己提示の仕方を検討する．データは 10 人のロングインタビューである．（第 1 章）

　第 1 課題には，「戦災孤児たち」が子ども時代について長いあいだ語らないできた「沈黙の半世紀」とよぶべき語りの空白，または「沈黙の 70 年」があった．彼／彼女たちは，空襲によって家族を喪い，疎開から帰宅して事実を知り，そののち親戚のもとに身をよせるが，親戚宅を脱出し大都市の駅頭で浮浪児となる→補導→施設入所・里親委託されるなど不安定な生活をしいられる．たどる道程は流動的だった特徴をもつが，そもそも貧困階層の子どもが空襲孤児や浮浪児になったという通念は誤りであり，けっして下層階層の出身ではない．

　過去の経験を語らない理由は，社会的信用の失墜や低下を避けたいためであ

たるかわ のりこ｜筑波大学・非常勤講師｜ntarukawa@gmail.com

る．現在の生活にゆとりがないと語るハードルが高くなり，過酷な労働や冷酷
な扱いをうけた親戚での暮らしや浮浪経験は語られにくい事柄である．「戦災
孤児」たちが語りはじめる契機の一つは，先駆者のばあい，当事者が疎開児童
連絡協議会で重い口を開いていく様子をみて，戦災孤児の会を組織し，サポー
トコミュニティを形成したことにある．さらに東京大空襲集団訴訟の活動はよ
り積極的に語る意義をみいだす契機となり，自身を作り替える意味をもってい
るという．（3章）

　第2主題については，語り手の自己提示の仕方を検討する意図を反映し，
徹底して事例に語らせている．

　大都市での浮浪生活は，死と隣りあわせでスリやひったくりをして生きたが，
気楽で刺激に満ちた時期と回顧する人もいる．それは，ほかの生活に比べた自
由を示唆する．施設に収容されたばあい，脱走防止の鉄格子がある，虐待をう
けるなど非人間的な処遇をしいられた．里親宅をめぐっては，例外なく「つら
く凄惨な経験」として語られる．戦後初期の里親制度が，労働力として使役を
目的に運用する傾向にあり，過酷な労働をしいられたからである．親戚宅での
「つらく凄惨な経験」は差別をうけ，幾重にもスティグマ化された経験として
語られる特徴をもつ．野良犬や泥棒猫の呼称を浴びせられ，家内労働や家内事
業の使役に追われ，十分な衣服を与えられない，勉学の期待などされない状況
におかれていた．「感情を押し殺し」「無表情」で暮らし自殺を考えたエピソー
ドは，凄惨な生活を語るさい中核的な主題になる．里親宅や親戚宅での生活で
は，他家での人間関係で先鋭化する差別やスティグマが特に多くみいだされる．
（4章）

　就学には「戦災孤児」固有の困難があった．両親を亡くした時点で教育や学
校生活が断絶した場合が多い．とりわけ里親宅・親戚宅では，家事や家内事業
の使役が優先されたり，通学できない例が多数を占め，学校に通えたばあいも
養家は良い成績を期待することはほとんどない．養護施設でも体験者の語りに
よれば，教育が重視されたとはいえず，教育の中断を補完していた．通学でき
た「戦災孤児」は，友達がいて眠れる学校は唯一の休息所，境遇を知り親身に
対応してくれた担任教員はかけがえのない存在として語る．就職活動では孤児
を理由に採用にいたらない困難があり，住み込みの仕事をえても，当時は高価

であった布団を買えずに就職にいたらない例もある．子ども時代の過酷な生活環境が原因での疾患に苦しむ人びとは多いが，病をめぐる語りは過酷な子ども時代のライフストーリーを象徴する出来事として語られる．（5章）

　孤児たちは，しだいに自身の経験を語りはじめる．きっかけの一つは，戦災孤児の会が結成されたことであり，加齢によって残された時間が少なくなったと実感して経験を語っておきたいと思うにいたった．さらに東京大空襲集団訴訟が公の場で語りだす大きな契機となった．空襲被害者に対する謝罪と補償を求めたこの訴訟は，原告の38％が「戦災孤児」で占められ，彼／彼女たちにとって存在承認の闘争となった．そしてスティグマを回避しつつ戦争犠牲者であることを表現するために，「戦争孤児」の名称で自己再定義する戦略をとっている．（6章）

　社会学の文脈に置いてみると，「戦争孤児」たちは，ゴッフマンのスティグマ論でいう信頼を失う事情がある者に該当し，自らの情報を管理／操作する必要があり，長い期間の沈黙はその結果と解釈できる．また，（「戦争孤児」を社会的に構築された概念とみなせば）スティグマ化されたカテゴリー回避と，「戦争孤児」へと改名する実践の相互作用は不可欠なものといえる．戦争社会学を参照すると，戦争体験者が減少する時期，代わって「戦争孤児」がメディア空間で表象されるようになる．「戦争孤児」たちの当事者語り運動や集団訴訟による承認をめぐる闘争などの利害と，メディア側の利害は一致していた．「戦争孤児」たちの体験は戦争体験のなかで周辺化されてきたが，戦争を記憶する段階において語り部としてどう位置づけるかが課題である．（終章）

3.　本書の意義

　戦災，子どもの戦後体験を問いかける本書は，戦争社会学，子どもや家族研究と家族における逸脱カテゴリーを論じた重要な成果である．戦争・空襲を語る活動は，メンバーの高齢化と減少により各地で解散がつづく近年の状況にとって，インタビューのデータと分析は，社会学にとっても，日本社会にとっても重要な意義をもち，このような書物の刊行は，記録としても価値がある．記述内容は当事者の体験を知る読み物として興味深く，福祉社会学がとり組むべき課題や可能性を示唆する．

　一読すると，可哀想な／不幸な子ども時代をすごした人びとの人生の物語と

いう印象をうける．近代的子供観にそくしてみれば，「泣くこともできない．笑うこともできません」「自殺するか，親戚でがまんする，浮浪児になるかしか方法はない」と語る人びとは，子どもらしさを剥奪され現実主義的に生きる処世術を習得している．総力戦は子どもを国民の一部として構成し子どもの時代を変質するが，極端な形式で典型が提示されている．戦後，戦時下の暮らしからしだいに解放されていくが，その機会がなかった子ども期から青年期，成人期，老年期への移行はどのような意味をもつのか．人生上の出来事をたどりながら，一人ひとりのライフコースとして読みなおす作業が可能である．戦争とライフコースに関しては，青年・成年期に出征した男性のばあいで，就学・職業・結婚という出来事への移行期間，間隔，順序に受けた影響を論じるもの以外寡聞にして知らない．子どもの経験について良質なデータにもとづく考察である．

　データに関連して興味深いのは，インタビューィ 10 人の内訳は男性 3 人，女性 7 人と女性が多く，「戦災孤児」体験を語る行為にジェンダーバイアスが示唆される点である．辛い体験を語る行為を男性性が抑制するといわれる．また，女性たちの語りは具体的で豊かな表現力をもって「悲惨な体験」に耐える生活を示し，コミュニケーション能力の高さと忍耐を指摘でき，男性のばあい劣悪な環境から脱走する積極性が特徴である．当時の日本社会のジェンダー構造をふくめ，戦争とジェンダーにかんする新しい可能性を拓くものである．

　著者は 2014 年に『はじき出された子どもたち』で，社会的養護を要する児童にたいする逸脱視規範の形成過程，発見・対応のための社会基盤の整備過程を歴史社会学的に考察し，おもに専門家言説を資料として戦争孤児から論をおこしている．いわば専門家たちのまなざしの変容を検討しているのにたいし，本書はまなざしの客体である戦災孤児に焦点をあてており両書は連作としてみなせる．両者に底通するものは家族のない子どもであるが，前書では専門家言説が近代家族を前提にしている．しかし，近代家族は戦前期に東京をはじめとする大都市にあらわれた歴史的に確認された事実を考慮すると，孤児たちの都市から地方への移動はライフスタイルの差異との遭遇になる．子どもたちの経験は，都市型家族から共同体の性格が色濃い地方の家族への，帰属先の変更による価値意識，生活文化や労働観，子供観の差異との遭遇・軋轢でもあったと

いえる．1950年代半ばまでの社会的移動の意味を重層的に検討してみる意義が示唆された．

　さらに考えさせられるのは児童福祉の黎明期にみられる理念と現実の乖離である．労働力調達に利用される里親制度，収容施設・養育院に存在した鉄格子は驚きの事実であったが，当時の厚生官僚は理想主義にもえている．戦後の方向性を示した児童福祉法要綱案は，「児童の『暗い面』の問題に極限する考え方を否定し『明るい面』の児童をとりあげて児童全般の問題に対応する法体系を必要とする」思想を採用する．この思想にもとづいて1947年に公布された児童福祉法第一条では「すべての児童は，ひとしくその生活を保障され，愛護されなければならないと規定し，保護者と國，地方公共團體の責任をうたった．」(厚生省児童局編『児童福祉』1948年) 厚生官僚たちが追求した児童福祉法の普遍的な性格は機能してきた．その理想主義と，一部ではあるにしろ乖離していた戦災孤児をめぐる現実は，社会福祉制度の創出期の検討には，制度論的な視角とともに多元的な行為論的な視角がもとめられる．

（Ｂ5判・245頁・本体2400円・青弓社・2021年）

| 書 評 |

桜井智恵子著

『教育は社会をどう変えたのか
──個人化をもたらすリベラリズムの暴力』

小澤　浩明

1. 本書の視点

　本書は，「能力の共同性」と「存在承認」の視点から，自己責任や排除を生み出す能力主義や新自由主義とそれを支える「個人化」する教育をラディカルに批判する書である．ここでの「個人化」とは，困難を乗り越えられないことを個人の問題に矮小化することである．これに対して，著者は「能力とは，分かちもたれて現れたものである，それゆえその力は関係的なものである．能力は個に還元できない」（p.190）という「能力の共同性」論を対置する．

　評者は，本書のこの問題設定に深い関心をもつ．なぜなら評者自身も，ブルデュー社会学の研究を通して，能力主義批判と新自由主義批判を課題としてきたからであり，さらに拙書において，「能力主義（メリトクラシー）への対抗と超克という課題こそが，学部時代から考えたいテーマであった．しかしまだ，この問題に正面から取り組めていない．ブルデュー研究を経て，漸く自分なりの視点をもてるようになった．今後は『能力の共同性論』（竹内章郎）とも連接する形で，本格的に能力主義の超克論を考えたい」（『ブルデューの教育社会学理論』学文社，2021 年，p.360）と書いているように，「能力の共同性論」からの能力主義批判を自身の今後の課題としているからだ．

　こうした意味で，大いなる期待をもって本書を読んだ．読了後には，強い共感とともに，著者とはスタンスが異なる点がいくつか浮上した．この点は後述することにして，まずは本書の内容を紹介しておこう．

2. 各章の紹介

　4 部構成からなる本書では，道徳教育，子どもの貧困，学習支援，教育機会

おざわ ひろあき｜東洋大学社会学部・教授｜ozawa023@toyo.jp

確保法，個別最適化，EdThec など現代教育の重要なトピックがとりあげられ，それぞれに通底する「個人化」の問題が批判される．

　序章では，本書が主としてフーコー理論を参照軸としながら，自己責任を内面化する学校教育とその背後にある国家介入や新自由主義政策を批判するスタンスが開示される．具体的には，「個人化」を推し進める国家介入を積極的に認める現代リベラリズムを批判の俎上に載せ，そうした社会を下支えしているのが近代公教育であることを告発し，逆に「個人化されない自由」のあり方の模索が宣言される．

　第1部「子どもと大人の現在」では，学校教育は歴史的に，校内暴力，それを抑え込んだ管理教育，いじめの発生，現在では管理システムである学校スタンダードの蔓延という経緯を歩んできたが，この背後には「生存のためには自立能力が必要という資本主義社会の能力と所有の論理」（p.51）が一貫して存在し（第1章），2000年代以降に学力向上が必要だと教員が感じてしまうのも「個に還元した能力論で所得格差が正当化されているからだ」（p.61）と分析される（第2章）．

　第2部「経済的教育史」では，戦後教育と経済政策の関連において，スプートニクショックを契機として，人的能力政策が進展したという従来の教育政策史の分析枠組みが再考され，それ以前から財界により政策の方向性が決定されていたこと，今やそれは新自由主義政策に引き継がれ，「個別最適化」という教育の究極の個人化に行きついたことが明らかにされる（第3章）．また，教育勅語の復活としての道徳という戦後教育政策の通説に反対し，それはアメリカの基地予算を捻出せよという要請に基づいた「経済的愛国心」によるものであり，近年の道徳教育の教科化もまたグローバル経済人材養成から要請されたという分析を対置する（第4章）．

　第3部「不平等の正当化」では，まずは岡村達雄の公教育論を手がかりに教育の多様化問題として教育機会確保法が検討される．この確保法は多様化の名のもとに，不登校の子どもの別学体制を制度化するものであり，社会の「教育化」による能力主義的な教育の拡大再生産にほかならないとする（第5章）．次に，「子どもの貧困」という問題の捉え方は「問題を家族支援に矮小化する危険」があるとされ，釜ヶ崎の貧困の記録の分析から，貧困の背後には常に資

本と国家が作り出す構造的不平等があることが指摘される（第6章）．さらに，子どもの貧困対策である学習支援は，新自由主義によってもたらされたワークフェア政策が個人の変化＝就労によって問題を解決させるのと同様に，貧困を生み出す社会構造を問うことのない個別救済策であることが批判される（第7章）．最後に，ホネットの承認論に対するフレーザーによる批判的考察の検討によって，ホネットの承認原理が業績原理の承認にすぎない能力主義に重なるものだと断定され，先に述べた「能力の共同性論」が対置される（第8章）．

　第4部「資本と教育」では，近年の「個に応じて最適化する」とは，「多様な個に応じて分けて，統治する教育」思想であり，それにより「障害児・者の排除の思想が醸成されている」（pp.210-211）という．この思想の背後には「できる人ほど優秀」という価値観があり，それに染まっているモンスターであるPISAテストを牽引するOECDの研究者がいることが指摘される（第9章）．そのOECD教育スキル局長のアンドレアス・シュライヒャー氏はコロナ禍によってデジタル教育化が実現したことを，「なんとすばらしい瞬間」と喝采したものの，著者によれば，EdTechはすばらしいどころか，むしろテクノロジーによる「個別化し包摂する統治」（フーコー）に他ならないことが批判される（第10章）．

　終章では，今まで批判してきた教育と社会とは「異なる別の世界の可能性」が「存在承認」の視点から模索される．「共同的なものを基底に，自分を自分で承認しうる所得配分を前提にした状態」（p.251）を可能にする社会構想である．それは「社会連帯経済＝アソシエーション」という「非資本主義的生活様式による社会」構想であり，例えば，生活クラブ生協による「地球共有資源の分かち合い志向」は資本制社会の『自立』概念への対抗」であり，それこそが「存在承認の配分構想」（p.255）に他ならないとされる．

3. 本書の位置と意義，そして論点

　さて，以上の内容を踏まえたうえで，本書の位置と意義を考えてみよう．

　著者と評者がともに専門とする教育社会学会では，教育格差研究が盛んであり，その克服のために学力保障をすべきだという研究が大きな潮流となっている．他方で，それに反して，従来弱かった能力主義批判の機運も高まってきている．すわなち，本書は前者の潮流と鋭く対峙して，後者を牽引する書として

位置づけられよう．著者の「『学力格差を克服する』といっている場合ではありません」(p.259) という言葉に象徴されるように，「学力格差を克服する」という一見すると「正当な論理」も実は，自己責任と個人化の論理から導きだされる「支援」策でしかないことがわかる．こうした「正当な論理」へのラディカルな批判にこそ本書の意義はあると評価できよう．この批判を可能にしたのは，戦後教育学の理論系譜でいえば，発達保障論にもとづく「国民の教育権論」ではなく，近代リベラリズムの「発達主義」を批判する「反発達論」の系譜からの理論摂取によるものであり，その結晶として発達保障論からは導きだされない「存在承認」という視点の獲得があるといえよう．

　最後に，評者とはスタンスが違う点を3つの論点として提示したい．

　第一は，竹内章郎の「能力の共同性」への批判についてである．著者の能力の共同性論は，竹内のそれとどこか違うのかという疑問が湧いた．本書では，竹内の「能力の共同性論は，互いに助け合うという個人化された共同性という意味合いにおいてではなく，個のなかに共同的に培われているものが能力という論理であり，私のなかにみんながいるというのは現実を表している」としたうえで，「これは，個のなかに共同性を強調するゆえ，個人化の論理，リベラリズムに取り込まれるリスクもある」(p.189) とし，「能力は個に還元できない」という本論の冒頭に示した著者独自の定義がなされる．しかし，竹内が多くの論稿のなかで首尾一貫して主張していることは「能力は個に還元できない」ということではなかったか．評者自身にとっても，竹内の「能力の共同性論」は重要な理論であるため，問題提起的にあえて指摘しておきたい．

　第二は，社会構想についてである．著者の「存在承認」に基づく分配構想にはおおいに共感する．評者も必要充足による配分原理をベースとした社会構想研究に賛同している．しかし，評者のそれは「新福祉国家構想」であるため，著者とはスタンスを異にしているということになるだろう．さらにいえば，評者は新自由主義政策への対抗には，国家による公共サービスや社会権の擁護と普遍化が必要であると考える．さらに社会権は能力の共同性を基礎づける権利でもあり，現代リベラリズム（社会的自由主義）は，個人化を押しとどめる福祉国家成立の思想的基盤だとする竹内の考えに賛同している（竹内章郎・吉崎祥司『社会権－人権を実現するもの』大月書店，2017年を参照）．したがって，著

者が現代リベラリズムを他のリベラリズムと一括りにして批判する点は評者のスタンスとは異なるといえよう．さらに，国家の評価にも相違があるだろう．評者は，国家は支配の道具でもあるが，被支配者を守る要素もあるとする「国家の両義性論」（ブルデュー）を見据えた議論展開が必要だと考えている．このようにスタンスが異なることを確認したうえで，「存在承認の配分構想」と「新福祉国家構想」の連携を模索したいと考えている．

　第三は，学力保障と異なる「能力の共同性」に基づく教育構想については，本書では展開されていないことを指摘しておく．これは「ないものねだりの論点」であるが，著者が今後，展開されることへの期待として指摘しておく．実は，これは社会の配分構想より難問であり，評者自身も考えたい課題であることを書き添えておく．

（四六判・288 頁・本体 2500 円・明石書店・2021 年）

| 書 評 |

伊藤康貴著
『「ひきこもり当事者」の社会学』

関水　徹平

　本書は，ひきこもり経験者であり社会学者である伊藤康貴氏（以下著者）による博士論文をもとにした著作である．「はじめに」「序章」に続く 4 部構成であり，第Ⅰ部に 2 章，第Ⅱ部・第Ⅲ部・第Ⅳ部に各 3 章ずつ，計 11 章が配されている．まず各章の概要を紹介する．

　第Ⅰ部「当事者研究としての社会学」は，当事者として研究するということについての考察を展開している．第 1 章「方法としての自分史」では，中野卓の言葉を引きつつ，自分史が「社会と自己の相互規定」，「社会における一人の当事者として，自分自身と社会との両方を捉える試み」であることが述べられる．その試みは，オートエスノグラフィーやソシオグラフィという形で，学問における運動（アカデミズムの変革）として試みられてきたと同時に，自分自身のニーズを探究し社会に表明する当事者研究／当事者学でもあり，学問（アカデミズム）における表現・研究スタイルの変革だけでなく，より広く社会変革のための運動という側面を持つことが指摘される．第 2 章「社会学的な当事者研究へ向けた試論」では，従来の社会学研究が「当事者」と対比される「非当事者＝研究者＝社会」の立場から当事者を研究するものであったこと，それに対して近年，女性学，障害学，レズビアン／ゲイ・スタディーズ，ポスト・コロニアル研究など，当事者の視点を積極的に打ち出した当事者学が「アカデミズムの世界に影響を及ぼしていった」（p.56）ことが指摘される．そのうえで，当事者であり研究者でもある「当事者研究者」は，「当事者コミュニティ」と「研究者が属する大学の世界」の境界線上に立ち，越境するマージナル・マンとして，自分の「原問題」に動機づけられながら「アカデミズムの世

せきみず てっぺい｜明治学院大学社会学部・准教授｜jiromaru@gmail.com

界において当事者経験を学問として通用させる能力」を得なければならないという主張が展開される.

第II部「ひきこもりの自分史」(第3章〜第5章)は,1987年に福井の旧家に生まれた著者の自分史である.地元の小・中学校を経て,地域の伝統校(旧藩校)に進学が決まるまでの過程(第3章),高校退学後,通信制高校,予備校,定時制高校を経て大学入学に至る経緯と,その間のひきこもり経験(第4章),大学入学・編入学と,卒業論文として自分史を書きながら大学院進学を目指すまでの経緯(第5章)が綴られる.

第III部「『ひきこもり』の生きづらさはどう理解できるか」は,ひきこもり経験の苦しさが規範との関係で読み解かれる.第6章「ひきこもり当事者の規範的／多元的なアイデンティティ」では「就職して経済的に自立せねば」という規範,「対人関係・コミュニケーションに適応せねば」という規範,そして親からの期待,それぞれから逸脱していることが「生きづらさ」を生み出すことが論じられる.第7章「『ひきこもり』と親密な関係」は,先行研究では主題化されてこなかった性的な親密性と当事者のミソジニーについて分析されている.第8章「『ひきこもり当事者』における他者の模倣とモデルの不在」では他者の欲望の模倣(ルネ・ジラール,作田啓一)という観点から,ひきこもり経験者の苦しみが読み解かれる.ひきこもり経験を理解する上で,欲望の模倣という観点が持つ有効性が説得的に示されるとともに,ひきこもり当事者が苦しみから解放されるためには模倣の対象となる手本(欲望のモデル)が多様であること・手本を再帰的に組み合わせることが重要だと説かれる.

第IV部「『ひきこもり』の当事者活動を考える」では,当事者活動の様子が活写され,その内実・機能が分析される.第9章「『社会／自己』を志向する『ひきこもり』当事者活動」は,兵庫県を中心に活動する当事者団体「グローバル・シップスこうべ」(ノア)の事業内容と活動方針を描く.第10章「『ひきこもり』の当事者として〈支援〉するということ」では,当事者団体における支援活動が検討され,当事者内部の立場の差異,新しい当事者像の共同的な構築,自助グループとその外部との境界の無効化といった興味深い論点が指摘される.第11章「社会運動としての『ひきこもり』当事者活動」は,当事者活動が「価値の取り戻し」を求める「アイデンティティの政治」という側面と

「社会における既存の価値観を変えようとする社会運動」という側面を持つことを論じている.

　以上のように本書は, 著者の当事者研究者という立場を積極的に表明しつつ, 当事者による社会学研究の位置づけ, ひきこもり経験, 当事者活動を多角的な視点から検討しており, 大変刺激的な著作である. とくに当事者であることと研究者であることとの関係という主題について多くの示唆を与えてくれる.

　本書は課程博士論文をもとにした著者にとって1冊目の単著であり, ないものねだりの面もあると思いつつ, 以下では本書を読みながら抱いた疑問点・違和感についても述べたい.

　一点目は, インタビュー・データの扱いについてである. とくに第III部（第6章, 第7章）の分析において, 経験的データから理論を立ち上げる, あるいは理論と経験的データを照らし合わせるというよりは, 理論を外から当てはめているように見える箇所がある. たとえば, 〔自分の人生にとって〕「彼女ができたのは大きい」という経験者の語りは, 男性調査者（著者）に向けられた発言であることを根拠に「男性同士の社会的絆を強調するミソジニー」の表現だと解釈されるが, このような当事者の語りが女性調査者に対しては向けられない（あるいは違った仕方で提示される）ということを, もう少し説得的に示す必要があるのではないか. 全体に丁寧な論述がなされているからこそ, 若干の違和感が残った.

　もう一つしっくりこなかったのは, 本書の前半（第I部・第II部）と後半（第III部・第IV部）の接続のされ方である. 第I部で当事者として研究することという主題が検討され, 第II部で自分史が提示される流れからは, 第III部・第IV部で「当事者研究者」の立場から一人称視点を積極的に活用した研究が展開されることが期待された. ところが, （第IV部の当事者活動の分析においては, 当事者・経験者としての視点が生かされた記述があるものの）第III部の分析にどのように当事者＝研究者という視点が生かされているのかはそれほど明確ではない. たとえば, 就労とコミュニケーションをめぐる規範・家族の期待からの逸脱といった指摘は「非当事者」の立場からでもなされるし, ミソジニーや欲望の模倣という理論に基づくひきこもり経験の解釈に, 「当事者研究者」の立ち位置がどのように生かされているのかは明示されていない.

　この論点（第Ⅰ部で考察される方法論と，第Ⅲ部で実際に採用されるひきこもり経験の分析方法の関係）に関して，本書の議論をもう少し詳しく検討してみたい．

　第Ⅰ部の2つの章の議論からは，当事者経験に対するアプローチとして2つの軸を読み取ることができる．第1章は，当事者として研究することがアカデミズムと社会，双方を変革する試みであることを指摘する．ここには，当事者経験の分析を，どこに（誰に）向けて発信するか，という記述の宛先に関する区別（学術共同体への発信か，学術共同体以外の広く社会に向けた発信か）が示されている．第2章は「当事者＝私」の視点（一人称視点）を積極的に活かす研究と，「当事者＝彼ら」という視点（三人称視点）に基づく研究を区別している．これは当事者の経験を分析する研究者の立ち位置，研究者の視点についての軸である．

　これらの2つの軸を組み合わせると，当事者経験の取り扱いは，次の表のように整理できるだろう．

記述の宛先＼研究の視点	一人称視点（当事者＝私）	三人称視点（当事者＝彼ら）
学術共同体	①「当事者＝私」の視点を活かした学術的研究（女性学，ゲイ・スタディーズ，オートエスノグラフィー，ソシオグラフィなど）	②「非当事者＝研究者」の視点からなされる，「当事者＝彼ら」についての学術的研究（従来の社会科学的研究）
学術共同体以外	③「当事者＝私」の立場からなされる，学術共同体志向ではない当事者経験についての記述（べてるの家の当事者研究など）	④「非当事者＝研究者」の立場からなされる，「当事者＝彼ら」についての研究以外の記述（ジャーナリズムなど）

　第Ⅰ部の方法論的検討では，①・③のアプローチが主題的に検討されているのに対して，第Ⅲ部では「当事者＝私」という視点は前面には出てこず，②の視点に移行しているように見える．著者自身，自らを「アカデミズム志向」であると評し，「論文や書籍を出版したり，学位を得たり，就職したりと研究者としてのキャリアを次第に積み重ねていくことになれば，研究者としての側面を次第に前景化させ，当事者としての側面は後景に引いていくことになる」（p.60-1）と述べて「当事者＝私」の視点からの距離を表明するとともに，「畢竟，当事者研究者であっても，アカデミズム内での仕事を志向するならば，まずはアカデミズムで前提とされる学問的な論理や方法を身につけていくことに

なる」（p.64）と，職業研究者として既成のアカデミズムのあり方に適応する必要性を強調している．こうした記述を踏まえると，第Ⅲ部の分析はあえて「当事者＝彼ら」という三人称的視点に徹したということかもしれないが，第Ⅰ部における「当事者＝研究者」の意義の強調からすると，第Ⅲ部での分析に臨む著者のスタンスについてもう少し説明があるとよかったのではないか．

　「当事者研究者」の視点やマージナリティが，先行研究，とりわけ「非当事者」の立場からなされる概念の取り扱いや理論枠組みについて，どのような点を批判し，何を付け加えているのかをはっきりと示すことで，本書の意義が読者に対してより明確になったと思われる．当事者研究者としての視点を活かす方途は必ずしも一人称視点を前面に出した研究（オートエスノグラフィーなど）には限られない．女性学や障害学など当事者視点を生かした研究が，先行研究に対してどのように自らの立ち位置を提示してきたのかが参考になるのではないだろうか．

　とはいえ，本書には著者のマージナリティへのこだわりが随所に感じ取られ，そうした研究方針を粘り強く貫くことで新たな知見を見出しうることが確かに示されている．とくに第Ⅳ部の当事者活動の研究には，著者の立場だからこその鋭い観察・分析が光っている．本書はまた「当事者であり研究者である」とはどのようなことなのか，社会学とはそもそもどのような営みであるのかという問いに誘う力を持った著作でもある．ひきこもり経験を経た人たちの「新しい生き方」（第10章）の実践とも言える著者の社会学研究に，今後も大いに注目したい．

（A5判・320頁・本体2800円・晃洋書房・2022年）

| 書　評 |

安立清史著

『21世紀の《想像の共同体》

──ボランティアの原理　非営利の可能性』

佐藤　　恵

　本書は，福祉社会学におけるボランティア・NPO 研究の第一人者である著者が，コロナ禍が突きつける危機を契機として，オルターナティブな社会のあり方を見通そうと取り組む研究である．純粋なボランティアや非営利を検討する非営利組織論というよもむしろ，オルターナティブな社会を見通し構想する手がかりとして「非営利という想像力」を考えるというスタンスである．そこでは，現在の社会に生きるわたしたちの価値観やものの見方・考え方を反省的に相対化する視点が貫かれており，「非営利という想像力」を基軸とした，社会構想論とも呼びうる議論が展開されている．時宜に合ったテーマ設定であり，コンパクトな本ではあるが，学ぶべきことのきわめて多い優れた論考となっている．

　「はじめに─迷える子羊とコロナ禍の時代」に続き，前半の第 I 編「『超高齢社会』の風景」では，現在我々が直面する問題のいくつかが紹介され，そうした問題が起こる理由が検討される．

　第 1 章「『労働』に対抗する『仕事と活動』─労働と雇用の劣化はなぜ進んだのか」では，グローバル化が進むほど雇用や労働環境は劣化し，グローバリズムの論理的帰結として「労働」の劣化があると考える．その上で，H. アーレント的にいうなら，ボランティアや非営利を，「労働」を「仕事」に転換していく媒介として把握し，雇用の劣化への対抗の可能性を探る．

　第 2 章「『介護の社会化』はなぜ行きづまったのか」では，介護保険を例にとり，「成功なのに失敗」というパラドックスがなぜ起こるのかという問いを立てる．「介護の社会化」が行きづまる理由として著者が挙げるのは，第一に，

さとう けい | 法政大学キャリアデザイン学部・教授 | keisato@hosei.ac.jp

非営利であることの積極的な存在理由が打ち出しにくいこと．第二に，女性や主婦層がつくり上げてきた，「市民参加」による「市民福祉」というエネルギーが，介護保険の内部で失われつつあること．そして第三に，市民と政府行政との「協働」が形骸化し，両者の距離が広がりつつあることである．

　第3章「超高齢社会の地方はなぜトリアージ（命の選別）されるのか」では，コロナ危機と「地方消滅」論との同型性を見据えた上で，すべての自治体は救えないので選択と集中を行うという論理に見られる，「地方」のトリアージについて問題提起する．「地方」はトリアージされて消滅していくのではないかと警鐘を鳴らし，「超高齢社会」や「地方消滅」の時代に，それに対抗する「地元」という見方こそ必要になるのではないかと主張する．

　コラム「『ウッドストック』とは何だったのか—ジョニ・ミッチェルを聴きながら」では，アメリカ民衆のパワーの根元には，自分たちを肯定してくれる神からの「呼びかけ」に応えるということがあったのではないか，ボランティアや非営利やNPOの世界も，こうした「呼びかけ」に応える行為・活動という意味を持つのではないかと述べる．

　後半の第Ⅱ編「21世紀の新しい『想像の共同体』」では，第Ⅰ編を受け，「では，どうしたらいいのだ」という問いに対する答えが考察される．

　第4章「二つの焦点をもつ楕円—『有償ボランティア』の第三の見方」では，有償と無償とは矛盾するという見方，ボランティアを支援し発展させるためにも有償ボランティアは必要だという見方があるが，そこに第三の見方を提案する．それは，アーレントのいう「労働」に対抗する「仕事」へのベクトルであり，「労働」ではない「仕事」への道筋が「有償ボランティア」という形をとって現れる可能性である．

　第5章「終焉の先の弁証法—ボランティアにとってNPOとは何か」では，仁平典宏の議論を受け，ボランティアとNPOの関係を考える．他者への贈与に限らない，多種多様な展開を見せる「ボランティアの充満」に続き，互酬性の論理のもとで，ボランティアが社会への問題提起という要素を失い「終焉」する．そこでは，ボランティアをめぐる問題を回避するべく，非営利組織，NPOという言葉が活用されていく．

　第6章「日本の『非営利』はどこへ向かうか」では，ボランティア元年以降，

特定非営利活動促進法から社会福祉法人制度改革に至るまで，実は「非営利」
のあり方や可能性は十分に議論されてこなかったと指摘し，L.M. サラモンの「第
三者による政府」をもとに，非営利を管理・利用しない形での，政府行政と
NPO との協働を展望する．その上で，見田宗介の論考が参照され，これから
の非営利のあり方として，「関係のユートピア・間・関係のルール」「交響する
コミューン・の・自由な連合」がモデルになりうるという構想が提示される．

　第 7 章「非営利という『想像の共同体』―ボランティアと NPO の二五年，
そしてこれから」では，非営利組織に関する山岡義典の議論を読み直しながら，
「21 世紀型の想像の共同体」を展望する．B. アンダーソンが近代国家やナショ
ナリズムの説明に用いた「想像の共同体」概念を引き合いに出しつつ，社会
や世界は想像力によって成り立っており，わたしたちには，21 世紀の新たな「想
像の共同体」を創り出す力が十分残っているのではないだろうかと主張する．

　コラム「『風の谷のナウシカ』と《想像の共同体》」では，映画「風の谷のナ
ウシカ」を，ナウシカというスーパーヒロインの話というよりもむしろ，逆境
に耐えながら彼女を信じ続けることのできたごくふつうの人たちの物語，「風
の谷」の人たちの「想像力」の勝利の物語ととらえる．この映画は，「風の谷」
の人たちのつくる「交響するコミューン」，つまり《想像の共同体》の物語だ
と著者は述べる．

　結「21 世紀への想像力」では，自発的な意思で行うというボランティアや，
営利に左右されたくないという非営利の考え方には，ナショナリズムと同じよ
うな「想像力」が働いていると指摘し，ボランティアや非営利という考え方は，
近代社会特有の「想像力」による作動という点において，近代国家やナショナ
リズムと近いと述べる．コロナ危機や大震災などはわたしたちの共同性の危機
そのものであり，社会が危機に瀕するほど，ボランティアや非営利がその根源
にある「想像力」を発揮するという．

　「あとがき」では，本書の関心がパンデミックの克服方法にあるのではなく，
コロナ禍が突きつけた危機を，オルターナティブな社会のあり方を考える契機
として位置づけるという提案にあるとする．アンダーソンの「想像の共同体」
概念を借りながら，上から与えられる「想像の共同体」ではなく，わたしたち
が能動的な想像力でつくり上げていく新たな《想像の共同体》が必要であり，

その連帯や共同性をつくり出す媒介者が，ボランティアの原理や「非営利」の活動であると把握して本書を締めくくる．

　以上のように本書は，コロナ禍とその対処というピンポイントの検討ではなく，コロナ問題を契機に顕在化した社会問題に関し，ボランティアや非営利を手がかりとして，骨太な社会構想を論じるものである．全7章において，一貫した問題意識に基づき，サブタイトルにもある「非営利の可能性」を首尾よく剔出しているように思われる．

　若干の感想を2点述べるなら，第一に，「ボランティアや非営利だけでは足りない」（p.169）と留保が付けられてはいるものの，オルターナティブな社会を下支えするものとして，「ボランティアや非営利の原理的・理念的な力と，その跳躍力」（p.156）が，相当強く見積もられ，「ボランティアや非営利」が大きな負荷のかかった概念となっている印象を受ける．

　また，「ボランティアや非営利」の力が，「小さな連帯」を形成すると見る地点までは本書の議論にある程度スムーズさを見出すことができるが，それを超えて，「小さな連帯同士のグローバルな連帯や連合」（p.157），さらには「今ある「社会」を越える〈社会〉」（p.155）などというように，非営利が，連帯の社会的な広がりをもたらすと見る地点，あるいは今の社会をドラスティックに変容させ新たな〈社会〉をつくると見る地点にまで議論を至らせるのは，少々一足飛びであるように思える．

　ただし，著者はこの点について慎重な姿勢を保ち，「世界が一致団結していくような気宇壮大なプラン」よりもむしろ，「私たちの生活に近い場所から，具体的な連帯や共同性をつくりなおすこと」（p.177）に比重を置いている．けれども，本書の随所で，〈社会〉と，「生活に近い場所」とが，両者をつなぐ議論抜きで語られ，かつ，社会構想論的な本書のニュアンスからして，どちらかといえばオルターナティブな〈社会〉のプランに軸足が置かれているように読めてしまうことは否めないだろう．

　もっとも著者は，〈社会〉と「生活に近い場所」をつなぐ議論に関しても言及しており，たとえば見田の「関係のルール」「自由な連合」や，サラモンの「第三者による政府」に見られるような，「『災害のユートピア』のような経験を，これからの社会一般へと活かしていこうと呼びかけているモデル」（p.134）

のインプリケーションを取り入れようと試みている．大変興味深い試みであるが，そうしたモデルはかなり予定調和的なものであるように思える．実態としても，R. ソルニットのいう「災害ユートピア」(Solnit, R. 2009＝2010) は，災害後の一時的な連帯期を指すが，たとえば阪神・淡路大震災において，地震直後には，ある被災地ボランティアの言葉を借りるなら「みんな一緒にホームレス」といった，一時的な連帯期があったものの，同じ時期に，避難所で障害者・高齢者が排除的対応を受け，「震災弱者」化していったというのが被災地のリアリティであった．著者は「コロナ禍の緊急事態や非常事態という場面で，私たちはすでに通常時を超えた『協働』を経験してきている」(p.134) と指摘するが，しかし，「『災害のユートピア』のような経験」，すなわち緊急事態における「協働」をいわば神話化するようなモデルは，リアリティを十分に反映していない議論として読者に受け取られるかもしれない．

　第二に，本書のキーワードである「想像力」については，わたしたちが能動的な想像力でつくり上げていく新たな《想像の共同体》を見通すために，アンダーソンが参照されているわけであるが，ナショナリズム研究の文脈で国民を「想像の共同体」と把握するアンダーソンの用語法を，非営利の力による「小さな連帯（小さな連帯同士のグローバルな連帯や連合）」としての「21世紀型の想像の共同体」を構想する本書に持ち込むのは，いくら「21世紀型の」と修飾語が付けられようとも，若干なじみにくいものを感じる．著者は，ナショナリズムと非営利とはどちらも「想像力」によって作動するものととらえているが，ナショナリズムの基盤としての「想像力」と，非営利活動の基盤としての「想像力」とを，同じ「想像力」として無前提に把握するというのは，やや読者に伝わりにくい議論に見える．

　むしろ本書の論考で「想像力」というならば，C. W. ミルズの「社会学的想像力」との親和性のほうがより高いようにも思われる．「歴史と個人史…さらには社会のなかでの両者の関わり」について自己省察する力 (Mills, C. W. 1959＝2017: 20) としての「想像力」である．危機における非営利活動という文脈でいうなら，社会の中でさまざまな苦しみを負う存在に対して，それをひとごととして切り捨てるのではなく，わがこととして自分の人生との結びつきを想像する非営利の力．そうした力が今こそ求められているであろうし，本

書で探究されているのもまさにそうした力に基づく連帯の可能性であると思われる.

　以上，気づいた点二つに関するコメントを記したが，ないものねだりのようなコメントでもあり，本書の価値をいささかも低減するものではない.　非営利活動を考察する社会学的研究にとって，一つの到達点であるとともに，いっそうの彫琢を目指すべき貴重な論点を本書は示している.　本書を通して読者は，しなやかに実践される非営利活動の可能性を把握するための重要な視角を手に入れることができよう.　触発的な議論を提供する意欲的な研究書である.

（四六判・192 頁・本体 1800 円・弦書房・2021 年）

文　献

Mills, C. W. 1959, *The Sociological Imagination*, New York, Oxford University Press.（伊奈正人・中村好孝訳，2017，『社会学的想像力』ちくま学芸文庫.）

Solnit, R. 2009, *A Paradise Built in Hell : The Extraordinary Communities That Arise in Disaster*, New York, Viking.（高月園子訳，2010，『災害ユートピア——なぜそのとき特別な共同体が立ち上がるのか』亜紀書房.）

角能著
『ケアをデザインする
——準市場時代の自治体・サービス主体・家族』

山井　理恵

　介護や保育の実践現場で，措置から契約への転換が導入されてから久しい．準市場化が進展するなかで，自治体によるサービス供給体制の計画も強調されてきた．このようななか，本書は，高齢者介護と保育を対象に，準市場時代における自治体，サービス供給機関，家族の役割分担を検討している．

　本書では，第1点目の設問として，このような時代のなかで，継続的な支援のために，どのような自治体とサービス提供機関の役割分担，両者の関わり方が求められているのかを設定している．次に，第2点目の設問として，利用者，サービスの担い手自身の感情にどのようなケアが求められ，そのためにどのような役割分担が求められるのか，そのような役割分担を実現するのに必要な制度的基盤は何かが示されている．そのうえで，行政と現場，サービス提供機関と家族との間に求められる役割分担やその課題をどのように克服していくか，すなわち相互作用の実証的な分析の必要性が述べられている．

　本書は，三部で構成されている．第Ⅰ部では，本書における現状分析の座標軸を設定している．第1章では，ケアをめぐる政策的な状況やケアに関する先行研究をもとにした視点を整理し，分析の座標軸を検討している．家族や事業者が判断する感情のケアの内容，当事者があるべきと考えている感情のケアに焦点を当てることの意義が記述されている．役割分担についての考えに対する語りにおける社会構造に関する言及を参照にしつつ，理想として語っている役割分担についての考えから現実を踏まえて妥協した考えへの修正への過程を分析することにより，語りの連関構造に対する社会構造の影響を考察することが提示されている．

やまのい りえ | 明星大学人文学部・教授 | rieyama@sw.meisei-u.ac.jp

　第2章では，介護保険制度や保育制度の近年の動向について整理している．介護保険施行以来，在宅介護分野では民間営利部門が多くを占めている．認可保育所についても民間部門の数が公立保育所の数を上回っている．

　第II部では，居宅介護を対象に，自治体，介護事業所，家族介護者それぞれの役割分担についての考えおよび相互作用を検討している．第3章では，居宅介護支援業務で民間営利事業者が大半を担う2自治体，自治体の高齢者福祉課が統括する在宅介護支援センターが多くを担う1自治体を対象に，自治体職員と事業所の聞き取り調査を実施し，両者の相互作用を分析している．対比的な自治体を比較することにより，自治体がケアマネジャーにサービス調整の責任を委ね，介護現場に行かず，事後チェックを行う役割分担となっていることが明らかになっている．

　第4章では，民間の介護事業所の担い手，ならびにサービスを利用している家族介護者を対象に，要介護高齢者のケア，特に感情面のケアについての相互作用や役割分担を検討している．家族介護者は，長く接してきた固定した担い手こそが感情のケアが可能であると考えている．介護事業所は，家族の思いを重視しながらも，負担の抱え込みにつながらないように，多くの担い手による立体的な視座からの介護を実践している．

　第5章では，第3章，第4章の分析結果を踏まえ，準市場化による自治体，介護事業所，家族介護者の役割分担の影響を考察している．準市場化は行政からの介護現場に対する「ヒエラルキー」の要素を強化させ，自治体が介護現場の様子を見るために現場に加わるという点での「参加」ではなく，介護現場に負担を伴うものとなっている．家族との役割分担については，介護事業所と家族では「愛情規範」への考えに違いがみられていることが指摘されている．

　第III部では，保育を対象に，自治体，認可保育所，保護者の役割分担についての考えや相互作用を分析している．第6章では，株式会社の参入が自治体と認可保育所との相互作用に及ぼした影響を探るために，株式会社の参入に差異がある2つの自治体を対象とした調査を実施している．その結果，自治体の保育行政への「参加」や自治体への要望の伝達という面に差異がみられていることが明らかになった．

　第7章では，準市場が進んだ自治体の公立保育所と株式会社運営保育所を

対象に，子どもの感情のケアについての考えや相互作用，役割分担を調査した．いずれの保育所とも，「愛情規範」という点での感情面でのケアにおける家族の役割に特権的な意味を付与し，自宅での感情面でのケアが可能なように，保育所でのサービスを遂行している．

　第 8 章では，第 6 章と第 7 章の結果を踏まえ，公的給付や公的規制の中で，準市場化が自治体，認可保育所，保護者の役割分担に及ぼす影響を考察している．自治体に対する保育所の圧力団体機能が低下し，保育士の人数不足のなかで，保育所と家庭でのケアの継続のための保護者とのコミュニケーション等が指向されている．保育内容については，株式会社運営の保育所は，顧客としての保護者を強く意識せざるを得ない状況となっている．

　終章では，両者の相違点と共通点がサービス提供機関と家族，サービス提供機関と自治体という側面から検討されている．介護事業所は家庭での感情のケアとサービス提供機関によるケアとの違いを重視している．一方，保育所はケアの連動を重視している．いずれのサービス提供機関も，内容や視点についての違いはあるものの，利用者と家族の良好な関係や感情のケアを重視しながら，家族との役割分担について「必要」と考えている．ただし，その実現については，自治体と実践現場との接点の減少，チェックの強化，制度上の規制などによって，困難になっていることが指摘されている．

　以上を踏まえ，ケアにおける役割分担の未来設計として，自治体職員の数を確保し現場との接点を増加させること，さらには機関の多くの担い手を自治体との交渉の場面に包摂していくことの必要性を述べている．

　本書の意義は，第一に自治体職員，サービス提供機関，家族による語りとその相互関係を考察したことにより，政策の影響，さらにはケアの持つ相互作用を改めて浮き彫りにしたことにある．準市場化は，自治体職員が実践現場に行く機会を減少させ，顔の見える関係を弱めていった．同時にサービス提供機関に対してチェックする機能が強まったことにより，サービス提供機関の負担が増大し，利用者や家族のケアに大きく影響していることが明らかになっている．

　第二に，異なる年代に対するサービス提供機関を調査対象としたことにより，サービス提供機関と家族の役割分担の共通点と相違が明らかになったことになる．「ケア」という用語は非常に広い概念であるが，ともすれば一括して語ら

れることも多い．本書では，介護と保育を対象としたことで，家族との関係や根底にある「愛情規範」やケアに対する思いの違い，さらにそれぞれのサービス提供機関が求める家族との役割分担の違いを浮き彫りにしたことが大きな貢献であると言える．

　次に本書の課題としては，以下のことがあげられる．第一の課題としては，調査の対象となった自治体が限られていることがある．家族のケア役割は，地域によっても差異がある．そのため，より多くの異なる特徴を持つ自治体にも対象を拡大していくことで，家族観やジェンダー規範が「愛情規範」にもたらす影響がさらに明確になると思われる．

　第二に，第3章，第4章における介護サービス提供機関に対する調査が民間のS介護事業所に限定されていることである．事業所の運営方針や経営体制がサービス提供や家族との役割分担に影響している可能性がある．保育サービスについては，公立保育所と株式会社運営保育所の共通点と違いが分析されているので，介護サービスについても同様の調査を実施することが望ましいと考える．

　第三に，居宅介護と保育におけるサービス提供の違いも見逃せない．居宅介護の領域では，複数の提供機関や職種から構成されるチームでのサービス提供が前提とされている．また1回あたりのサービス提供時間も限られている．これらのサービス提供の違いが相互作用や役割分担に影響を及ぼしている可能性も予想される．今後は，集団ケアの場である通所系サービス，さらには訪問，宿泊を一体的に提供する小規模多機能型居宅介護などを研究の対象とすることも期待したい．

　本書は，制度の変化が行政，サービス提供機関，家族介護者に与える影響を相互作用に着目して研究したことに意義がある．研究者だけではなく，行政やサービス提供機関にとっても豊富な示唆をもたらす著作である．

（A 5判・274頁・本体5500円・ミネルヴァ書房・2021年）

『福祉社会学研究』編集規程

2003 年 6 月 28 日制定

第 1 条　本規程は，福祉社会学会の学会誌『福祉社会学研究』（以下，本誌と略す）の編集，刊行に関する事項を定めるものとする．

第 2 条　本誌は，原則として本会会員による福祉社会学研究の成果発表にあてる．

第 3 条　本誌は，年 1 回，刊行するものとする．

第 4 条　本誌の編集，および刊行のために編集委員会を設置する．

　　⑴　編集委員会は，理事会の議を経て会長が委嘱した編集委員長 1 名，編集副委員長 1 名，編集委員 8 名以内の計 10 名以内によって構成する．

　　⑵　編集委員長は，理事会幹事会において，幹事の中から選任される．編集委員長の任期は 2 年とする．連続する 2 期にわたって，その任につくことはできない．

　　⑶　編集副委員長は，編集委員長の推薦により理事の中から選任される．編集副委員長の任期は 2 年とする．連続する 2 期にわたって，その任につくことはできない．

　　⑷　編集委員は，任期は 2 年とし，再任を妨げない．

第 5 条　編集委員会の構成員の役割は，以下の通りとする．

　　⑴　編集委員長は，編集委員会を主宰し，学会誌の編集を総括する．

　　⑵　編集副委員長は，編集委員長を補佐し，編集委員会の円滑な運営を図る．

　　⑶　編集委員は，学会誌編集の実務を担当する．

第 6 条　編集上の重要な事項は，理事会と協力の上で決定する．

第 7 条　本誌は，以下の論文等を掲載する．

　　⑴　特集論文

　　⑵　自由投稿論文

　　⑶　書評

　　⑷　その他，編集委員会が必要と認めたもの

第 8 条　第 7 条⑴に関わる特集は，編集委員会からの依頼論文によって構成される．編集委員会は，提出された特集論文の修正に関する参考意見を執筆者に伝えることができる．

第 9 条　第 7 条⑵の自由投稿論文は，未公刊のものに限る．レフェリーによる査読の結果に基づき，編集委員会が修正の指示および採否の決定を行う．

第10条　第7条(2)のレフェリーは，編集委員会が選定することとする．

第11条　第7条(3)の書評の対象となる著書，および評者は，編集委員会が選定する
　　　　こととする．

第12条　編集委員長は，少なくとも年2回，編集委員会を招集しなければならない．

第13条　編集委員会の事務局は，理事会の定めるところに置く．

附則　(1)　本規程は，2003年6月28日から施行する．

　　　(2)　本規程に関わる投稿規程，執筆要項等は，編集委員会が別途定め，理事会
　　　　　の承認を得るものとする．

　　　(3)　本規程の変更は，福祉社会学会総会の議を経ることを要する．

執筆要領

2003 年 6 月 28 日制定
2006 年 6 月 24 日改正
2017 年 5 月 1 日改正
2019 年 3 月 20 日改正
2020 年 7 月 12 日改訂

1. 特集論文，自由投稿論文，書評の分量は，それぞれ，16,000 字，20,000 字，4,000 字以内とする（図表・注・参考文献を含む）．図表は，A4 判で，例えば，1/4 ページの場合，400 字，1/2 ページの場合，800 字として換算する．なお，特集論文，書評の執筆要領は，別途，依頼時に執筆者に送付することとし，本要領では，自由投稿論文について規定する．

2. 原稿は，Microsoft Word にて読み取り可能な形式（A4 判，横書き，白黒），1 ページ全角 40 字 ×40 行とする（空白部分は，上記分量に含まない）．ただし，英数字は原則として半角とする．

3. 自由投稿論文には，その他に，邦文要約（600 字以内），キーワード（日本語 5 語以内），英文要約（300 語以内），Keywords（英語 5 語以内），英文題目，所属の英語表記，執筆者名の英語表記（例，YAMADA, Taro）を一つのファイルに保存して提出する．なお，英文題目，英文要約，Keywords は，ネイティブチェックを受けることとする．

4. 文体等は，次の通りとする．(1)「である調」の文体とし，(2)現代仮名遣い，常用漢字を使用し，句読点は「，」と「．」を採用する．(3)文中の敬称は一切，省略する．(4)送り仮名，漢字等の統一は，ワープロ・ソフトの校正ツールにより，各自，行うこととする．

5. 自由投稿論文は，以下の構成とする．
   1 行目　和文題目（副題がある場合は，2 行にわたることも可）
   2 行目　空白行
   3 行目　所属，執筆者名
   4 行目　空白行
   5 行目　本文をはじめる．

6. 注は，本文中の該当箇所に，右肩上付きで，1），2），3）…と順に示し，注自体は本文の後に一括して記載する．

7. 参考文献は，注の後に一括して記載する（著者名のアルファベット順）．書籍は，

著者名・編者名, 発行年（西暦）, 書名, 出版地（和書の場合は省略）, 出版社の順に, 論文は, 著者名, 発行年, 論文名, 掲載誌名, 巻, 号（または, 編者名, 収録書名, 出版社）, 該当ページの順に記載する. 欧文の書名, 掲載誌名は, イタリック体（ないしは, アンダーラインを引く）とする. なお, WEB からの引用の際には, URL とともに引用日を掲載することとする. 文献挙示の例は, 以下の通りである.

副田義也, 2003, 『あしなが運動と玉井義臣——歴史社会学的考察』岩波書店.

Hicks, Alexander, 1999, *Social Democracy and Welfare Capitalism: A Century of Income Security Politics*, New York: Cornell University Press.

Spicker, Paul, 1995, *Social Policy: Themes and Approaches*, London: Prentice Hall/ Harvester Weatsheaf. （武川正吾ほか訳, 2001, 『社会政策講義——福祉のテーマとアプローチ』有斐閣.）

富永健一, 2003, 「福祉国家の分解と日本の国際的位置」『海外社会保障研究』142: 4-16.

藤村正之, 2001, 「高齢期における社会的不平等と社会的公正」平岡公一編『高齢期と社会的不平等』東京大学出版会, 175-89.

Cohen, Erik H., 2000, "A Facet Theory Approach to Examining Overall and Life Facet Satisfaction Relationships," *Social Indicators Research*, 51(2): 223-37.

文献挙示の方法については, 日本社会学会編集委員会『社会学評論スタイルガイド』第3版（ホームページ http://www.gakkai.ne.jp/jss/bulletin/guide.php）に準じること（2019年3月20日現在）.

8. 参考文献の本文, 注等における表示は, 著者の姓（発行年（西暦）：該当ページ）, ないしは,（著者の姓　発行年：該当ページ）とする. なお, 本文や注で初出時でも姓のみを記載する.

9. 図表は Microsoft Word にて読み取れるファイルへ貼り付け可能な形式で作成し, 通し番号（図1, 図2…, 表1, 表2…）をつけて一つのファイルに保存して提出する. そして, 本文中に各図表の挿入箇所を指定する. 図表が, 出版物からの引用の場合は, 出典を明記し, 必要に応じて, 著作権者の許可を得なくてはならない.

投稿規程

2003 年 6 月 28 日制定
2004 年 12 月 23 日改正
2006 年 6 月 24 日改正
2009 年 3 月 31 日改正
2010 年 12 月 12 日改正
2017 年 5 月 1 日改正
2019 年 3 月 20 日改正
2020 年 7 月 12 日改正

1．本誌の自由投稿論文は，福祉社会学会会員による社会保障，社会福祉，医療・保健，社会計画，社会問題などの分野における福祉社会学的な研究論文（日本語ないし英語）とする．共同執筆論文の場合，執筆者全員が，本会の会員であることを要する．なお，本会の会員とは，福祉社会学会会則第 4 条の要件を充足したものとする．

2．自由投稿論文は，他に未発表のものに限る．投稿者は，投稿論文と内容が重複・類似した論文等がある時は，必ず当該論文等を電子ファイルにて提出することとする．投稿された論文は，編集委員会において，執筆要領の遵守の確認および必要な点検をおこない，協議の上，受理の諾否が決定される．

3．投稿者は，別途定める執筆要領（形式，字数など厳守）に従い，自由投稿論文を Microsoft Word にて読み取り可能な形式で作成し，電子ファイルにて提出する．

4．投稿者は，原稿の電子ファイルと，別途定める投稿申込書を，編集委員会に締切日時までに電子メールで提出することとする．事務局に直接持参して提出することは受け取りの確認に疑義を生ずるため認められない．

5．自由投稿論文の修正の指示，ならびに掲載の可否は，選定されたレフェリーの査読結果に基づき，編集委員会が決定する．

6．査読終了後，掲載が決定した場合，投稿者は，必要な修正を行ったうえで，完成稿を電子ファイルにて提出することとする．

7．著者校正は，初校のみとし，誤字，誤植，脱字の訂正以外は，原則として認めないこととする．

8．本誌に発表された論文等の著作権は福祉社会学会に帰属する．

9．本誌に発表された論文等を他の著作に転載する場合には，事前に文書等で福祉社会学会編集委員会の確認を得なくてはならない．

『福祉社会学研究 21』の原稿募集について

　下記要領で，自由投稿論文を募集します．

　投稿資格は，本会会員に限ります．2023 年度の加入者については，<u>7 月の第 21 回大会時までに入会済みであること</u>が条件となります．

1. 論文の種類，自由投稿論文

　　福祉社会学研究の学術論文とします．なお，投稿資格は，本会会員に限ります．

2. 掲載の可否

　　レフェリーの査読結果に基づき，編集委員会が決定します．

3. 締切

　　第 21 回福祉社会学会大会時の編集委員会で決定します．2023 年 9 月上旬を予定しています．詳細は大会終了後に，本学会公式ホームページに掲載します．

4. 論文の分量

　　20,000 字以内（図表等含む）とします．スペースは字数に含めません．

5. 投稿規程，執筆要領

　　投稿規程，執筆要領は必ず，学会公式ホームページで確認ください（投稿規程，執筆要領は 2020 年 7 月 12 日付で改正されています）．論文の分量が超過するなど，投稿規程や執筆要領が守られていない場合，投稿論文は受理されません．福祉社会学会ウェブサイトの「投稿申込書」の「(5) 論文の字数」に明記するように，Microsoft Word の［文字カウント］機能の「文字数（スペースを含めない）」に表示される字数にて本文をカウントし，図表は執筆要領ならびに投稿申込書のとおり換算してください。この方式にて数えた総字数（本文の字数＋図表の換算字数）が 20,000 字を超えた投稿論文については受理しませんので，くれぐれもご注意ください．

　　書式等形式については，投稿規程・執筆要領の遵守を第一とし，投稿規程・執筆要領に記載されていない点については，日本社会学会編集委員会『社会学評論スタイルガイド』第 3 版（http://www.gakkai.ne.jp/jss/bulletin/guide.php）への準拠をお願いします．

　　投稿は紙媒体ではなく電子ファイルで行います．投稿の際は，ワードの文書ファイルの形式で，メールにて編集委員会事務局までお送りください（パスワードを付けた場合には別のメールにてパスワードをお知らせください）．紙媒体

の提出は一切必要ありません．なお，原則として，編集委員会事務局に届いた
ファイルの差し替えはできませんので，十分に確認のうえ，お送りください．
投稿論文を添付するメールの件名は「自由投稿論文送付の件」としてください．

6. 提出先・問い合わせ先

編集委員会事務局とします．詳細は，大会終了後に，本学会公式ホームページ
に掲載します．

7. 受領通知

投稿は受領後に受領通知をお知らせします．受領通知の発行をもって，論文の
投稿が成立します．投稿後 1 週間以上経過しても受領通知が到着しない場合に
は，編集委員会事務局までお問い合わせください．

—…———…———…———…———…———…———…———…—

書評対象の著作を募集します

　『福祉社会学研究』21号で取り上げる書評対象の著作を募集します．会員の著作であること，単著であることを原則とします．編集委員会事務局書評担当まで，1冊の献本をお願いします．なお，ページ数に限りがあるために，すべての著作を取り上げることはできません．この点はお含みおきください．募集の詳細は，大会終了後に，本学会公式ホームページに掲載します．

『福祉社会学研究』19・20号　レフェリー一覧

　本誌19・20号では，以下の方々にレフェリーをお引き受けいただきました．お忙しい中ご協力をいただきましたことに，感謝申し上げます．

編集委員会

（敬称略　五十音順）

＊視覚障がいその他の理由で，本書のご利用が困難な方へ

　ご希望の方には，本書掲載論文のテキストデータをお送りしますので，下記のテキストデータ引換券を切り取り，お送り先住所を明記の上，学文社宛にお送りください．

福祉社会学研究 20 号（2023 年） テキストデータ引換券

｜編集後記｜

『福祉社会学研究』20 号をお届けいたします．本号では，2 つの特集を組んでいます．ひとつ目の特集は，「『ストック』の福祉社会学」です．編集委員による解題に続き 3 本の特集論文が掲載されています．もうひとつは，第 20 回福祉社会学会大会（2022 年 7 月 2 日・3日，同志社大学（オンライン））の大会シンポジウム「福祉制度と非正規公務員——会計年度任用職員制度成立を受けて」の特集です．シンポジウムのコメンテーターと 3 人のシンポジストから，解題と原稿をいただくことができました．また，本号では 4 つの自由論文と12 の書評が掲載されています．特集論文，自由論文，書評，いずれも読み応えがありますので，ぜひご一読ください．

過去 5 年間の『福祉社会学研究』の投稿状況等は，16 号は投稿論文数 12，掲載論文数 2，掲載率 16.7%，17 号は投稿論文数 15，掲載論文数 7，掲載率 46.7%，18 号は投稿論文数15，掲載論文数 4，掲載率 26.7%，19 号は投稿論文数 8，掲載論文数 0，掲載率 0%，20号は投稿論文数 9，掲載論文数 4，掲載率 44.4% となっています．掲載率の変動はありますが，いずれの号も，良質の論文を積極的に掲載する方針で編集がなされております．『福祉社会学研究 21』の原稿募集もはじまりますので，会員の皆さまには引き続き積極的にご投稿いただければと思います．

第 10 期編集委員会としての学会誌の編集活動は，本号で終了となります．編集委員の方々，投稿してくださった会員の皆さま，査読をお引き受けくださった会員の皆さま，原稿をご執筆くださった皆様をはじめ，様々な関係者のご尽力のもとで，無事に刊行することができました．この場をお借りして厚くお礼申し上げます．

(編集委員長・森川美絵)

福祉社会学研究 20

2023 年 5 月 31 日　発行　　　　　　　　　　ISSN 1349-3337

編集者　福祉社会学研究編集委員会
発行者　福　祉　社　会　学　会
発行所　株式会社　学　文　社

福祉社会学会事務局　〒 603-8577　京都市北区等持院北町 56-1
　　　　　　立命館大学産業社会学部　鎮目真人研究室気付

株式会社 学　文　社　〒 153-0064　東京都目黒区下目黒 3-6-1
　　　　　　電話 03-3715-1501（代）fax 03-3715-2012
　　　　　　E-Mail hensyu@gakubunsha.com